THE GRAMMER OF PSYCHO

# 정신의 문법

범죄, 인간, 성에 대한 법의
정신분석학적 이해

이상돈

法 文 社

# 머 리 말

우리는 문명의 신경증 시대를 살고 있다. 신경증은 인간이 겪는 모든 종류의 정신적 불안정(mental disorder)을 말한다. 오늘날 거의 모든 사람들이 우울, 불안, 강박, 집착, 공황장애, 심지어 자살충동을 경험한다. 사회도 마찬가지다. 아들이 엄마를 죽이고, 사랑하는 전여자친구를 죽이고, 길 가던 어린 여고생을 그냥 죽이는 묻지마살인 사건이 하루가 멀다하고 일어난다. 문명이 발달한 사회일수록 이 신경증은 더 강해지고 잔인해진다. 놀라운 것은 의학적으로 진단조차 되지 않는 살인의 정신과 가벼운 신경증을 겪는 사람들의 정신이 동일한 문법적 구조를 갖고 있다는 점이다. 그렇기에 우리는 정상인간이고, 살인자는 인간이 아닌 것처럼 그들을 타자화할 수 없다. 내가 말하는 정신의 문법, 그 핵심은 자아가 감당하기 어려울 정도로 욕망과 윤리 또는 이념이 과중화될수록, 리비도가 자기애로 많이 회귀할수록, 에로스가 억압되고 성이 윤리적·이념적으로 관념화될수록 무의식의 이드가 압력이 팽창하며 나 자신(Ich, I)을 공격하여 자아가 위축되고, 마비되고, 마침내는 붕괴된다는 것이다. 자아가 위축되면 정신이 불안정해지고 불행감이 커지며, 자아가 마비되면 일탈행위나 범죄로 나아가고, 자아가 붕괴되면 가련한 자살이나 잔인한 살인의 비극이 뒤따른다. 신경증의 발현이 역설적이게도 자아가 주체화되는 과정이다. 이 점은 우리의 숙명적인 불행이다.

이와 같은 신경증은 우리의 문명이 선진국으로 발전함에 따라 점점 더 커져 왔다. 이 점은 내가 35년간 대학에서 경험한 젊은 이들과의 대화와 교류에서 확인할 수 있었다. X세대보다 M세대가, M세대보다 Z세대가 더 강한 문명의 신경증을 짐지고 있다.

나의 강의와 연구가 X세대는 모더니즘과 이성법에 중점을 두었지만 M세대로 넘어오면서 포스트모더니즘과 감성법으로 확장되고, Z세대에서 정신분석학과 통섭하는 학제적 법학으로 나아간 것은 우연이 아닐지도 모른다.

그러나 신경증은 개인이 홀로 자신에게 초래한 것이 아니라 사회의 문화와 제도 그리고 법이 함께 만들어낸 것이다. 이 가운데 법은 문명의 신경증을 낳는 가장 중요한 사회적 요인이면서 바로 그렇기에 역할과 기능의 근본적 변화를 통해 문명의 신경증을 줄이는 효과적인 수단이기도 하다. 이 책은 그와 같은 변화를 이끄는 법의 근본관점(무의식/나르시시즘/여점성, 법이 되다)을 제시하고자 한다. 이 책은 내가 펴낸 "법의 깊이"(법문사, 2018, [15]), "나르시시즘의 법"(법철학연구 제22권 제3호, 2019), "법의 성"(법철학연구 제27권 제1호, 2024)을 새롭게 다시 써서 생산한 정신분석학적 법지식을 바탕으로 지난 십수 년간 우리 사회에 충격을 준 살인범죄들과 그 밖의 다양한 문화현상들의 정신을 해석해 낸다. 이로써 법의 미래에 대한 새로운 비전이 열리고 정신분석학적 범죄학의 첫 장이 열릴 것으로 기대한다.

이 책의 연구는 2024년도 '고려대학교 법학전문대학원 특별연구비에 의하여 수행되었음'을 밝혀둔다. 이 책을 출간해준 법문사에 깊은 감사의 마음을 전하고 싶다. 교정을 성실히 해준 고려대학교 대학생(교육학, 공공거버넌스 전공) 유나영에게도 고마움을 전한다. 끝으로 정신의 문제로 힘겨워하는 가련한 자아의 모든 사람들에게, 법에 관심이 있든 없든 상관없이, 이 책의 일독을 권하고 싶다.

2025. 경칩驚蟄

고려대학교 법학전문대학원 교수
이 상 돈

# 차 례

# 1장.

# 정신의 범죄와 법의 정신

- 사이코패스 라벨링과 법의 추방
- 가련한 자아와 초자아의 범죄
- 무의식이 만든 범죄
- 범죄에 이르는 욕망
- 무의식, 법이 되다

# 사이코패스 라벨링과 법의 추방

## 상식으로 이해할 수 없는 범죄들

2016년 여혐논란을 가져온 강남 묻지마 살인사건 이래로 지난 십여 년간 우리 사회에서 상식으로는 도저히 이해가 가지 않는 범죄들이 자주 언론에 보도되고 있다. 다음 세 가지 유형이 특히 그러하다.

- 아무 이유 없이 누군지도 가리지 않는 묻지마 살인(예: 길가던 여고생 살해, 연쇄살인)
- 사랑하는 사람을 여전히 사랑하면서도 죽이는 살인(예: 여친살해, 부모살해)
- 높은 사회적 인격에서 할 수 없는 살인이나 그 사회적 인격에 너무나 비전형적인 범죄(예: 교사의 학생살해,[1] 검사의 바바리맨)

이 범죄들은 법의 현실세계에서는 살인이지만, 범죄자의 정신세계에서는 자신의 사회적 인격(페르소나 persona)을 폭파시키는 자살이다. 현실세계와 정신세계 간의 의미모순 때문에 보통사람들은 이런 범죄에 대해 '사람이라면 어떻게 그런 살인을~', '어찌 그 사람을 죽일 수~', '그런 사람이 도대체 왜 살인을~'이라며 혼란스러워 한다.

---

1 2025. 2. 10. 대전의 한 초등학교 여교사가 학교돌봄수업이 끝나고 우연히 마지막에 나온 1학년생 여아(8세)를 책을 준다고 유인하여 시청각실에서 살해한 사건이나 경북의 한 중학교 여교사가 2024. 3. 유아휴직 중 아버지를 살인하려다 미수에 그쳤고 같은 해 12.경 3세 아들을 살해한 (두번째 유형에도 해당하는) 사건이 있다.

그렇지만 범죄학자나 범죄분석관들은 이런 범죄들의 원인과 이유를 설명하지 못하고, 교정・개선의 방안도 제시하지 못한다. 그저 강력한 처벌을 주장할 뿐이다. 경찰청은 2022. 1. 19.부터 범죄분석관의 판단에 의해 '정신질환자에 의한 묻지마 범죄' 등을 이상동기범죄라고 분류하여 형사사법정보시스템(KICS)에 통계를 내고 있다. 그러나 이상동기범죄라고 개념화 한다고 해서 그런 범죄들의 원인과 의미가 밝혀지는 것은 아니다. 그렇다면 범죄의 원인에 관해 역사적으로 개발된 그 많은 범죄이론들도 이런 범죄가 왜 일어나는지를 설명할 수 없는 것일까?

## 종말을 고한 좌파 범죄이론이 부활하다

여기서 범죄이론의 역사와 현황을 자세히 다룰 수 없지만, 범죄이론은 자유를 남용한 개인의 인격에서 범죄의 원인을 찾는 이론들과 개인으로 하여금 범죄를 하게 만드는 사회구조 또는 사회화 과정에서 범죄의 원인을 찾는 이론들로 대별할 수 있다.

후자에 속하는 범죄이론으로는 대체로 좌파 성향의 이론들이다. 대표적으로 '범죄의 원인은 자본주의의 경제구조에 있는 것이므로 범죄는 자본주의의 소멸과 함께 사라지며, 형법도 폐지될 것'이라고 본 마르크스주의 범죄이론(예: 형법폐지론 Abolitionism[2])이나 '범죄는 사회 다수자들의 표준규범에 벗어난 사람을 사회에서 배제해야 할 존재로 인지하게 만드는 표식화의 결과'라고 본 낙인이론(labelling approach)[3]을 들 수 있다. 이러한 좌파 범죄이론은 1990년대 세계화와 신자유주의의 성장과 함께 종식되었거나 역사 속에 묻힌 것처럼 보였다.

---

2 마르크스 이래로 다양한 사상과 이론이 전개되었는데 종합적인 설명으로는 Arno Plack, Plädoyer für die Abscaffung des Strafrechts, List Verlag, 1974 참조.

3 대표적으로 Howard Saul Becker가 1963년 펴낸 Outsider, Free Press, 2018 참조.

그렇기에 오늘날 자유민주적 법치국가에서 범죄에 관한 지배적인 관점이 된 것은 전자에 속하는 우파 성향의 범죄이론들이다. 이 범죄이론들의 공통된 점은 범죄란 범죄자의 나쁜 선천적 기질이든 나쁜 환경에서 후천적으로 형성된 인격이든 인간이 자유를 남용하여 빚은 결과이며, 그렇기에 형벌로 범죄자의 인격과 기질을 교정·개선할 수 있고, 그것을 통해 범죄자는 재사회화되고, 미래의 범죄도 막을 수 있다고 보는 것이다.[4]

그러나 이 지배적인 관점은 자유를 거부하는 몸짓 같은 이상동기범죄들에 대해서는 어떤 설명모델도 제시하지 못한다. 그런 범죄자의 인격을 교정하려는 기획도 사실상 포기할 수밖에 없다. 그렇기 때문인지 이상동기범죄에 대하여는 역사 속에 사라진 듯했던 낙인이론의 관점과 유사한 낙인찍기의 사회적 소통이 전개되고 있다. 이 낙인찍기는 주로 범죄학자가 20개 문항의 체크리스트에 대한 응답을 평가하는 PCL-R 방법에 의해 사이코패스(psychopath)의 라벨을 범죄자에게 붙여주는 방법으로 이루어진다. 범죄학자나 범죄분석관이 어떤 범죄자에게 사이코패스 라벨을 붙여주면, 미디어들은 그것을 앞 다퉈 보도한다. 그러면 사람들은 '아~ 그러니까 그런 범죄를 했겠구나'라는 식으로 억지 이해를 하고, 그런 범죄자의 알 수 없는 정신특성이 불러일으킨 불안감을 진정시킨다. 하지만 사이코패스의 라벨을 달게 된 범죄자는 마녀(witch) 라벨을 받았던 12C~18C의 여성이나 주홍글씨(Adultery)[5]의 라벨을 받았던 17C 미국 청교도 사회의 간통녀와 비슷하게 사회로부터 영원히 추방해야 할 존재로 취급받게 된다.

---

4 대표적으로 Arthur Kaufmann, Das Schuldprinzip, 2. Auflage, Heidelberg, 1976; 이 사상의 요약정리로 이상돈, 형법상 책임범죄의 탈형이상학화, 합리화, 고려대 석사학위논문, 1986 참조.

5 1850년 thaniel Hawthorne의 소설 The Scarlet Letter 참조.

## 정신분석학적 해석이 필요하다

이러한 사회적 소통현상으로 마르크스 범죄이론이나 낙인이론이 지배적인 범죄이론의 자리에 대신 앉게 되는 것은 아니다. 하지만 인격적인 자유남용을 범죄의 원인이자 책임의 근거로 보는 지배적인 범죄이론은 개인의 인격에서 왜 이상동기범죄와 같은 이해불가능한 자유의 남용이 일어났는지를 설명할 수 있어야 한다. 이 책은 바로 그런 설명의 기초를 제시할 것이다. 이해를 돕기 위해 미리 요점을 언급한다면, 자유의 이해불가능한 남용은 정신분석학(psychoanalysis)이 해명하는 '인간 정신의 문법적 작용'에 의해서만 설명할 수 있다는 것이다. 이때 정신의 문법은 사회(경제, 문화, 종교 등)의 다양한 조건들과 연계되어 작용한다는 점에서 정신작용의 사회적 구조이기도 하다. 정신분석학은 낙인이론에서 말하는 '사회화과정'에 필적할만한 범죄의 구조적 요소를 지배적인 범죄이론의 핵심을 이루는 인격의 개념 속에서 찾을 수 있다. 그런 점에서 이 책이 펼치는 범죄(1장), 인간(2장), 성(3장)에 대한 법의 정신분석학적 이해(이 책의 부제)는 자유 중심의 범죄이론과 사회구조 중심의 범죄이론을 변증적으로 종합하는 범죄이론이라고 볼 수 있다.

## 외밀한 사이코 범죄자

동기를 도무지 이해할 수 없는 범죄를 범한 사람들도 우리와 전혀 다르지 않은 친숙한 모습을 갖고 있다. 그러나 도무지 이해하기 어려운 살인을 했기에 사람들은 그 사람들에게서 마치 영화 속 인간괴물과 같은 '낯선 두려움'을 느낀다. 정신분석학의 창시자 프로이트(Freud)는 이처럼 익숙한 것에서 낯설음을 느낄 때 수반되는 두려움을 두려운 낯설음(Unheimliche)이라고 불렀다. 프랑스의 정신분석학적 철학자 라캉(Lacan)도 이를 외밀성(extimité) 이라는 프랑스어로 번역하고 발전시켰다.[6] 일상에서도 익숙한 내부에서 외계인성을 발견하고, 익숙한 정상성에서 이상성을 발견하면 우리는 그 '내적 이질성'[7]에서 섬뜩함을 느끼게 된다. 그 예로 몸 밖으로 터져 흘러나오는 체액을 들 수 있다. 우리 몸의 체액은 경계를 지키며 그 안에 있을 때에는 촉촉함을 주는 아름다운 것이지만, 경계를 넘어 찐득하게 배어 나오면 더러움과 공포감을 준다. 크리스테바(Julia Kristeva)도 이처럼 내부와 외부의 경계가 흐려지며 내부에 있는 것이 외부로 나올 때 공포가 야기된다고 보았다.[8]

사이코패스는 바로 그런 비체(abject)[9]와 같은 것이다. 즉 사이코패스는 주체도 객체도 아니고, 인간도 외계인(악마)도 될 수 없는 존재이며, 인간에 관한 문화적 · 문명적 관념을 태생적으로 교란하기 때문에 아예 없는 존재처럼 취급된다. 하지만 사이코패스의 정신특성은 프로이트가 말하듯이 더 이상 분석을 진행할 수 없는 영역이 시작되는 꿈의 지점 또는 해석되지 않는 무의식적 내용들이 밀집하여 매듭 모양을 띠는 '꿈의 배꼽'(navel)과 같은 것이다.[10] 꿈의 배꼽은 내 안에 있지만 알 수 없는 것, 즉 내 안의 타자인 무의식에 가장 가까이 직면하고 있는 경계이며, 그렇기에 가장 큰 두려움과 조우하는 지점인 것이다.

---

6 extimité은 라캉이 프로이트의 unheimliche를 불어로 번역하여 만든 단어이다. unheimliche를 '두려운 낯설음'으로 번역한 것은 지그문트 프로이트(정장진 옮김), "두려운 낯설음", 예술, 문학, 정신분석, 열린책들, 2007, 399~452쪽; unheimliche에 관해서는 Mladen Dolar, "I shall be with you on your wedding-night", October Vol. 58, Rendering the Real, Autumn, 1991, 6쪽.

7 가령 조현준, "프랑켄슈타인에 나타난 낯선 두려움", 19세기 영어권문학 제13권 제1호, 2009, 162쪽.

8 줄리아 크리스테바(서민원 옮김), 공포의 권력, 동문선, 2001, 113~116쪽.

9 줄리아 크리스테바, 위의 책, 22~25쪽.

10 Fred Botting, "Relations of the Real in Lacan, Bataille and Blanchot", Sub- Stance Vol. 23, No. 1, Issue 73, 1994, 36쪽.

## 사이코, 적법절차에서 추방당하다

미디어들과 보통 사람들이 이성적으로 도저히 이해할 수 없는 정신의 범죄현상을 보면 서둘러 사이코패스라고 부르는 것도 이와 같은 이유에서다. 사이코패스라는 언어전략을 통해 내 안의 타자로도 존재할 수 있는 사이코성에 대한 두려움을 외면할 수 있게 된다. 그러나 형사실무의 현실을 보면 사이코패스의 라벨링은 범죄혐의자를 자유민주적 법치국가의 사법절차가 보장하는 엄격한 적정절차에서 추방시킨다.

가령 수사단계에서 피의자가 PCL-R 검사에 의해 사이코패스로 진단되거나 PCL-R 검사에 넘겨지기만 해도 수사기관이나 법관은 유죄심증을 갖기 쉽다. 이로써 무죄추정원칙, 증거재판주의, 자유심증주의가 침해되거나 위축될 수 있다. 그럼에도 불구하고 법원은 사이코패스, 심지어 사이코패스로 판정되지 않았지만 여전히 의심받는 자에게 책임무능력사유(형법 제10조)를 인정하기는커녕 거꾸로 양형상 불이익을 주기도 한다. 보호감호처분이 미래에 새로운 입법으로 도입된다면[11] 정신질환자가 아니라서 치료감호처분을 받을 수 없었던 사이코패스 범죄자도 그 보호감호처분에 의해 사회에서 사실상 영원히 추방될 것이다.

## 사이코패스는 실재가 아닌 낙인개념이다

이와 같이 엄청난 추방효과를 갖는데도 유일한 사이코패스 진단방법인 PCL-R 검사[12]는 매우 불완전하며 주관적인 검사이다. 일반인들도 사이코패스에 근접한 높은 점수를 받기도 하고, 거꾸로 연쇄살인범도 그에 못 미치는 낮은 점수를 받기도 한다. 물론 초자아의 극단적인 발육부진으로 사회화가 완전히 실패한 윤리의

---

11 2020년 윤상직 의원 외 10인이 발의한 보호수용법안 참조.

12 로버트 D. 헤어(황정하 · 조은경 옮김), 진단명 사이코패스, 바다출판사, 2020.

궁핍(ethical impoverishment)'[13] 속에서 살인을 하고 피살자의 몸을 전시(body display)하거나 수집하는 방식으로 창조주인 신(법, 국가)에 대한 반항의식과 자기가 초인이라는 망상을 보이는 살인자만을 사이코패스라고 부른다면, 사이코패스 개념의 폐단은 다소 줄어들 것이다. 그러나 이런 적용제한으로 사이코패스 개념의 불명확성이 해소되는 것은 아니다. 이처럼 고도로 불확실하게 판단되면서도 적정절차에서 추방되는 사이코패스나 그 의심을 받는 자는 '우리와 너무나 다른 실체를 지닌 존재'를 가리키는 개념이 아니라, 낯선 두려움으로 증폭된 사람들의 불안심리를 진정시키는 처벌을 정당화하는 낙인(stigmatization) 개념인 것이다.

## 사이코범죄는 문명의 신경증이다

그러나 진실은 사이코패스에 대한 우리의 두려움이란 무의식, 곧 내 안의 타자와 조우할 때 일어난다는 것이다. 사이코패스를 사형시키라는 요구를 하면서도 사이코패스를 소재로 한 영상물(영화, 드라마, K-pop)을 끊임없이 생산하고 소비하는 우리의 일상은 사이코패스의 충동본능과 조우하려는 경향이 우리 안의 타자로 있다는 점을 말해준다. 영상물 속 사이코패스와의 조우만으로도 사람들은 자신 안의 타자로 있는 사이코패스적인 충동의 꿈틀거림을 진정시키고 초자아(superego)의 과잉을 덜어냄으로써 정신건강을 돌볼 수 있다. 법(방송통신심의위원회)이 사이코패스 영상물을 아예 금지하지 못하는 것도 아마 같은 이유일 것이다. 이처럼 우리 안의 타자, 사이코패스적인 충동의 돌봄을 고려하지 않고서는 법도 자신의 규율기획을 성공시키기 어렵다. 지금까지의 법은 그런 고려와 돌봄을 의식적인 목표로 삼지 않았다. 법이 미래에 더 정의로워지기 위해서는 그런 고려와 돌봄을 법무의식

---

13 W. W. Meissner, The Ethical Dimension of Psychoanalysis: A Dialogue, State University of New York, 2003, 146쪽.

이라는 개념으로 포섭할 필요가 있다.

오늘날 우리는 사이코의 시대에 살고 있다. 우리 사회에서 사이코 개념은 알프레드 히치콕의 영화 **Psycho**(1960)가 '싸이코'란 이름으로 1962년에 개봉된 이래로 널리 사이코패스와 동의어로 사용되거나 그 의미의 핵심에서는 같지만 그 사회적 유해성이 현저하게 낮은, 상식과 통념에서 다소 이해하기 어려운 정신특성을 가리키는 개념으로(예: 그 쌤은 사이코야!) 사용되어 왔다. 그러니까 사이코는 일상에서는 프로이트가 말하는 문명의 결과[14]로서 신경증(mental disorder 정신적 혼돈)과 거의 같은 의미로 사용되어 온 셈이다. 그런데 신경증의 가장 강력한 형태인 사이코패스도 증상, 진단명, 진단방법, 치료방법이 정립된 정신의학적 질환(mental illness)으로 아직 공식화되지 못했다. 사회가 가장 위험스러운 반사회적 정신특성을 보이는 자에게 사이코패스의 라벨을 붙여주고 있을 뿐이다. 그렇기에 사이코패스의 범죄와 사이코패스의 특성이 약하게 발현된 정신의 범죄를 구분하는 것은 무의미하고 불합리하다. 그 둘을 포괄하여 사이코범죄 또는 정신의 범죄라고 부를 수 있다. 다양한 양상의 사이코범죄에 대해 펼치는 정신분석은 다음과 같은 가설 위에 있다. "본능적인 충동을 억압하는 문명이 바로 모든 신경증의 근원이며, 정신의학으로 아직 진단도 관리도 치료도 할 수 없는 신경증이 사이코범죄의 근원이다."

## 법은 범죄의 주체화기능을 이해할 필요가 있다

법(의 욕망과 가치추구)은 문명의 가장 발달한 형태이며, 그렇기에 그 자신이 신경증과 사이코범죄를 낳는 근본원인 가운데 하나가 된다. 그런데도 법은 자신이 낳았을 수 있는 사이코범죄를

14 신경증의 근원은 문명의 결과이며, 죄책감은 문명의 핵심을 이룬다는 프로이트(김석희 옮김), 문명 속의 불만, 열린책들, 2007, 314~321쪽.

범한 사람을 사회에서 추방시킨다. 이런 양가적인 모순을 해소하려면 법은 범죄의 근원이 되는 신경증을 조장하지 않으면서도 사이코범죄자를 우리 밖으로 추방하는 것이 아니라 우리 안에 위치지우는 양면적 과제를 수행해야 한다. 이것이 가능한 이유는 사이코범죄의 정신과 보통 사람인 우리의 정신은 같은 문법을 갖고 있기 때문이다. 그러므로 이 책은 사이코범죄를 우리 안의 타자(무의식)와 연속선상에서 이해한다. 우리가 우리 안의 타자와 조우하는 대표적인 장소로는 '과잉으로 커진 초자아', '과잉으로 억압된 충동본능', '타자의 욕망의 자기화', '퇴행적인 나르시시즘'을 들 수 있다. 각 지점에서 범죄는 자유와 이성으로 구축된 법패러다임에서 이해되는 범죄의 의미를 거꾸로 뒤집고 다음과 같은 도표의 의미를 갖게 된다.

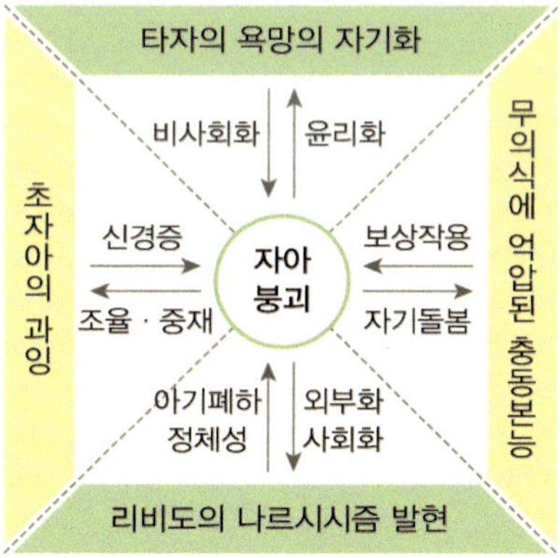


- 범죄는 초자아(superego)의 과잉을 푸는 행위이다.
- 범죄는 무의식(억압된 충동본능)의 보상작용이다
- 범죄는 나르시시즘의 퇴행적 발현이다.
- 범죄는 욕망의 실현과 자기화의 과정이다.

이 네 가지 의미에서 바라보면 범죄는 범죄자가 자신의 자아를 자기존재의 중심에 놓으려는 몸부림, 즉 주체화(Subjectivization)

의 과정임을 알게 된다. 여기서 법은 범죄의 이 주체화 의미를 어떻게 고려해야 하는가 라는 과제 앞에 서게 된다.

## 가련한 자아와 초자아의 범죄

인간의 합리적 사유를 기반으로 구축된 이성법에서 범죄는 자유(Freiheit)의 남용[15]과 그 결과로 이해되지만, 자유의 한계를 설정하는 이성적 사고가 한 개인에게 과잉으로 발달하게 되면, 그로부터 오히려 범죄에너지가 생성될 수 있다. 이는 사회를 형성하는 이성(역사적 이성)이 과잉이 되었을 때 세계대전과 같은 반이성적 역사가 초래되는 현상(계몽의 변증[16])에 견줄 수 있다. 이성적 사고의 과잉을 정신분석학적으로 표현한다면 프로이트(Freud)가 나눈 인간 정신의 세 가지 심역인 초자아(superego)－자아(ego)－이드(id)에서 주로 초자아의 강화를 의미한다. 즉 초자아의 과잉은 범죄에너지로 전이될 가능성이 높다는 것이다. 프로이트는 1920년대 이전에는 의식－전의식－무의식의 틀(제1지형학)을 정립하였지만 이 틀이 정신작용의 역동성을 반영하기 어려움을 깨닫고, 1920년대 이후 초자아－자아－이드의 틀(제2지형학)을 발전시켰다. 아래에서 초자아, 자아, 이드가 무엇인지 간명하게 설명해보자.

### 초자아는 도덕원칙을 따르고, 이드는 쾌락원칙을 따른다

초자아(superego)는 오이디푸스 콤플렉스의 시기를 지난 후에 부모의 요구와 금지를 내면화함으로써 생성된다. 부모의 요구는 대개 사회적으로 승인된 가치에 대한 욕망을 성취하라는 것이고,

---

15 Arthur Kaufmann, Das Schuldprinzip, Heidelberg, 1961 참조.

16 이는 프랑크푸르트학파의 핵심명제이다. Theodor W. Adorno & Max Horkheimer, Dialektik der Aufkrärung, 1947 참조.

금지는 윤리적·규범적으로 살라는 것이므로 초자아는 도덕원칙을 따른다고 말한다. 초자아는 기존의 사회적 가치와 윤리에 지향하는 윤리적 초자아와 사회적으로 승인되고 추구되는 욕망, 라캉(Lacan)이 말하는 '타자의 욕망'에 지향하는 욕망적 초자아로 유형화할 수 있다. 법은 문화, 민속, 경제 등 다양한 변수들에 따라 다양한 방식과 강도로 이 둘을 모두 제도화하고 있다. 초자아는 자아에 대한 검열관이자 재판관으로서 자아를 지배한다.

초자아의 반대편에는 이드(id)가 위치하는데, 이드는 유전된 본능으로서 삶의 욕동을 내용으로 하는 심리적 에너지, 즉 리비도(libido)의 저장소를 의미한다. 이드는 사랑의 욕동인 에로스(eros)와 죽음의 욕동인 타나토스(thanatos)로 이루어져 있고, 인간 정신 안에서 바다의 심연[17]처럼 광활한 영역을 차지한다. 이드는 신의 권위와 형이상학적·종교적 사고나 이성적 사고로는 알 수가 없고, 통제할 수도 없으며, 자신의 욕동을 외부 현실과의 조정 없이 무조건적으로 관철하려고 한다. 이를 두고 이드는 쾌락원칙을 따른다고 말한다. 이드의 발현은 가령 일상의 관행적 몸짓에서 이탈한 몸짓으로서 춤을 추거나, 몸에 정신을 집중하는 탈아적인 운동을 하거나 감정에 침투되는 예술을 감상하는 방법으로 이루어질 수 있다. 물론 이드만을 따라 행동하는 개인은 이성사회에서는 궁극적으로 자신을 보존할 수 없다.

초자아의 도덕원칙과 이드의 쾌락원칙을 법학적으로 이해해보면, 초자아가 따르는 도덕원칙의 구성요소는 '도덕', '책임', '제도의 긍정'과 같은 것이고, 이드가 따르는 쾌락원칙의 구성요소는 '부도덕', '무책임', '제도의 부정'과 같은 것이다. 가령 사랑과 섹스에 대한 초자아의 도덕원리는 섹스는 사랑이 있을 때에만 하

17 프로이트의 자아(ego)가 칸트의 나와 같은 기획을 갖고 있는 흥미로운 분석으로 권오상, "칸트의 '나'와 프로이트의 '에고'에 대한 비교 고찰", 칸트연구 제48호, 2021, 101~128쪽. 이에 따르면 칸트의 인간이성도 "진정한 심연"이며, 프로이트에게 무의식과 통일에의 추동도 고요한 죽음상태의 심연이라고 한다.

고, 사랑과 섹스를 책임 있게 지속하며 이를 결혼이라는 제도 속에서 할 때 그것을 선善이라고 평가한다. 반면에 쾌락원칙은 '물한 모금'을 먹는 것과 다를 바 없이 사랑 없는 섹스를 하고[18] 아무런 이유 없이 사랑을 마음대로 언제든지 끝내며, 성과 사랑을 결혼제도와 무관하게 자유로이 향유하는 것(예: 클럽에서 원나잇)을 뜻한다. 초자아의 관점에서 보면 이드는 악惡으로 평가되는 것들에 대한 충동본능인 셈이다.

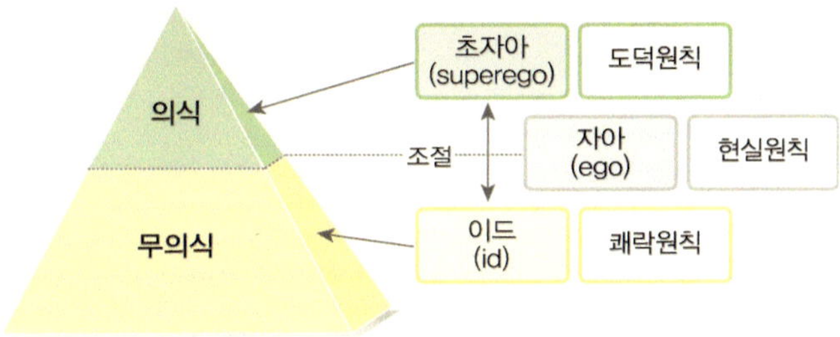


## 자아는 현실원칙을 따른다

자아(ego)는 우리가 흔히 '나'(Ich, I)라고 생각하는 정신이다.[19] '나'-자아의 존재는 주로 초자아와 이드와 대면할 때 체험되고 인식된다. 개인들은 부모가 심어준 욕망이나 종교나 법이 부과하는 윤리를 수용하더라도 종종 그것에 대항하는 의식을 가지며, 성욕과 같은 욕동을 좇으면서도 그에 뒤따르게 될 사회적·법적 불이익과 개인적 고통을 의식하는데, 그런 의식의 주체가 바로 자아이다. 그렇기에 프로이트는 자아는 자기보존을 위해 외부적 현실[20], 초자아, 이드의 명령들의 갈등·대립을 중재하여 서

18 이상돈, 욕망은 행복을 낯설게 한다, 연극과 인간, 2003, 264~270쪽.

19 나(Ich) 개념에 대해 자세히는 강응섭, "프로이트의 Entwurf (1895)에 나타난 Ich에 관하여", 한국현대정신분석학회 학술발표대회 프로시딩, 2020, 51~66쪽 참조.

20 프로이트 이론에서 외부현실은 초자아, 자아, 이드 외에 제4의 심역으로 등장한다.

로 평형을 이루도록 조율하는 현실원칙을 따른다고 본다. 인간 정신이 자아의 중재·조율로 초자아와 이드가 평형을 이루는 방향으로 작동한다는 것은 정신의 문법을 넘어 만유인력과 같은 정도의 법칙으로 보인다.

프로이트(Freud)는 자아의 일부는 의식으로, 다른 일부는 무의식으로 이루어져 있다고 보았지만 라캉(Lacan)은 자아의 무의식성을 좀 더 강조했다.[21] 이는 라캉이 그의 철학에서 이성적 인간상에 대항적인 인간상을 설계하였기 때문이다. 그렇기에 라캉은 데카르트(Descartes)의 '나는 생각한다. 고로 나는 존재한다'(cogito ergo sum)를 뒤집어 '나는 존재하지 않는 곳에서 생각한다. 그러므로 나는 내가 생각하지 않는 곳에서 존재한다'라고 말한다.[22] 그러나 인간의 정신(작용)은 언제나 이드의 쾌락원칙, 초자아의 도덕원칙, 자아의 현실원칙 사이의 역동적이고 역학적인 충돌과 타협의 결과물이며, 세 가지 심역 중 어느 하나도 다른 것들을 완전히 지배하지 못한 채 상대적 자율성[23]만을 가질 뿐이다.

자아가 초자아와 이드를 중재하고 조율해가는 과정이 바로 개인이 그의 주체성(subjectivity)을 형성해가는 과정이다.[24] 그 점에서 자아는 정신계의 중심이 된다. 사회화 과정에서 나르시시즘을 외부화하는 다양한 활동에 의해 사회적 성취와 사회적 승인을 향유하는 경험을 많이 할수록 삶의 고통스러운 경험들을 견뎌내는 자아의 힘은 점점 더 커진다.

---

21 황순향, "무의식론: 프로이트와 라깡의 차별성", 철학논총 제88집, 2017, 180쪽은 프로이트의 무의식이 억압된 충동본능으로 구성되는 반면, 라캉은 그의 상상계와 상징계의 작동이 무의식적이라고 본다.

22 데카르트와 라캉의 자아 개념의 차이 그리고 라캉에게 무의식은 어둡고 부정적인 것이 아니라는 점에 대해서는 마단 사럽(김혜수 옮김), 알기쉬운 자끄 라깡, 백의, 1996, 72쪽.

23 장 라플랑슈·장 베르트랑 퐁탈리스(임진수 역), 정신분석사전, 열린책들, 2005, 355쪽.

24 Calum Neil, Lacanian ethics and the assumption of subjectivity, Palgrave Macmillan, 2011, 104쪽.

## 가련한 자아는 자기를 처벌한다

그러나 현실 속 대부분의 개인들은 사회화과정에서 자아의 강화를 충분히 성공적으로 이뤄내지 못한다. 그래서 초자아, 이드와 외부현실의 요구들을 능숙하고 여유롭게 다루는 자아의 역량은 늘 부족하다. 현실적으로 취약한 자아는 프로이트가 말하듯이 이드, 초자아, 외부세계라는 "세 주인을 섬겨야 하고 … 외부세계, 이드의 리비도, 초자아의 가혹함에서 오는 위험으로부터 위협받고 있는 가련한 존재"[25]가 되기 쉽다. 엄격한(austerity)[26] 초자아의 발현이 지나치게 많거나 이드 발현이 지나치게 적은 정신에서는 언제나 트라우마가 발생하여 자아를 포획한다. 그러면 자아는 현실원칙을 따르기 어렵게 되거나(자아의 마비) 아예 불가능하게 된다(자아의 붕괴).

여기서 초자아의 과잉화(도표: 초자아 1. → 2.)는 가령 종교윤리의 경직된 집착, 물질욕망(특히 비교 · 모방욕망)에 대한 집착, 이념이나 이상적 세계관에 대한 교조적인 집착 등에 의해 일어난다. 반면 이드의 과소화(도표: 이드 1. → 2.)는 춤, 운동, 예술적 향유, 일탈적 행동(예: 폭음, 폭주, 욕설) 등을 배제하는 경건주의적인 준법생활이나 원리주의의 종교생활에 의해 일어난다. 가령 도덕원칙의 해석틀이 지배하는 사람에게 트라우마가 되는 일도 쾌락원칙의 해석틀이 지배하는 사람에게는 아무 일도 아닌 것이 될 수 있다.[27] 그래서 트라우마에 시달리는 인간은 "자연과 정신, 짐

---

25 지그문트 프로이트(윤희기 · 박찬부 옮김), 정신분석학의 근본개념, 열린책들, 2007, 402쪽.

26 프로이트는 죄책감의 원천이 나쁜 행동이 아니라 초자아의 엄격함(austerity)과 자아의 충돌에 대한 반응에서 나온다고 보았다는 해석으로 Calum Neill, Lacanian ethics and the assumption of subjectivity, Palgrave Macmillan, 2011, 82쪽.

27 트라우마는 주체의 고유한 감수성, 심리적 역량에 따라 다른 특성을 고려하여 이해되어야 한다는 장 라플랑슈 · 장 베르트랑 퐁탈리스(임진수 역), 앞의 책, 267, 273쪽.

승과 천사 사이의 위치에서 과도한 긴장과 두드러진 어려움을 갖는 병적인 짐승"[28]으로 환유된다. 그런데 초자아의 과잉화나 이드의 과소화는 객관적 · 절대적 크기나 양이 있는 것이 아니라 자아의 역량에 반비례하는 주관적 · 상대적 개념이다. 자아의 역량이 클수록(도표: 자아1. ⇒ 2.) 초자아를 과잉화하거나 이드를 과소화하는 삶을 살아도 자아는 마비되거나 붕괴되지 않고 현실원칙에 의거하여 삶을 살아갈 수 있다. 거꾸로 자아의 역량이 작을수록 초자아나 이드의 다소간 과잉상태에서도 자아가 마비되거나 붕괴될 수 있다.

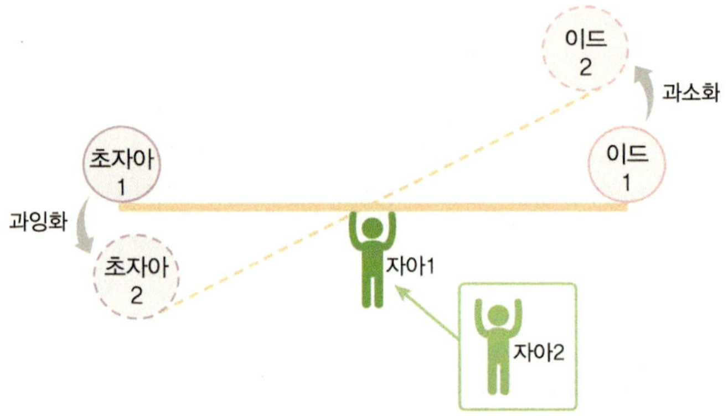


자아의 역량은 개인마다 차이가 크다. 하지만 도덕원칙과 쾌락원칙 사이의 분열을 감당하지 못하는 자아의 역량부족이나 트라우마가 자아를 포획하는 현상은 정도의 차이가 있을 뿐 모든 인간에게 일어난다.[29] 그렇기에 이런 현상을 막거나 해소시키는 '초자아와 이드의 중재 · 조율을 통한 균형의 달성'은 모든 인간에게 주어지는 삶의 과제가 된다.

28 토마스 만(원당희 옮김), 쇼펜하우어 · 니체 · 프로이트, 세창미디어, 2009, 146쪽.

29 트라우마는 존재의 조건이라는 Tim Dean, "Art as Symptom: Žižek and the Ethics of Psychoanalytic Criticism", Diacritic Vol. 32, No. 2, 2002, 39쪽.

이드와의 균형을 상실한 초자아의 과잉은 자기처벌적인 신경증으로 발현될 수 있다. 욕망적 초자아의 과잉이 초래한 신경증의 예를 살펴보자. 가령 영국 T프로축구팀에 800억의 이적료로 온 신예 윙어 A는 빅무대에서 잘해야 한다는 강한 욕망과 집착으로 초자아가 과잉이 되어 골을 넣지 못하기(1득점/7~8게임당)를 반복하였다. 급기야 SNS에서 팬들의 수많은 험담과 욕설이 극에 달했고, 이에 화가 난 A는 자신의 SNS를 폐쇄하여 팬들과의 소통을 단절해버렸다. 그런데 바로 그 직후부터 오히려 A는 연속득점을 하면서 확고한 주전선수가 되었다. 이 드라마틱한 전환은 SNS를 차단하는 프로선수답지 않은 행동이 '잘해야 한다는 과잉의 욕망적 초자아'에 타격을 주고 약화시켜 자아와의 간격을 좁혔기 때문에 일어난 것이다. 물론 윤리적 초자아의 과잉도 자기처벌적인 신경증(예: 다형적 페르소나)을 가져온다.

## 라캉이 한 범죄의 유형화

'초자아와 이드의 중재·조율을 통한 균형의 달성'이 실패한 정신은 문법적으로 범죄로 발현할 수 있다. 먼저 여기서 자아(ego)의 범죄, 자기(self)의 범죄 그리고 초자아(superego)의 범죄라는 라캉의 범죄 유형화를 간단히 설명할 필요가 있겠다.

첫째, 자아(ego)의 범죄란 이익을 위한 살인처럼 계산적 합리성이 지배하는 범죄이다. 근대 이성법이 전제하는 합리적 인간상(homo economicus)의 범죄이다. 가령 60대 채무자가 잦은 빚독촉으로 갈등을 빚던 지인인 50대 여성 채무자를 차안에서 흉기로 살해한 채권자살해사안(2025년)[30]을 들 수 있다.

---

30 2025. 1. 8.자 연합뉴스 참조; 검찰은 강도죄 성립에 사법상 무효이더라도 재산처분행위의 외형이 필요하지 않다는 판례(大判 85도1527)에 따라 강도살인죄(제338조)로 기소하였지만, 그렇게 되면 경제적 목적을 가진 살인은 모두 강도살인죄가 되는 문제가 있다(이상돈, 형법강론, 제5판, 박영사, 2024, 523쪽 참조).

둘째, 자기(self)의 범죄는 지속적인 정신적 혼란 때문이 아니라 순간적인 성적 충동 때문에 길 가던 여자를 강간하는 것처럼 어떤 자극에 대한 반응으로 일어나는 본능적 범죄이다. 생리기간 중 도벽성향을 보이는 여성의 상점절도(Kleptomania)는 전형적인 예이다. 또한 40대 동거남이 순간적인 싸움 끝에 30대 동거녀를 죽이고, 거주 빌딩 옥상에 벽돌을 쌓고 사체를 시멘트로 발라 은닉한 동거녀옥상암매장사안(2008년)[31]도 자기의 범죄로 볼 수 있을 것이다. 자기의 범죄는 이드(id)의 범죄라고 볼 수 있다.

셋째, 초자아(superego)의 범죄는 초자아가 극도로 과잉이 되어 발생하지만, 트라우마와 같이 내면에 품고 있기 힘든 긴장을 해체하는 범죄를 말한다. 초자아의 범죄는 '초자아가 지배하는 범죄'가 아니라, 개인의 정신에서 과잉의 초자아를 감내하기 어려운 역량의 '자아와 초자아 사이의 분열(split between the Ego and the Superego)을 메우려는 범죄'(일탈행위)를 말한다. 초자아의 범죄는 자아가 현실원칙을 따르지 못하는 상태, 법학적으로 표현하면 근대 이성법의 경제적 인간상(homo economicus)에서 벗어난 정신상태, 특히 범죄의 득실을 합리적으로 계산하지 못하는 정신상태를 말한다. 정신분석학이 특별히 관심을 갖는 범죄는 이런 초자아의 범죄이며,[32] 초자아의 범죄는 정신분석을 통해서만 설명해낼 수 있다.

## 초자아의 범죄는 범죄자를 주체화한다

초자아의 범죄는 자아가 감당하기 어려운 초자아의 과잉을 감소시켜 자아의 건강함을 회복하는 과정이다. 그 점에서 초자아의 범죄는 정신분석학적 의미로 범죄자의 주체화(subjectivization)를

---

31 2024. 9. 23. KBS 9시뉴스.

32 정신분석학이 초자아의 범죄에만 관심을 갖는다는 Renata Salecl, "Crime as a Mode of Subjectivization", Law and Critique Vol. 4, No.1, 1993, 4쪽.

수행한다. 초자아 범죄는 윤리적 초자아의 범죄, 욕망적 초자아의 범죄, 윤리적·욕망적 초자아의 범죄로 나누어 논의해볼 수 있다.

첫째, 윤리적 초자아의 대표적이며 교과서적인 범죄로 파핀자 매살인사건(the Papin affair 1933년)[33]을 들 수 있다. 편집증적인 엄마 밑에서 자란 프랑스인 파핀(Papin) 자매는 자신들을 너무나 잘 대해주는 착한 고용주 란슬랭(Lancelin) 부인을 존경하였다. 어느 날 란슬랭 부인이 크리스티나 파핀에게 다림질을 했냐고 물었는데, 이때 그녀는 갑자기 편집증적인 엄마의 모습이 떠올라 주전자로 란슬랭 부인의 머리를 때리고 눈을 뽑아 버렸다. 이때 동생 레아 파핀은 부엌칼로 란슬랭 부인의 딸을 죽였다.

이 사건에서 란슬랭 부인은 파핀 자매의 윤리적 초자아의 명령에 따르면 절대적으로 존경해야 할 선한 사람이었지만, 범행 순간에는 파핀 자매가 완전하게 배제하려 했음에도 자신들에게 늘 망령처럼 따라다닌 편집증적인 엄마가 투사된 사람이었다. 그로 인해 파핀 자매에게는 초자아의 명령과 자아의 판단 사이의 분열이 급격히 커지고, 그녀들의 자아가 견뎌낼 수 없는 극강의 긴장이 발생한 것으로 보인다. 파핀 자매의 란슬랭 살해행위는 자신들을 그와 같은 긴장에서 자유롭게 만드는 행위이다. 그런 살해를 통해 파핀 자매는 잊고 싶고 부정하고 싶은 엄마의 망령에서 벗어나는 주체화[34]로 나아간 것으로 바라볼 수 있다.

둘째, 초자아 범죄에서 초자아에는 법이나 부모가 좋은 삶을 위해 달성해야 한다고 보는 사회적으로 승인된 가치(재화)에 대한 욕망, 라캉(Lacan)이 말하는 타자의 욕망도 속한다. 따라서 자아가 설정한 타자의 욕망의 크기와 자아가 성취한 현실역량 사이의

---

33 이를 라캉, 보봐르, 플래너의 이론에서 분석하는 Paula K. Kamenish, "NAMING THE CRIME: RESPONSES TO THE PAPIN MURDERS FROM LACAN, BEAUVOIR, AND FLANNER", The Comparatist Vol. 20, 1996, 93~110쪽 참조.

34 이 사건에서 주체화의 의미를 분석하는 Renata Salecl의 앞의 논문 참조.

현저한 간격을 메우려 애쓰는 행위, 가령 자신은 그런 욕망을 달성할 수 있는 사람이어야 한다는 정체성을 집착하는 행위가 범죄가 되기도 한다. 이런 범죄가 욕망적 초자아의 범죄이다.

의대생여친살해사안(2024년)[35]이 대표적인 예이다. 명문 Y대 의과대학에 진학한 의대생 A는 수능만점으로 방송 인터뷰를 하는 등 유명세를 탔고, 여자동창생을 만나 사귀게 되었다. A는 여친을 얻으면서 더욱 공부를 잘하고 성공하는 남자의 정체성, 즉 타자(부모, 사회, 법)의 욕망을 집착하게 되었겠지만, 의대공부에서 유급이라는 좌절을 겪었고, 헤어지자는 여친에게 몇 차례 자살소동을 벌였지만 끝내 실연을 당하게 되자, 강남역 부근 모 빌딩 옥상으로 그 여친을 불러내어 살해하였다.

이 사건에서 자신의 정체성을 구성하는 타자의 욕망에 대한 과도한 집착으로 욕망적 초자아와 자아의 균열이 너무나 커졌기에 의대생은 신경증적 주체가 되었고, 그의 자아는 현실원칙에서 이탈하여 여친살인의 이익과 불이익을 계산하지 못하는 붕괴상태에 빠졌을 것이다. 비록 유급과 실연을 겪었어도 한국사회에서 명문대 의대생에게 여전히 남아 있는 엘리트적 삶의 가능성까지 송두리째 파괴하는 살인을 범한 것은 합리적 계산을 하는 자아가 붕괴되었음을 말해준다. 이처럼 자아가 붕괴되었기에 초자아와 자아의 균열을 좁히기 위한 방편으로 자신의 사회적 인격(persona)을 완전히 죽이는 방법을 선택하게 된 것으로 보인다. 그러므로 이런 초자아의 살인범죄는 사회적 자살의 성격을 뚜렷하게 보여준다. 이 사회적 자살의 성격은 범행 후 경찰에게 시체가 있는 범행장소에 굳이 두고 온 물건이 있다면서 경찰을 대동하여 다시 간 행동에서도 잘 드러난다.

또한 욕망적 초자아의 범죄에 구조적 특징인 욕망적 초자아와

35 이 사건은 언론보도내용이나 판결문 내용으로 재구성한 것이므로 완전한 팩트가 아닐 수 있고, 정신분석학적 논의를 위한 모델사례임을 일러둔다.

자아의 균열은 살인범죄나 자살에 이르는 정신이 되기도 하다. 대표적으로 미슐랭요리사자살사건(2003년)을 들 수 있다. 베르나르 루아조(Bernard Loiseau)라는 요리사는 미슐랭 ☆(1977년)로부터 시작해서 마침내 ☆☆☆(1991년)의 세계적인 요리사가 되었고[36] 10여 년간 그 명성을 유지해 왔지만, 2003년 자신의 레스토랑이 ☆☆로 강등될 것이라는 언론보도가 나오자 견디지 못하고 자택에서 총으로 자살하였다. 이 자살은 세계적이며 천재적인 요리사라는 사회적 평가와 그것을 유지하려는 욕망적 초자아가 너무 커져 현실의 자아와의 분열이 극단적으로 되면서 발생한 것으로 볼 수 있다.

셋째, 초자아의 범죄는 윤리적 초자아와 욕망적 초자아가 모두 자아와의 간격이 극도로 벌어져서 일어날 수도 있다. 대표적으로 묻지마여고생살해사안(2024년)[37]을 들 수 있다. 경찰관 아버지에게서 성장했고, 중고시절에 폭행도 하고, 군복무 시절 후임가혹행위로 영창도 갔던 A는 제대 후 알바를 전전하다 아버지 지원으로 찜닭집을 열고 여친과 함께 운영하였지만 적자로 생활고를 겪다가 3년 사귀고 결혼할 예정이었던 여친으로부터 이별까지 당했다. 이후 A는 밤낮으로 술을 마시고 자해 · 폭행을 일삼으며 '심심해서 폭행했다'고 말하기도 했다. A는 몸이 작고 왜소하며, 귀밑에 부엉이, 목 앞쪽에 도깨비 형상의 타투가 있었다. 어느 날 00:15 A의 형은 '죽어버리겠다'고 말한 A를 말리려고 경찰에 신고했지만 A는 출동한 경찰을 대화로써 되돌려 보낸 후 00:30경 부엌칼을 갖고 나가 아버지를 위해 약을 사러 나왔던 여고생(17세)을 800m 뒤좇아 가서 목 · 심장 · 머리를 칼로 찔러 사망에 이르게 하였다. A는 씩 웃으며 맨발로 도주하였고, 1:00경 인근 호프

---

36 루아조는 '맛의 비상'을 펴내기도 했다. B. Loiseau, L'envolée des saveurs, Hachette, 1991 참조.

37 이 사건은 언론보도내용이나 판결문 내용으로 재구성한 것이므로 완전한 팩트가 아닐 수 있고, 정신분석학적 논의를 위한 모델사례임을 일러둔다.

집과 노래방에 갔고, 주차차량을 발로 차다 주민신고로 출동한 경찰에 두 팔을 내밀며 '잡아가세요'라고 말했으며 구속영장심사 때에는 유가족에 죄송하다고도 말했다.

이 사건에서 질서를 중시하는 경찰출신 가정은 종종 윤리적 초자아의 과잉을 가져오기 쉽고, 역량을 넘어서는 음식점 경영을 통한 성공의 집착은 욕망적 초자아의 과잉을 가져오기 쉽지만, 학력·신체능력 등에 미루어 볼 때 A의 자아는 매우 취약했을 것이고, 그렇기에 초자아와 자아의 분열은 극단적으로 커졌을 것으로 추측해볼 수 있다. 반면 중학생 시절부터 범한 여러 폭행들, 군대 내 가혹행위 등에 미루어 볼 때 A는 이드발현이 과소화된 삶을 산 것은 아닌 듯하다. 그렇기에 A의 살인은 전형적인 초자아의 범죄로 볼 수 있다. 심심해서 한 폭행은 살인의 징후이고, 여고생 살인은 자아와 초자아의 분열을 메우려는 주체화의 몸부림이다. 이 주체화는 자아를 환상적으로 강화시키는 의미를 가지면서, 동시에 순결하고 어린 여고생을 술과 노래, 웃음 속에서 가장 비열한 방식으로 살해하여 자신에게 허락되지 않는 사회의 가치(윤리와 욕망)를 비웃으며 자신의 (윤리적, 욕망적) 초자아를 해체해버리는 의미를 갖는다. A의 타투 중 '죽음에 대한 초능력'(supernatural power on death)을 상징하는 목 앞쪽 도깨비타투는 자아의 환상적 강화를 상징하는 것이라면, 신에 대한 조롱과 부인 및 사탄화를 상징하는 귀밑 부엉이타투는 초자아의 해체를 상징하는 것이다. 살인을 통해 A의 과잉 초자아가 해체되면 자아는 어느 정도 회복된다. A가 수사과정에서 유족에 죄송하단 말도 하고, 진단 받은 바 없는 공황장애를 주장하는 등 나름의 방어전략을 펼쳤던 모습은 이런 주체화를 통해 붕괴되었던 자아가 일순간 회복되었음을 말해준다. 합리적 자아를 어느 정도 회복한 A는 수형생활에서 윤리회복력을 보일 가능성이 매우 높다. 이는 윤리회복력이 없는 사이코패스와 명확하게 구별되는 점이다.

## 잔인한 밤의 법, 초자아는 이드와 동맹하여 범죄를 한다

초자아의 도덕적 명령에 지나치게 충실하면서도 동시에 무의식 속의 충동본능까지 지나치게 외면하고 돌보지 않는 삶을 사는 경우에는 초자아의 과잉발현과 이드의 과소발현이 동맹하여 자아를 공격한다. 그런 상태에서는 더욱 더 상식적으로 이해할 수 없는 범죄가 일어난다. 지젝이 말하듯이 "초자아는 공적인 법의 그림자로 따라올 수밖에 없는 잔인한 밤의 법(obscene nightly law)"[38] 이지만 그 잔인한 밤의 법을 위반하고픈 충동을 억압할수록 회귀적으로[39] 인간은 이드(id)라는 또 다른 자기에 대해 더 많이 죄책감을 느끼게 되고,[40] 이드로 하여금 자기파괴적인 힘(본능)을 축적시켜서 불현듯 폭발하게 만든다.

이 점을 바바리맨검사장사안(2014년)[41]의 예로 설명해보자. 현직 J 지방검찰청 검사장 A는 2014. 8. 심야에 7차선 도로변 등에서 성기를 노출한 채 배회하는 바바리맨 행동을 하였다. A는 공연음란죄로 체포되었지만, 성선호성장애치료 조건부로 기소유예처분을 받았다.

이 사건에서 명망 높은 검사장이 오로지 법과 윤리를 자신의 정체성의 핵심으로 삼아 살아온 경우에 그의 윤리적 초자아(윤리적·법적 인격체)는 자아가 감당할 수 없을 정도로 과잉이 되었을 수 있다. 또한 그가 탈선행동을 하지 않고 검사의 역할을 언제나 모범적으로 수행해온 경우라면 그의 무의식 속에는 자아가 억압

38 S. Žižek, "Superego by Default", Cardozo Law Review Vol. 16, Issue 3/4, 1995, 925쪽.

39 무의식의 역동성·회귀성 설명은 이창재, 프로이트와의 대화, 학지사, 2005, 126쪽.

40 Calum Neil, Lacanian Ethics and the Assumption of Subjectivity, Palgrave Macmillan, 2011, 104쪽.

41 이 사건은 언론보도내용이나 판결문 내용으로 재구성한 것이므로 완전한 팩트가 아닐 수 있고, 정신분석학적 논의를 위한 모델사례임을 일러둔다.

하여 밀어낸(Verdrängung)[42] 충동본능도 지속적으로 축적되었을 것이다. 이와 같은 초자아와 이드가 동맹군[43]이 되어 공격한 자아는 크게 붕괴되어 신경증적인 주체가 되고 자기처벌의 에너지가 증폭되어 마침내 자신의 페르소나인 검사인격을 파괴하는 범죄를 범하게 된 것이다. 이런 범죄는 범죄자가 자신의 정신적 균형과 완전성을 유지 · 회복하려는 과정, 즉 주체화의 과정이다. 이런 의미의 주체화는 이 사건처럼 사회적 자살인 범죄로 나타날 수 있지만 질병이나 자살 또는 살인으로도 나타날 수 있다.

42 프로이트가 말하는 Verdrängung(Sigmund Freud, Verdrängung G. W., Bd. X. S. Fischer Verlag, Ffm. 1915)은 흔히 억압으로만 번역되지만, 의식에 떠오른 것을 억누른다는 의미뿐만 아니라 자아가 의식에서 무의식으로 밀어낸다는 의미를 포함한다. 따라서 Verdrängung은 억압이면서 '밀어내기'로 번역될 수 있다.

43 초자아와 이드의 동맹은 F. R. Ankersmit, "Freud as the Last Natural Law Theorist", Political Representation, Stanford University Press, 2002, 82쪽.

## 무의식이 만든 범죄

범죄는 자아의 주체적 역량이 그의 초자아를 감당할 수 있는지 여부와 상관없이 융(C. G. Jung)이 말하는 무의식의 보상작용으로도 일어난다. 융(Jung)은 무의식을 외적 인격(persona, 사회적 인격)의 그림자로 파악한다. 이는 외적 인격을 형성하기 위해 내면에서 은밀하게 억압해온 충동본능(예: 공격충동, 성충동, 죽음충동)의 퇴적층이 띠는 성향, 즉 내적 인격 또는 제2의 인격[44]을 뜻한다. 이처럼 외적 인격의 형성과정(자아의 역량강화)과 함께 형성되는 내적 인격은 초자아의 과잉형성으로 더 강화되긴 하지만, 반드시 그것에만 뒤따라오는 것은 아니다.

### 무의식은 감각적 고통의 퇴적층이다

내적 인격의 특성을 좀 더 경험적으로 이해하기 위해 레딩(Redding)의 설명을 들어보자. 자아가 사회적 인격으로 성장해가는 개인의 체험은 의식의 차원에서는 상징적 의미를 형성하는 이성적 과정이지만, 무의식의 차원에서는 고통이 눌리고 쌓이는 감각적 과정이라는 것이다.[45]

예컨대 엄마로부터 야단을 맞는 아이의 의식 차원에서는 엄마가 나를 보살피는 선한 존재(사회적 인격)로 상징화되고, 야단치는 근거는 윤리와 규범(법)으로 의미화되지만, 무의식의 차원에서 엄

44 E. C. Whitmont, The Symbolic Quest, Princeton University Press, 1978, 160쪽.

45 Sandra Pipp 이론에 의거한 두 모델로 법과 인간의 상호작용을 설명하는 R. E. Redding, "Socialization by the Legal System", Oregon Law Review Vol. 75, 1996, 802쪽.

마는 나를 때리는 존재라는 고통의 감각이 눌려 쌓이게 된다. 또 다른 예를 들면, 학생이 인내와 노력으로 공부를 열심히 하여 의대를 졸업하는 사건은 그 학생의 의식 차원에서는 사람들의 질병을 치료하는 선한 의사가 되는 과정이지만, 무의식 차원에서는 자신의 몸과 마음에 상당한 타격을 주는 고통의 감각이 눌려 쌓이는 과정이다.

이렇게 고통의 감각이 눌리고 쌓인 퇴적층은 파괴적인 잠재성을 갖는다. 가령 환자를 책임 있게 진료하는 의사의 인격에는 환자를 성충동의 대상으로 삼는[46] 내적 인격이 그림자처럼 붙어 있을 수도 있다. 이런 그림자 인격은 자아가 자기(self)를 모르는 척할수록 더욱 더 강해진다. 그림자 인격을 철저히 외면하여 감각적 고통이 극에 달한 과정에서도 인간은 때때로 병적인 행복감, 즉 유포리아(euphoria)를 느끼기도 한다.

## 그림자투사로 범죄가 일어나지만 법도 그림자투사를 한다

하지만 자아에 의해 외면당한 그림자 인격은 결코 우리의 정신 안에 봉인될 수 없고, 알 수 없는 순간 튀어나와 자아(외적 인격)를 장악하고 자신을 해치는 증상(예: 자상·자살, 중한 인격해리, 공황장애, 범죄)을 발현시킨다. 가령 바바리맨검사장사안에서 오랜 세월 검사의 역할을 충실히 해왔지만, 윤리적 초자아가 과잉 발현되는 삶을 살아오지 않았고, 오히려 현실에서는 피부로 느끼는 권력맛도 충분히 누리는 삶을 살아왔을 것임에도 불구하고 검사(장)라는 외적 인격에서 해리된 그림자 인격은 심야에 7차선 도로변 등에서 성기를 노출한 채 배회하는 바바리맨 행동으로 발현될 수도 있는 것이다.[47] 또 다른 예로 중학교 미술교사의 인격은

---

46 응급실 의사가 심야에 취침 중인 교통사고환자에게 맹장 진찰을 이유로 팬티를 내리게 하고 음모 부위를 5회 누른 업무상위계추행사건(大判 2003도7107) 참조.

47 그림자 인격이 초자아의 과잉 없이 범하는 범죄는 라캉이 말하는 자기(self)의

예술을 표방하지만 대법원에서 음란물로 판결된 부부의 전나 디카사진을 소속 중학교 홈피에 링크된 자신의 홈피에 게재하여 중학생들이 아무런 제한 없이 들어와 감상할 수 있게 한 미술교사부부누드사진사안[48]도 같은 맥락에서 이해할 수 있다.

더 나아가 외면당한 그림자 인격은 타인에 대한 비합리적인 분노와 혐오감으로 투사될 수 있는데, 이를 그림자투사라고 부른다. 그림자투사는 그 대상의 특성 때문이 아니라 나의 그림자 때문에 발생하는 것이다. 가령 1960년대 미대를 졸업하고 화가로 활동하는 중학교 미술교사의 그림자인격은 자신의 어린 중학생들에게 투사되어 아이들이 수업시간 중 눈알을 미세하게 움직였다는 이유로 애들의 빰을 무자비하게 때리는 폭력을 자행하게 만들기도 한다. 또한 그림자투사는 한 개인에서뿐만 아니라 집단으로도 나타날 수 있다. 가령 나치의 유태인학살은 유태인 때문이 아니라, 학살을 주도한 나치의 집단초자아(Über-Masseich)[49]의 어둡고 추한 그림자인격이 유태인에게 투사되었기 때문에 발생한 것으로 볼 수 있다.[50] 유태인학살을 자행한 독일사회의 악한 인격은 독일사회를 오랜 세월 지배해온 이성주의의 그림자인 것이다.

법도 그림자투사를 한다. 법체계와 우리의 상호작용을 이끄는 것은 이성적인 의미화·상징화의 차원이지만 이 차원은 진실을 왜곡할 수도 있다. 가령 연성마약의 단순 소비까지 강력하게 처

---

범죄에 해당하고, 그림자 인격이 초자아의 과잉 속에서 범하는 범죄는 초자아의 범죄에 해당한다고 볼 수 있다.

48 大判 2003도2911; 이 사건과 재판 및 자세한 비평은 이상돈, 예술형법, 박영사, 117~148쪽; 이상돈, 법의 예술, 법문사, 2018, 64~72쪽 참조.

49 프로이트는 Massenpsychologie und Ich-Analyse, 1921(Sigmund Freud, Gesammelte Werke. Band XIII. S. Fischer Verlag. Frankfurt am Main 1972, 71~161쪽)에서 초자아가 집단의 정체성을 형성하고, 집단정체성이 곧 나 자신과 동일시됨을 밝혀냈다. 여기서 집단초자아(Über-Masseich)의 개념이 성립한다.

50 유대인, 아메리칸 원주민 학살을 통해 집단그림자의 투사를 고찰하는 존 A. 샌포드(심상영 역), 융학파 정신분석가가 본 악, 심층목회연구원, 2003, 106쪽.

벌하는 마약류관리법이나 자발적 성매매까지 강력하게 처벌하는 성매매처벌법 등은 사람들로 하여금 윤리적 인격에 가치지향을 하게 만들지만, 그런 법의 현실적 결과는 마약을 더욱 확산시키고, 성매매를 다각화하고, 생활영역에 침투·확산시키는 등의 그림자투사를 초래한다. 그렇기에 레딩(Redding)은 감각적 과정에서 눌려 쌓인 자기에 대한 감각(sense of self)이 법규범의 정신구조가 되어야 한다고 본다. 법규범은 자기시스템의 감각적 차원(sensorimotor level self-system)에 통합되어야 한다는 것이다.[51] 이에 따르면 법은 개인의 무의식과 마주하고, 그 속에 억압되어 있는 욕망을 해소하는 통로를 마련하여야 한다. 가령 법은 사회생활에 지장이 없는 일부 연성마약류의 치료목적 복용을 허용할 수 있거나 조직화되지 않고 상업화되지 않은 개인들 간의 자발적 성매매를 허용하여 성소외자를 돌볼 수 있다.

## 무의식은 반드시 보상작용을 한다

그림자 인격은 자신을 해체하거나 타인에 대해 비합리적 분노와 혐오를 보이는 투사작용을 한다. 이를 융(Jung)은 무의식의 보상작용(compensation)[52]이라고 불렀다. 이 보상작용은 차단할 수 있는 것일까? 만약 그림자(악)를 떼어 내어 버리고, 선을 자신의 정신적 특성으로 삼는 그림자 없는 자[53]가 된다면 가능할 것이다. 그러나 그림자 없는 자가 되려고 하면 오히려 인격의 그림자가 더 짙어지면서 그 사람을 삼켜버릴 수 있다. 왜냐하면 대극 사이의 불균형이 견딜 수 없는 수준에 이르면 그 소외되었던 측면이 지배적 성향으로 발현되는 반대극極으로의 역전이 발생하기 때문이다.[54]

---

51 Richard E. Redding, 앞의 논문, 808쪽.

52 이부영, 그림자, 한길사, 2009, 38쪽.

53 카를 융(한국융연구원 C.G. 융 저작번역위원회 옮김), "정신의 본질에 관한 이론적 고찰", 원형과 무의식, 솔, 2006, 73쪽.

54 마리안느 쉬스 엮음(한오수 옮김), 사랑에 대하여: 사랑에 대한 칼 융의 아포

가령 구약과 예수의 가르침에서 선과 악은 본래 모두 하느님에 속하는 것이었지만 바울이 악은 선을 실현하기 위해 제거되어야 한다고 가르쳤고, 요한이 선과 악을 전면 대립시키고 악의 철저한 응징을 요구하는 '적그리스도' 개념으로 나아갔다.[55] 그렇기에 기독교적 페르소나는 종종 그림자를 인정하지 않고 순수한 선 그 자체가 되기를 요구한다. 특히 가톨릭의 사제는 '성욕'과 '물욕' 등에서 그림자 없는 자가 되어야 한다.[56] 하지만 가톨릭 사제에게 종종 일어나는 흡연·음주중독, 성범죄나 낙태교사 등은 반대극으로의 역전이 벌어진 결과이다.

## 완전한 사랑은 그림자를 남긴다

프로이트가 말하는 '일시적이고 덧없는 에로스'의 정반대 사랑, 즉 영원하고 완전한 사랑(endless love)을 이루려는 자도 그림자 없는 자의 발현현상이다. 가령 인기방송 '나는 SOLO 00기'에 출연한 A녀는 명백하게 잘못된 인지와 기억을 여러 차례 보여 시청자들을 당혹스럽게 하였다. A녀는 자신이 원하는 남자가 자기에게 애정을 고백한 상황에서도 그가 다른 참가자들에게 보였던 호의적 행동을 세세히 집요하게 따지면서 우울감에 빠져들다가 상대의 무조건적인 애정충성맹세와 흡사한 언사를 듣자 돌연히 밝아지는 모습을 여러 차례 보였다. A녀가 보여준 사소하지만 인지결함, 기억왜곡, 우울증은 자아(ego)의 가벼운 마비 증상을 보여준다. 이 증상은 그녀가 완전한 사랑(예: 완벽한 상대독점, 다른 여성에게 어떤 호의적 행동도 삼가는 무한책임의식)을 지향하는 '그

---

리즘, 솔, 2007, 114쪽.

55 김성민, "악의 문제와 그 극복에 관한 고찰", 한국기독교신학논총 제22집, 2001, 378쪽.

56 인간은 하느님의 법에 의해 심판되며, 인간의 죄의 완전한 구속은 오직 죽음을 통해서만 가능하다는 유대교의 사고도 인간의 악을 의식으로 통합하지 않고, 제거해내야 할 '불결한 무언가'로 설정하고 있다. 김임구, "근세의 종언", 카프카연구 제21집, 2009, 18쪽.

림자 없는 자'의 정신으로 살아오느라 철저히 외면한 그림자(한 남자, 여자만을 사랑할 때 뒤따르는 억압된 충동본능)가 반대극으로 전환한 결과라고 해석할 수 있다. 애정을 처음 고백 받은 상황에서도 (미래에 상대를 책임지려는 마음을 갖기보다) 과거의 사소한 일들에 대해서도 책임을 따지는 것은 그 자체가 완전한 사랑의 반대극에 위치하는 정신이다.[57]

완전하고 영원한 사랑의 그림자는 연상녀와 연하남의 대극의 사랑에서도 자주 관찰된다. 연상녀를 사귀는 남자는 모성적 사랑(예: 돌봄과 지원이 포함된 애정)을 기대하는데, 시간이 지나 연인관계가 느슨해지면 다른 연하녀와의 만남까지도 포용해주기를 바라는 심리가 생긴다. 반면 연상녀는 연하남친과의 관계를 모성적 사랑이 아니라 돌봄과 지원을 하면서도 완전하게 지배·독점을 하려는 남근적(phallic) 사랑을 하기 쉽고, 심지어 연하남친이 무한충성을 하며 마치 펫과 같은 존재가 돼 주기를 바라기도 한다. 이처럼 연상녀와 연하남의 사랑은 무한모성의 사랑과 무한충성의 사랑이라는 정반대의 극에 위치한다. 이 대극의 사랑은 연하남이 무한충성을 하고, 연상녀가 무한모성의 사랑을 해주는 한, 매우 깊고 특별한 사랑이 되지만, 가령 연하남이 다른 연하녀와 사랑에 빠지는 순간 연상녀의 완전한 사랑(무한사랑)의 그림자는 상대를 죽이는 살인의 아리아로 등장할 수 있다. 이 점을 다음의 연하남친살해사안(2021년)[58]에서 잘 볼 수 있다.

연상녀(아들 둘, 이혼, 진직 간호조무사, 유흥업소종사자, 38세) A는 2020. 11.부터 비번을 갖고 연하남(22세)의 오피스텔에 출입하는 등 애인관계를 맺고, 그와 펫사랑 같은 지배적 관계를 만들려고 하였지만 두 달 후부터 연하남이 헤어짐을 더 많이 생각하

---

57 사랑은 책임을 정밀하고 엄정하게 따지는 마음이 아니라 상대의 부족에도 불구하고 상대를 책임을 지려는 마음일 때 가능하기 때문이다.

58 이 사건은 언론보도내용이나 판결문 내용으로 재구성한 것이므로 완전한 팩트가 아닐 수 있고, 정신분석학적 논의를 위한 모델사례임을 일러둔다.

여 갈등을 겪다가, 2021. 5. 31.경에는 함께 지방여행을 계획할 정도로 화해하였다. A는 6. 6. 새벽 연하남이 친구들과 술 마시는 인증샷을 보내고 애정 어린 카톡대화도 하였지만 만취한 뒤 전화를 받지 않자 화가 치밀어 올라 6. 6. 11:30. 그의 집에 들어갔다. A는 잠자고 있던 연하남의 폰 주소록에 자신의 이름이 삭제되고 카카오톡도 차단되었음을 알고는 배신감과 분노가 치밀어 화장지로 손잡이를 감싼 과도로 가슴과 목을 34회 찔러 살해하였다.

이 사건에서 '전화를 안 받아서, 자기 전화번호가 삭제되어서 남친을 살해했다'는 연상녀의 ("엽기적인"[59]) 살인동기는 상식적으로는 이해할 수 없다. 이런 살인은 연하남의 무한충성사랑을 기대하고 그것과 대극을 이루는 연상녀의 무한모성사랑의 그림자인격이 발현되고 자아가 붕괴된 결과로서만 일어날 수 있는 일이다.

## 그림자와 만나는 정신과 문화

그림자 없는 자의 정신[60]과 대조적인 정신으로 인디언의 사고와 문화를 들 수 있다. 인디언 사회에서 치유와 예언을 행하고 자연현상을 움직이는 주술사 위차사 와칸(Wicasa Wakan)은 '좋지도 나쁘지도 않고, 그냥 살며', 여러 규범들에 매여 사는 성직자와 달리 자기 자신으로서 살아간다. 감옥 가거나 술집에 가고, 여자와 난잡하게 놀기도 하지만 위차사 와칸이 주술사로서 갖는 비전과 권능은 사라지지 않는다. 위대한 영을 의미하는 '와칸 탄카'는 '만물이 자신의 본성에 따라, 자기 내면의 충동에 따라 알아서 행동하는 것'을 바라면서 사람과 자연이 서로를 사랑하게 만드는 주술사이다.[61] 인디언의 사고에서 악은 그들 자신을 이루는 한 요

---

59 이를 "엽기적인 동기"라고 표현하고, 무기징역을 선고한 전주지방법원 2021. 8. 15. 선고 2021고합128 판결; 징역 22년을 선고한 광주고등법원 2022. 1. 26. 선고 2021노171 판결.

60 바울과 달리 예수 그리스도는 악을 선의 그림자로서 이해했다는 존 A. 샌포드 (심상영 역), 융학파 정신분석가가 본 악, 심층목회연구원, 2003, 130~134쪽.

소였다. 인디언의 이런 정신문화를 문명사회에 적용해볼 수 있다.

첫째, 융에 의하면 무의식은 창조성과 자율성이 있어서 꿈이나 상징을 통해서 자기를 드러내고 의식이 그것을 인식하도록 독려한다. 즉, 꿈은 인격의 그림자와 만나는 장소라는 것이다. 체면을 중시하는 사람이 꿈속에서 바지를 안 입은 모습으로 나타나거나, 깡패나 창녀에게 시달리는 꿈을 꾸기도 하는 융의 임상사례[62]에서 보듯 꿈은 미래에 있을 수 있는 무의식의 보상작용을 예고하고 무의식을 돌볼 것을 자아에게 요구한다. 가령 바바리맨 행동을 한 지방검찰청 검사장이 융의 임상사례에 나오는 것처럼 바지 안 입은 행동을 하는 꿈을 꾼 적이 있었다고 가정하면, 그 꿈은 바바리맨 행동으로 드러날 자신의 그림자인격을 예고했다고 볼 수 있다. 일상적으로 말하는 번아웃(burn out)은 외적 인격을 살아온 자아의 고충이 점점 커져 무의식의 보상작용이 일어나기 직전의 상태, 그림자인격이 발현되는 임계점을 가리킨다.

둘째, 이 임계점을 알아차린다면 어떤 방법으로 무의식을 돌볼 것인지를 생각해보아야 한다. 불교에서는 개인에게 방하착放下着(집착하는 마음을 내려놓아라), 즉 자아가 외적 인격 형성에 더 이상 몰두하지 말라는 수행을 제시한다. 그런 수행의 단계를 넘어서 세간을 떠나 해탈의 경지에 이르면 '마하반야바라밀다심경'摩訶般若波羅蜜多心經, 즉 자아와 우주의 경계가 해체되어 하나가 되는 단계에 이를 수도 있다고 한다. 하지만 현실의 사람들은 수행자가 아닌 한 해탈은 물론이고 세간의 삶에서 방하착도 실천하지 못한다. 그렇기에 인디언사회의 정신문화처럼 인격의 충동본능을 발현하여 자기를 돌보는 행위를 일정한 범위에서 사회적·법적으로 승인하는 방안이 현실적인 방안이다. 윤리적으로 덜 엄격한 사회,

61 존 파이어 레임디어·리처드 얼도즈(정도윤 옮김), 무엇 하나 소중하지 않은 것이 없다, 아름드리미디어, 2004, 292쪽.

62 이부영, 자기와 자기실현, 한길사, 2008, 123쪽.

도덕적 단죄와 엄벌주의보다 관용과 용서를 우선하는 법이 그런 방안의 지향점이 될 수 있다.

## 선과 악 등의 대극은 균형을 이뤄야 한다

이를 위해서 가장 먼저 필요한 것은 융과 같이 무의식의 보상작용을 긍정적으로 바라보는 시선이다. 즉 무의식의 보상작용은 정신(의식)의 전일성'(Einheit des Bewußtseins)을 구현해 나가는 정신의 자율조절작용이라고 보는 것이다. 융이 말하는 '정신의 전일성'이란 의식에 대극大極의 균형, 즉 선과 악, 남성성과 여성성, 아름다움과 추함, 성과 속, 신사성과 깡패성(숙녀성과 창녀성) 등과 같이 서로 대립하는 특성들의 '균형'을 말한다.[63] 이때 '균형'은 대극들을 하나로 통합하지 않고 공존시키면서 그 대극들의 중앙(die Mitte)[64]에 위치하는 것을 말한다. 이를 융은 중심으로부터 동일한 거리에 놓이는 점들의 연속인 원圓(산스크리트어 Mandala)[65]

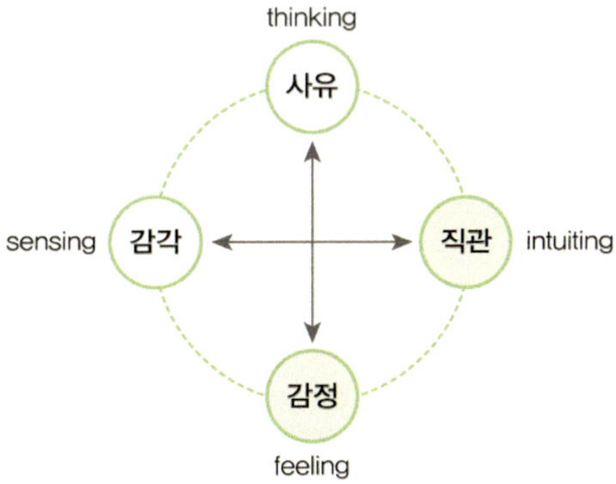


63 니체의 초인 개념이 이 균형과 비슷한 점은 John Linarelli, "Nietzsche in Law's Cathedral", Catholic University Law Review Vol. 53, 2004, 30~31쪽.

64 대극 사이의 중앙에 대해서 카를 융(한국융연구원 C.G. 융 저작번역위원회 옮김), "분석심리학에서의 선과 악", 인간과 문화, 솔, 2004, 144쪽; 이부영, 그림자, 한길사, 2009, 208~209쪽.

65 카를 융(한국융연구원 C.G. 융 저작번역위원회 옮김), 꿈에 나타난 개성화 과정의 상징, 솔, 2006, 121~130쪽.

또는 정사각형으로 형상화하였다.

대극의 균형을 이루는 구체적인 방법은 특정될 수 없고, 정신의 전일성을 이루게 하는 것이면 무엇이든 상관없다. 정신의 전일성은 사고(thinking), 감정(feeling), 감각(sensation), 직관(intuition)을 꼭짓점으로 삼는 사각형의 만다라로도 표현될 수 있다. 이 네 가지 정신기능은 사람마다 그 우월한 기능과 열등한 기능이 다르다. 우월한 기능은 자아가 좋은 것으로 의식하며 더 발전시킨 기능이고, 열등한 기능은 자아가 별로 가치가 없는 것으로 여기면서 방치해둔 기능이다. 그래서 우월한 기능과 열등한 기능은 대극(T vs F, S vs N)을 이루게 되고, 열등한 기능은 무의식 속으로 잠재되어져 그림자를 형성한다. 정신의 기능을 이렇게 분석할 때 정신의 전일성은 그림자인 열등한 정신기능을 의식하고 성장하도록 계발하여 우월한 정신기능과 정사각형의 균형을 잡게 함으로써 이룰 수 있다. 그러므로 감각의 S와 직관의 N, 사고의 T와 감정의 F의 앞에 내향성(Introversion)과 외향성(Extroversion), 그 뒤에 판단(Judgement)과 감응(Perceiving)을 더하여 만든 마이어스(Myers)-브릭스(Briggs)의 MBTI 성격유형론은 성격의 본질적·존재론적 특성이 아니라 한 개인의 부족한 인간 정신의 그림자를 보여주는 것이고, 그 부족을 메워나가는 것은 삶의 과제가 된다.

## 법도 이성과 감성의 대극의 균형을 이룰 수 있다

여기서 법이 지향하는 인간상도 변화할 수 있다. 근대 이성법의 정신은 '외부적' 질서이고, 감각을 이성의 보조자로 사용하는 '사유적' 자아의 '판단' 체계라는 점에서 ESTJ형이라고 볼 수 있다. 그러나 포스트모던 사회에서는 이성법의 그림자투사를 방지하기 위해서는 정반대의 INFP형에 해당하는 감성법[66]이 함께 구

66 이상돈, 공감의 법, 법적 이슈 공감하기, 세창출판사, 2017, 15~31쪽 참조.

축되어야 한다. 감성법을 이해하기 위해 키스녀혀절단사안(2013년)의 예로 설명해보자.

남자 A(23)는 모 술집에서 자신의 여자친구와 그녀의 여자친구 B(22)를 만나 술을 마시고 만취상태에서 04:30 길바닥에 드러누웠고, 이때 B가 자신의 목과 허리에 손을 두른 채 강제로 키스하려 하자 그녀의 혀를 깨물어 2㎝가량 절단하였다.

이 사건에서 판례(大判 2014도17023)는 여자가 남자의 강제키스를 혀절단행위로 방어한 경우와 달리 긴급피난에서나 요구되는 보충성(최후수단성)이 없었음을 이유로 정당방위의 상당성을 인정하지 않았다. 이 판결은 성차별이라는 혹독한 비판을 받았다. 이런 성차별의 합리적 근거가 되기에 '법감정'은 너무 모호하고 추상적이고, '육체적 방어역량의 남녀 간 차이'는 너무 예외가 많다. 하지만 남자의 여자혀 절단방어행위는 다른 방어방법이 없을 때에만 추하지 않다는 심미적 판단[67]이 보편적이라면 이런 성차별은 미학적 정의(aesthetic justice)로서 법에 고려될 수 있다.

이리가라이(Irigaray)가 말하듯이, 두 입술과 점액의 육체적 특성을 지닌 여자는 남자보다 신체적 접촉에 더 민감하고, (많은 남자들이 삽입중심의 사랑을 추구함과 달리) "여자의 성기(sex organs)는 몸 어디에나 있"[68]고 모든 터치행위를 사랑의 과정으로 인지한다. 이 점에서 여자는 원치 않는 입술접촉으로 인한 감정피해의 흔적이 남자보다 월등히 크다. 바로 그런 이유에서 혀절단 방어행위의 필요시점도 남자보다 빠르게 시작된다고 볼 수 있다. 이런 논증은 판례와 같은 성차별의 정당한 근거가 될 수 있고, 여자에게 감각적·감성적으로 맞다는 의미의 촉각적 정의(touchable justice)를 실현한다. 이런 촉각적 정의는 법의 정신을 ESTJ에서

---

67 이런 입장으로 이상돈, 법의 깊이, 2018, 법문사, 613쪽.

68 Luce Irigaray, This Sex Which is Not One, Cornell University Press, 1985, 81쪽.

INFP 방향으로 다소 이동하게 만든다.

## 페르소나는 다형적이다

인간의 정신에서 대극의 균형은 개인이 특정한 페르소나를 고정적으로 갖고 있지 않고 무수히 변하는 다형성(polykorph)의 페르소나를 연기하는 것, 줄여서 "페르소나 하기"(doing persona)[69]를 통해서도 달성될 수 있다. 가령 1970년대 이청준의 소설 가면의 꿈(문학과 지성사, 2011)에서 주인공 명식은 유망한 법관이면서 아내 지연과의 결혼도 행복한데도 밤마다 가면을 쓰고 외출하는 기행을 한다. 가면을 쓴 기행은 무의식의 보상작용이면서 외적 인격과 다른 페르소나 하기이며, 법관의 선함·아름다움·이성에 대하여 대극인 악함·추함·감정이 균형추처럼 작용하게 만든다. 그러나 법관 명식에게 다형적 페르소나 하기의 끝은 가면을 쓴 채 투신하여 정원석에 머리를 부딪쳐 영면하는 자살이었다. 그러나 다형적 페르소나 하기의 끝은 정형화될 수 없다. 명식이 죽는 엔딩은 작가 이청준의 윤리의식을 보여줄 뿐이다.

또 다른 예를 들면 드라마 나의 해리에게(ENA 2024)에서 여주인공 A는 자신의 권유에 따라 여행을 간 여동생의 실종에 무한 책임과 죄책감을 가졌지만, 같은 방송국 아나운서 B와의 사랑으로 이겨낸다. 몇 년이 지나서 B의 비혼선언으로 이별을 한 충격 끝에 해리성 장애가 생긴다. 낮에는 아나운서 A로 밤에는 주차관리를 하는 동생인격으로 살아가다가 다른 방송 아나운서 C와 한 달간 사귄다. 방송국에서 곤경에 처한 자신을 구해준 B와 다시 1주일간 사랑을 나누는 동안에는 밤에도 인격해리가 나타나지 않았다. 하지만 B가 자신을 키워준 할매의 입원 소식에 달려가자 실연의 기억과 상처로 A는 스스로 B와의 이별을 선언하고, 인격

69 민윤영, "다형적 페르소나로서 법", 고려법학 제61호, 2011, 102쪽.

해리 없는 독립적인 삶을 살기로 결심한다. 그러나 B의 결혼소문에 접하자 고통 속에서 자신의 주主인격을 파괴하고, 집을 떠나 동생인격으로 살아간다. 몇 달이 지나 A는 경찰에 보호조치 되고, 곧장 달려간 B의 애정 어린 보호 속에 A는 다시 주인격인 자신으로 돌아온다.

이 드라마에서 A는 여동생의 실종에 무한책임의식을 갖는 윤리적 초자아의 과잉으로 자아와 분열이 시작되고, 같은 방송국 아나운서 B와의 완전하고 영원한 사랑에 대한 욕망의 초자아로 더욱 과잉화 된다. 그럼에도 B와의 사랑으로 A는 가까스로 초자아와 자아의 균형을 유지하지만, 4년 전 B가 자신을 키워준 다섯 할매에 대한 과도한 책임감에서 비혼선언과 이별을 고하자(첫 번째 실연), A의 과잉화된 초자아와 자아의 분열은 A의 자아를 포획하여 낮에는 아나운서 A로 밤에는 동생인격으로 사는 해리성 인격장애를 가져온 것이다. 그 뒤 곤궁한 상황에서 자신을 구해준 B와의 사랑은 A의 자아를 다시 일시적으로 회복시켰지만, 할매의 입원 소식에 다시 뛰쳐나간 B에게 이별의 상흔을 느낀 A는 B에게 먼저 이별을 고하고 독립된 인격으로 살아갈 결심을 한다(두 번째 실연). 하지만 이는 진정한 주체화가 아니라 자아의 방어기제 발현이었음이 얼마 안가서 드러난다. B의 결혼소문으로 사랑의 상실감(세 번째 실연)에 빠진 A는 두 겹이었던 초자아와 자아의 분열이 극대화되면서 자아가 붕괴되어 자신의 주인격을 완전히 파괴하고, 아예 동생인격으로 변화해버린다. 몇 달 뒤 동생인격으로 발견된 A는 자신의 해리성 장애와 C와의 애정관계에도 불구하고 B가 자신을 품고 사랑하자, 동생인격과 동생인격에서 한 달간 사귄 C와의 관계를 모두 버리고, 급속하게 본래의 주인격으로 되돌아와 B와 다시 사랑을 하게 된다.

이 분석에서 네 가지 통찰을 얻을 수 있다. 첫째, A에게서 초자아와 자아의 분열은 세 번의 실연에 따라 심화되면서 '동생인격으로 부분적 해리 → 주인격의 독립성을 가장하는 자기방어 → 주인격의 파괴'와 같은 신경증을 발현시킨다. 이런 구성은 (과잉의) 초자아와 이드(의 사랑에 의한 발현)의 균형이 자아의 임무이면서, 때로는 자아를 지키는 불가피한 방법임을 말해준다. 둘째, 주인공 남녀 A와 B의 사랑은 해피엔딩으로 끝나지만 이 둘은 각기 숭고한 사랑, 영원한 사랑을 욕망하는 초자아를 고집하는 것이며, 다중인격을 정신질환(해리성 인격장애)으로만 바라보는 한계를 보여준다. 셋째, 동생인격의 파트너였던 C는 A가 본래의 주인격이든 동생인격이든, 그 둘을 수시로 오가도 상관하지 않고 사랑한다고 말한다. 이는 A의 다중인격을 질환이 아니라 다형적 페르소나 하기로 바라보는 것이다. 하지만 드라마는 이를 무시하고, C를 조연으로 위치지우고, 그의 사랑을 주인공 B와 A 사이의 사랑을 돋보이게 하는 부수적인 사랑, 즉 파레르곤(parergon)[70]으로 위치지운다. 넷째, 다중인격은 자아가 마비·붕괴되지 않는 보통 사람에게서도 엷은 형태로 발현된다. 그렇기에 가령 한 사람이 다른 인격적 특성을 지닌 존재로서 다수의 상대를 사랑할 수도 있다. 이는 모노가미(monogamy)의 윤리적 한계를 넘어서는 것임은 물론이다. 그렇다면 A도 주인격으로 최종 귀환하지 않고, 주인격과 동생인격을 의식적으로 오가며 B와 C와의 사랑을 모두 이어갈 수 있고, 그런 사랑은 '여자 1명 vs 남자 2명'으로 구성된 가족공동체를 승인하는 미래의 법을 꿈꾸게 할 수 있다. 다만 이런 가족은 이리가라이(Irigaray)가 말하는 고유한 여성성(여점성)이 발현된 공동체에 속한다.[71]

---

70 J. Derrida, 'Parergon', The Truth in Painting, trans. by Geoff Bennington and Ian McLeod, University of Chicago Press, 1987, 54, 55쪽.

71 이상돈, 법의 성-정신분석학적 접근, 법철학연구 제27권 제1호, 2024, 273쪽.

## 누구나 자신의 그림자를 의식화할 수 있다

정신기능의 균형이나 다형적 페르소나 하기 외에도 인격의 그림자를 삶을 견뎌내는 힘(에너지)으로 변화시키는 것이면 모두 대극의 균형을 이루는 방법이 될 수 있다. 그런 방법이 되려면 적어도 그림자를 인식하고 의식에 동화同化시키는 것이 필요하다. 이는 그림자를 완전히 정화해서 종교·사회윤리적인 선을 실행하는 주체가 되는 것이 아니다. 융에 의하면[72] 그림자는 인간의 실존을 풍부하게 해줄 수 있는 원시적 요소를 내포하고 있다. 가령 창녀성에는 바흐호펜이 말하는 선사시대의 인류창녀적 단계(hetaeric stage)와 같은 원시적 요소가 내포되어 있다. 카프카(F. Kafka)는 바흐호펜의 인류창녀적 단계 또는 늪의 세계(swamp world)가 인류 최초의 시대이면서 현재의 시대이기도 하다는 전제에서 자신의 작품세계를 구축하였다.[73] 이처럼 그림자를 인식하고 그 긍정적인 힘도 인정하는 것이 필요하다.

융은 개인무의식인 그림자와 집단무의식인 그림자(예: 집단학살의 무의식적 경향)를 나눈다. 그에 의하면, 집단무의식인 그림자(예: 나치시대의 유태인학살)는 역사적으로 절대악으로 평가되고 있기에 이를 의식하여 경계할 수 있을 뿐이고(예: 신나치 출현의 반대) 의식으로 통합(예: 집단학살의 부분 인정)할 수 없다. 반면에 개인의 무의식인 그림자는 "대개 단지 낮은 것, 저급한 것, 미개한 것, 적응이 안 된 것, 다루기 힘든 것일 뿐 절대적으로 악한 것이 아니"[74]라 상대적으로 악할 뿐인 것이며, 의식화되고 의식으로 통합되면 오히려 긍정적인 힘으로 변환된다. 그림자 실현의

---

72 C. G. Jung, Aion, Rascher, 1951, 380쪽(이부영, 그림자, 한길사, 2009, 81쪽).

73 Rodolphe Gasché, "Kafka's Law", MLN Vol. 117, No. 5, 2002, 978~979쪽.

74 C. G. Jung, Aion 앞의 책(이부영, 그림자, 한길사, 2009, 81쪽).

궁극목표는 어둠 속에 있는 빛을 찾는 것이지 어둠 그 자체가 되는 것이 아니다.[75]

그러나 집단무의식인 그림자도 어느 정도까지는 의식으로 통합할 수도 있다. 가령 독일사회에서 '독일을 위한 대안'(AfD) 정당의 출현과 정치세력화는 집단무의식인 그림자(예: 반이슬람주의, 우익대중주의)를 의식으로 통합하는 현상이다. 그렇게 함으로써 개방된 세계시민사회의 형성에는 부정적인 효과가 일어나지만, 독일 사회의 이성주의의 그림자투사가 유대인학살에 이를 정도의 파괴적인 힘으로 응집되는 것을 제어하는 역설적이지만 긍정적인 효과가 일어난다. 그렇기에 정당이 '독일을 위한 대안'(AfD)과 같은 정도의 (우편향이든 좌편향이든) 이념편향을 보인다고 해서 법은 "민주적 기본질서에 위배될 때"(헌법 제8조 제4항)에 해당한다고 보아 해산시킬 수는 없다.

75 이부영, 그림자, 한길사, 2009, 207~211쪽.

# 범죄에 이르는 욕망

## 욕망은 욕구, 욕망, 순수욕망으로 구별된다

범죄는 많은 경우 욕망에서 비롯되고, 욕망을 실현하는 과정에서 일어난다. 여기서 욕망이 무엇인지는 선결문제이다. 라캉(Lacan)의 욕망이론에 대한 간명한 이해는 범죄와 법의 욕망이론적 위치를 밝히는 데 기초가 될 수 있다. 라캉은 욕구, 욕망, 순수욕망을 구별한다. 욕구(needs)는 식욕, 성욕 등 생물학적 욕구이며, 현실에서 그때그때 충족할 수 있다. 언어를 통해서 표제화되는 욕망(demand)은 사랑과 사회적 인정을 향한 바람들(예: 남보다 많은 물질, 명예, 지식의 욕망)의 총체다. 이런 욕망은 완전하게 충족될 수 없고, 언제나 결핍에 시달린다. 욕망은 궁극적으로 그 무엇에 대한 것(desire for what)이 아니라 욕망을 향해(desire to desire) 있고[76] 그래서 욕망은 무한히 확대 재생산되기 때문이다. 순수욕망(pure desire)은 욕망의 주체가 죽음을 무릅씀으로써 그 욕망이 순수함으로 거듭난 경우를 말한다. 죽음을 무릅쓰는 것은 죽음에 대한 인간의 지향성, 즉 모든 인간의 보편적인 심리적 구조인 '죽음충동'(thanatos)의 작용이기도 하다. 욕망을 순수하게 만드는 것은 욕망의 순수하거나 선한 '내용' 때문이 아니라 '죽음'을 무릅쓰기 때문이다. 이런 사고는 죽음을 긍정적인 것, 열렬히 욕망되어야 하는 것으로 이해한[77] 쇼펜하우어, 니체, 프로이트로

---

76 이상돈, 욕망은 행복을 낯설게 한다, 연극과 인간, 2003, 354쪽.

77 Linda Hutcheon & Michael Hutcheon, "Death Drive: Eros and Thanatos in Wagner's Tristan und Isolde", Cambridge Opera Journal Vol. 11, No. 3, 1999, 267쪽.

이어지는 사상의 흐름과 연장선에 있는 것이다.

라캉은 두려워하지 않고 죽음에 직면하는 주체를 숭고미의 주체라고 부르고, 대표적인 인물로 소포클레스의 안티고네(Antigone)를 든다.[78] 그녀는 테베의 통치자 크레온이 국가에 반역하여 전쟁을 벌이다 죽은 그녀의 오빠 폴리니케스의 시체를 묻지 말라고 명령하였음에도 거역하고 오빠의 장례를 치러주고 추방된다. 당시 사회에서 추방은 사형에 버금가는 벌이었기에 안티고네는 자연법적 풍습인 매장의 욕망을 죽음에 직면하면서까지 추구한 것이다. 욕망을 순수화, 숭고화하는 요소로서 죽음은 생명을 던지는 것뿐만 아니라 안티고네처럼 주체가 공동체의 이방인이 되는 바와 같은 상징적 죽음[79]을 포함한다.

인정욕망만이 아니라 욕구도 죽음을 무릅쓰는 경우 순수욕망으로 승화될 수 있다. 이 점은 어떤 이념의 표방도 없이 변태적 섹스를 자세하고 치밀하게 묘사하여 음란물로 판결되고, 옥고까지 치러야 했던 장정일의 소설 내게 거짓말을 해봐(1996년)의 예에서도 잘 알 수 있다. 이 소설에서 38세의 조각가 제이와 전통과 윤리의 도시인 안동의 18세 소녀 와이는 변태적이며 자기모멸적인 섹스를 죽을 만큼 주구장창 하고 또 한다. 하지만 묘하게도 그로 인해 아버지('신버지')에 대한 제이의 트라우마, 강간을 당한 두 언니의 경험에서 형성된 와이의 트라우마는 끝내 소멸하게 되고, 그와 함께 각자에게는 새로운 자아가 생성된다. 제이와 와이의 변태적 섹스욕구는 가학적·피학적 발현, 무제한적인 실험적 실행을 통해 그 자체로도 죽음에 다가설 정도로 발현된 것인데,

---

78 조현준, "안티고네: 숭고미에서 퀴어 주체로", 라깡과 현대정신분석, 제8권 제2호, 2006, 187~196쪽; 안티고네를 무의식적 욕망의 법으로 보는 C. Douzinas & R. Warrington, "Antigone's Law", Politics, Postmodernity and Critical Legal Studies, Routledge, 1994, 187쪽; 이상돈 외 3인, 문헌연구 포스트모더니즘과 법, 세창, 2006, 179쪽.

79 슬라보예 지젝(주은우 역), 당신의 징후를 즐겨라! 할리우드의 정신분석, 한나래, 1997, 96쪽.

이로써 욕구는 순수욕망으로 승화되고, 그 욕구의 주체인 제이와 와이는 순수욕망의 주체가 되었다고 볼 수 있다.

## 욕망은 범죄를 낳는다

욕망의 유형화에 따라 범죄도 욕구의 범죄, 욕망의 범죄, 순수욕망의 범죄로 유형화할 수 있다.

첫째, 욕구의 범죄란 식욕, 성욕 등 기본욕구를 충족하기 위한 방편으로 범하는 범죄이다. 성매매죄는 그 대표적인 예이다. 가령 노령, 경제적 빈곤, 장애 등 다양한 이유로 사랑을 나눌 기회가 거의 없는 성소외자들이 성욕을 충족시킬 수 있는 유일한 통로는 사실상 성매매뿐이다. 그러나 법은 성소외자들이 매매로 성을 향유하는 모든 행위를 예외 없이 성매매죄(성매매처벌법 제21조 제1항)로 처벌한다. 법은 이런 성소외자들에게 자발적으로 성을 유상으로 제공한 사람도 역시 성매매죄(제20조 제1항 제1호)로 처벌한다.

한때 언론의 주목을 받은 사건으로 60대 여성의 속칭 **박카스할머니성매매사건**(2015년)이 있다. 종묘 부근에서 노령의 경제적 소외여성들이 길에서 박카스를 팔면서 주로 노령의 성소외남자들에게 5천원~3만원에 성을 제공해온 사건들이 무더기로 적발되었다. 당시 언론들은 이 여성들을 박카스아줌마, 박카스할머니라고 불렀고,[80] 영국의 BBC도 "성을 파는 한국 할머니들"(The Korean grandmothers who sell sex)이라는 보도를 하였다. 그러나 이 사건에서 성매매, 즉 섹스용역계약(위임계약)은 노령의 성소외남성과 기본욕구의 충족에 필요한 재화를 다른 방법으로 얻을 수 없는 노령의 경제적 소외여성이 서로 협력하여 성욕과 식욕의 기본욕구를 충족시켜 주는 인권향유의 성격이 있다. 이런 성매매는 강간처럼 그 자체로서(per se) 범죄인 것이 아니라 사회의 법제도

80 월간 더불어 사는 사회, "노인의 성(性), 숨기는 게 답이다?", 2015. 10. 6.일자.

와 문화(풍속)에 따라 범죄로 만들어질 뿐이다. 이미 많은 선진각국(예: 네덜란드)들은 성매매를 합법화하고 있다. 노인의 성매매는 포스트모던 인권과 성윤리(모노가미이데올로기)가 충돌하는 지점의 본보기가 되고 있다.

둘째, 욕망의 범죄는 사회의 가치지향체계를 따르는 그리고 사회화 과정에서 학습되는 욕망(예: 명품욕망, 강남아파트욕망), 라캉의 용어로 타자의 욕망(desire of the other)을 충족시키기 위해 저지르는 범죄이다. 이런 범죄를 범하는 자는 타자의 욕망을 충족하는 데에 집착하는 정신의 측면에서는 초자아의 범죄를 범하는 것이라고 볼 수 있지만, 자아가 마비되거나 붕괴되지 않고 계산적 합리성의 판단역량을 유지한 채 범한다는 점에서 구별된다.

대표적인 욕망의 범죄로 다음과 같은 **가평계곡남편살해사안**(2019년)[81]을 들 수 있다. 절도, 소년보호처분, 가출, 성매매종사의 경력이 있고, 여러 남자와 동거나 결혼식을 하였으며 동거남익사사건으로 수사를 받기도 한 A녀는 2017. 3. 성실한 대기업연구원 B와 혼인신고를 하였지만 자신은 인천 신혼집에서 다른 남자 C와 동거하고, 지속적으로 동거를 요구하는 B를 수원의 직장인근 지하단칸방에서 살게 하면서 2017. 8.경 B를 피보험자로 하는 생명보험 3건에 가입하게 하였다. B가 수억 원의 금품을 A에게 지원해주고 2018. 12.경 극심한 재정위기에 이르자, A는 2019. 2. B에게 복어독을 먹였으나 죽지 않았고(살인의 불능범) 내연남 C에게 '복어독을 이만큼 먹였는데 왜 안 죽지?'라는 문자를 보냈으며, 2019. 5. 낚시터에서 B를 빠뜨렸으나 익사하지 않았다(증거부족 무죄).[82] A는 2019. 6. 30. 가평의 모 계곡에 C와

---

81 이 사건은 언론보도내용이나 판결문 내용으로 재구성한 것이므로 완전한 팩트가 아닐 수 있고, 정신분석학적 논의를 위한 모델사례임을 일러둔다.

82 서울고등법원 2023. 4. 26. 선고 2022노2858 판결은 복어독을 먹인 점은 불능범으로 보았고, 낚시터 익사시키는 살인미수는 증거불충분으로 무죄로 인정되었다.

함께 놀러가서 C가 먼저 절벽에서 시범적으로 다이빙하고 안전구조를 할 듯한 태도를 보이게 하고 수영을 못하는 B에게 다이빙하라고 계속 종용했다. 망설이던 B가 마침내 물에 뛰어 내려, 허우적거리며 익사위험에 빠지자 A는 현장을 이탈하였고, B는 익사하였다.[83] A는 부작위의 살인죄와 보험사기죄로 기소되어 무기징역을 선고받았다.[84]

이 사건에서 A는 욕망적 초자아가 강했지만 그로 인해 자아가 마비·붕괴되지 않았기에 A의 부작위살인은 초자아의 범죄가 아니다. A는 치밀하게 B를 형식적 남편으로 삼아 이용하고, 범행 후 보험금을 타내기 위해 전략적 행동을 하는 등 계산적 합리성의 자아를 시종일관 유지하였다. 그렇기에 A의 살인은 욕망의 범죄이면서 자아의 범죄이다. 반면에 남편 B는 자신이 이용당함을 알았고 헤어질 수도 있었음에도[85] A의 사랑을 얻고 유지하기 위해 재산을 탕진하고 빚을 얻으러 다녔으며 마침내 죽게 될 것을 알면서도, 이루기 힘겨운 구애의 삶에 지쳐 포기하듯이 계곡절벽에서 뛰어내렸다. 이는 B가 A에 대한 사랑을 위해 사회적 인격의 죽음을 무릅썼고, 급기야 생물적인 자살까지 했을 가능성을 말해준다. 정신분석학적으로 보면 B는 여자의 사랑(섹스본능)이 삶에 절대적인, 매우 남근적인(phallic) 남자이고, 사랑을 이루기 위해 자신의 페르소나와 생명까지 희생하는 순수욕망의 주체인 것이다.

---

83 이 사건은 2019. 10. 변사사건으로 종결되었지만, 2020. 3. Y는 생명보험금 청구가 거부되자 방송사에 억울함을 토로하고, K PD가 Y의 행적을 방송하면서 사건이 세상에 알려졌고, 2021. 2. 검찰이 재수사하여 살인죄와 보험사기죄로 기소하였다.

84 대법원 2023. 9. 21. 선고 2023도6086 판결.

85 A의 행위를 가스라이팅으로 보지 않고, B는 범죄에 이용되기 쉬운 사랑을 한 것이라는 김태경 의견(https://youtu.be/6mhk7axqZuE?si=8L83jpRj4JNV4Oyn) 참조.

## 범죄, 순수욕망을 추구하다

순수욕망의 범죄는 범죄자의 욕망을 순수욕망으로 승화시켜 주는 범죄를 말한다. 가령 영화 오아시스(2002년)의 주인공 종두를 예로 들 수 있다. 종두는 단지 보호 속에서 생존만 할 뿐인 장애인 한공주에 관심을 갖게 되고, 사귀자고 하며 입 맞추고, 섹스를 시도했고, 처음에는 저항했지만 차츰 거울도 보고 화장도 하는 한공주와 애정을 나누게 되지만, 한공주와 섹스 도중 그녀의 오빠에게 들켜 강간범으로 경찰에 연행된다. 종두는 경찰에서 도망쳐 나와 공주가 무서워하던 창밖 나뭇가지를 잘라낸 뒤 다시 경찰에 체포·연행된다. 이때 공주는 종두의 사랑을 느끼고, 큰 라디오 소리로 화답한다. 이 영화에서 종두는 처음 한공주를 강간하는 '욕구에 사로잡힌 주체'인 범죄자(주거침입강간죄, 장애인강간죄, 도주죄 등)였지만, 점차 사회적 죽음을 무릅쓰면서 한공주에게 선한 사랑을 하는 순수욕망의 주체로 나아간다.[86] 이처럼 섹스와 같은 '욕구'충족행위도 사랑의 '욕망'으로 의미화되고, 범죄와 사회적 죽음을 무릅씀으로써 '순수욕망'으로 승화될 수 있다.

범죄가 욕망을 순수화하고, 욕망하는 사람을 순수욕망의 주체로 만드는 현상은 펜싱녀혼인사기사안(2023년)[87]에서도 잘 나타난다. 남성과 여성으로 성별을 넘나들며 (혼인빙자)사기행각을 해온 양성애 성향의(bisexual) A(28세 여)는 2023. 1.경 P호텔그룹 혼외자라고 속이며 펜싱학원을 운영하던 펜싱메달리스트 연상녀 N(42세)에게 일론 머스크와 펜싱경기를 위해 펜싱을 배우겠다거나 더 큰 펜싱클럽을 동업 운영하자는 제안을 하면서 접근하였고, 2023. 7.경부터 월세로 임차한 고가의 L펜트하우스에 B와 동거

---

86 자세히는 이상돈·민윤영, 법정신분석학입문, 법문사, 2010, 74쪽 아래 참조.

87 이 사건은 언론보도내용이나 판결문 내용으로 재구성한 것이므로 완전한 팩트가 아닐 수 있고, 정신분석학적 논의를 위한 모델사례임을 일러둔다.

하면서 벤틀리도 사주고 결혼도 제안하고 남성이 되기 위해 호르몬주사도 맞기 시작하였으며, B의 요구에 따라 2023. 10. 결혼발표 언론인터뷰를 하여 인터넷에서 그의 행적이 까발려지는 자폭을 하였고, 이틀 후 B로부터 이별을 통보받았다. A는 B와의 결혼을 추진해가면서 다른 사람들에게 벌인 투자사기 등으로 기소되어 징역 12년을 선고받았다.

이 사건에서 A는 투자사기를 진행하면서도 사기꾼이라면 결코 계산상 하지 않을 행동을 하였기에, A의 사기행동은 다음과 같이 분석되는 정신이 아니고서는 도저히 설명할 수 없다. 양성 정체성을 지닌 A는 오랜 세월 재벌'남'男 욕망을 집착해온 초자아의 과잉 속에서 자아의 분열로 생긴 리플리증후군(Ripley Syndrome)을 B와의 관계에 발현함으로써 자신의 초자아를 약화시키고, 동시에 성정체성을 B의 사랑을 소유하는 '남자'로 고정함으로써 양성정체성(bisexuality)에 종지부를 찍으면서도, 자신의 정체와 사기행각이 탄로 나게 될 결혼발표 언론인터뷰를 함으로써 스스로 처벌받는 사회적 죽음의 길로 들어간 것이다. 요약하면 A는 범죄의 발각과 처벌의 위험에 스스로 들어가 성정체성의 아노미에 종지부를 찍고, 재벌남 욕망을 불태워버린 것이다. 이러한 정신분석이 맞는다면, A의 혼인빙자사기나 투자사기 그리고 탄로 날 가능성이 높은 언론인터뷰는 사회적 죽음을 무릅쓰는 것이며, 이는 B에 대한 그녀의 재벌남적인 사랑의 욕망을 순수욕망으로 승화시킨다. A가 특별하게 가련한 자아의 존재인 이유는 그런 순수욕망의 주체화가 리플리증후군과 같은 환상의 과정으로만 일어날 뿐 실제적인 과정이 아니었다는 점이다.

## 범죄는 주이상스를 향유한다

이처럼 주체가 자신의 순수욕망을 추구하는 일은 언제나 "자살적인 황홀경"[88]을 추구한다.[89] 미학적 주체는 죽음을 알면서도 자신의 욕망을 향해 돌진하기에, 숭고하고 눈부시게 아름다운 존재가 되는 것이다. 라캉(Lacan)의 욕망이론에서 보면 자아와 분열을 심화하는 초자아의 과잉이 주는 고통을 줄이기 위해서 '자기(self)의 (무의식적) 욕망에 따라'[90] 또는 순수욕망의 죽음충동(죽음 무릅쓰기)에 따라 행동하는 것은 정신분석학적 윤리가 된다.[91] 이때 욕망이란 실체로서 존재하고 발견되는 것이 아니라 '주체에게 욕망을 명명하고'[92] 발화함으로써 비로소 존재하게 되는 것이다.[93] 그리고 순수욕망을 추구하는 것은 죽음을 무릅쓰는 고통스러운 쾌락, 즉 주이상스(jouissance)의 향유이다. 이때 주이상스의 체험은 어떤 대상(예: 금지된 사랑의 상대)에 대한 환상(fantasms)이 생산되고, 그 대상에 대한 욕망을 순수욕망이 될 정도로 죽도록 추구하고, 그로써 겪는 고통(상징적 죽음) 속에서 그 환상이 점차 제거되는 과정으로 전개된다. 이러한 주이상스의 추구는 현실의 법에서는 범죄가 되기도 한다. 이때 범죄는 순수욕망의 죽음충동을 따르는 행동이며, 자살적인 황홀경의 향유인 것이다.

## 역겨운 아버지, 법에서 미끄러진 욕망의 범죄

법은 지젝(S. Žižek)이 말하는 역겨운 아버지(obscene father)

88 슬라보예 지젝, 앞의 책, 100쪽.

89 거꾸로 욕망하는 대상에 대한 환상은 그것에 대한 순수욕망을 좇는 힘이 된다.

90 라캉은 정신분석학윤리 세미나를 마무리하면서, "당신은 당신의 욕망에 따라 행위한 적이 있습니까?"라고 묻는다. J. Lacan, The Seminar of Jacques Lacan. Book VII. The ethics of psychoanalysis. 1959-1960, Norton, 1992, 311쪽.

91 박민정, 라깡의 욕망이론과 정신분석학적 인권, 고려대 석사학위논문, 2017, 73쪽.

92 욕망의 표명에 대해 딜런 에반스(김종주 외 역), 라깡 정신분석 사전, 인간사랑, 2004, 279~280쪽.

93 이를 정신분석의 목적으로 보는 J. Lacan, The Seminar. Book Ⅱ. The Ego in Freud's Theory and in the Technique of Psychoanalysis, 1954−55, Norton, 1991, 228쪽.

의 모습과도 흡사하다. 역겨운 아버지란 생존에 필요한 자원을 공급해줘서 '좋지만', 모든 권력과 (특히 아들의 입장에서 어머니에 대한) 쾌락을 독점하는 나쁜 욕망을 정의나 아름다운 질서 등과 같은 초자아에 의해 미화시킴으로써 역겨움을 생성시키는 아버지를 말한다. 법도 모든 인간들에게 자유로운 실존을 가능케 하면서(쾌락을 줌) 정의의 이름으로 수많은 금기를 설정하고, 위반할 경우 자신이 독점한 권력으로 위반자를 처벌한다(고통을 줌)는 점에서 역겨운 아버지(가부장적 법 patriarchal law)[94]이면서 역겨운 초자아(obscene superego)[95]이다. 역겨운 초자아로서 법은 라캉이 말하는 대타자(the Other), 즉 개인들(소타자 other)이 자신의 것이라고 인식하는 욕망을 말(법텍스트)하고[96] 환영을 만들어주는[97] 가상의 말하는 주체(speaking subject)이다. 물론 현실의 법은 비례성원칙 등에 의한 제한을 받는 빗장걸린(barred)[98] 주체이긴 하다.

또한 라캉의 상상계, 상징계, 실재계의 구분에서 보면 법은 언어에 의한 상징과 의미(예: 법과 규범)의 세계인 상징계의 중심이며, 순수욕망은 상징계의 틈새에서 빠져나와 상징계로 차단되었던 실재계의 '사물'(the Thing)(예: 칸트의 물자체 Ding an sich, 하나님)에 접근하는 시도이다. 하지만 인간이 상징계의 틈새를 찾아

---

94 근대는 '여성을 그녀의 육체적 특질로만 평가하게 하고, 여성의 머리에는 남성을 그 상징적 머리(symbolic head)로 자리하게 만드는 사회적 표현으로 기능한다는 Juliet Flower MacCannell, "Between the Two Fears", Cardozo Law Review Vol. 24, 2003, 2395쪽.

95 법의 두 얼굴을 노벨문학상 수상자 쿠체(J. M. Coetzee)의 소설 "야만인을 기다리며"(Waiting for the Barbarians) 비평을 통해 분석하는 S. Cheng, "Civilization and the Two Faces of Law", Cardozo Law Review Vol. 24, 2003, 2350쪽.

96 욕망을 "말하는 주체"영역이 라캉의 대타자(the Other)라고 보는 Dragan Milovanovic, "The Postmodernist Turn", Emory International Law Review Vol. 8, 1994, 73쪽.

97 R. E. Redding, "Does Law Need an Analyst?", Washington and Lee Law Review Vol. 54, 1997, 1128쪽.

98 barred를 빗금쳐진이 아니라 빗장걸린의 의미로 사용하는 S. Cheng, 앞의 논문, 2353쪽.

빠져나오기 위해 현실에서 할 수 있는 일은 상징계의 중심인 법에서 미끄러지고, 미끄러진 바로 그곳에서 자기(self)를 찾아가는 것뿐이다.

이때 미끄러짐이란 범죄가 되기도 하는 법의 부정과 위반이며, 법이 언어를 통하여 억압하여 무의식에 쌓아둔 죽음충동(thantos)을 돌보는 것이며, 그리고 개인이 지향하는 욕망을 순수욕망으로 승화시키는 과정이다. 이처럼 순수욕망은 법과 윤리를 초월해서가 아니라 "그것을 금지하는 법(과 윤리의 위반[99])에 의해서 존재하기 시작"[100]하고, 개인은 그 과정을 통해 자기(self)에게 다가가는 것이다.

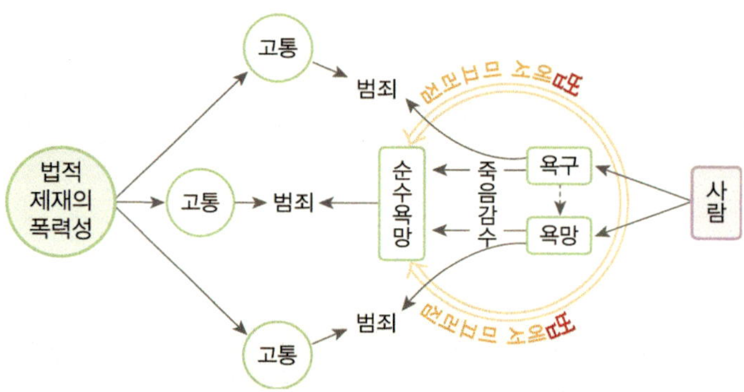


## 범죄자, 미학적 욕망의 존재가 되다

죽음을 무릅쓰고 자기가 되려는 존재는 윤리적 존재는 아니지만 아름답고 숭고한 주체, 미학적 주체가 될 수 있다.[101] 현실의

99 쾌락원칙은 욕망을 쾌락의 이름으로 해방시키며 인간의 욕망이 기만과 환각적인 만족에 빠지는 것을 폭로하지만 라캉의 욕망이론에서 쾌락원칙은 오히려 윤리에서 해방된 주체에게 더 많은 의무를 부담지음으로써 역사적으로는 실패할 수밖에 없다는 분석으로 D. S. Caudill, "Lacanian Ethics and the Desire for Law", Cardozo Law Review Vol. 16, 1995, 798쪽.

100 브루스 핑크(맹정현 역), 라캉과 정신의학, 민음사, 2008, 329쪽.

101 욕망과 법의 변증법적 관계와 안티고네의 욕망의 법에 대한 논의는 맹정현, "칸트와 정신분석의 윤리", 포스트모던 칸트, 문학과 지성사, 2006, 66~71쪽.

법은 "인간의 윤리적 열망이 선과 악 모두를 향하도록 이끈다"[102]는 점을 의식하지 못하고, 언제나 윤리적 욕망을 우선시킨다. 하지만 미학적 욕망은 인간존재에게 근원적인 것이다. 그렇기에 미학적 욕망이 윤리적 욕망을 말하는 이성법의 직접적인 내용이 될 수 없다면 법의 무의식적 기능으로 고려될 수 있게 하여야 한다.

라캉이 말하듯 인간은 욕망의 진실을 단수형으로 말함으로써 보편적인 도덕에 담길 수 없는 주체의 고유하고 특수한 욕망[103]을 스스로 명명하여 아름다운 존재로 나아가는 자유가 있다. 이 자유를 위해 법은 합법·불법의 닫힌 체계에서 무의식적 부작용을 고려할 수 있는 불완전한 열린 체계로 변화하여야 한다. 가령 영화 오아시스에서 장애여성 한공주에 대한 종두의 성욕('추악한 욕구')이 아름답고 숭고한 사랑의 욕망(순수욕망)으로 승화되는 과정에서 종두가 위반한 법(장애인강간죄 등)은 그 주체의 욕망을 순수화시키는 수단으로 변화한다. 영화가 현실이었다면 종두의 장애인강간죄는 "법과 문명화의 역겨운 주이상스(the obscene jouissance of law and civilization)를 드러내"[104]는 행위가 되는 것이고, 법은 이 점을 양형에서 고려할 수 있다.

102 Mohammad Kowsar, "Lacan's Antigone", Theatre Journal Vol. 42, No. 1, 1990, 97쪽.

103 라캉이 욕망의 진실을 단수형으로 말하는 것은 욕망은 주체에게 고유하며 특수한 것이기 때문이라는 딜런 에반스(김종주 외 역), 라깡 정신분석 사전, 인간사랑, 2004, 384쪽.

104 라캉의 사상에서 이런 과제가 우리시대의 (문명에 대한) 도전과제라고 해석하는 S. Cheng, "Civilization and the Two Faces of Law", Cardozo Law Review Vol. 24, 2003, 2369쪽.

# 무의식, 법이 되다

| 법률학 | 법의 지층 |
|---|---|
| 사회과학 | |
| 철학 | |
| 인문학 | |
| 정신분석학 | |

범죄로 발현되는 초자아와 이드의 불균형, 무의식의 보상작용, 나르시시즘의 퇴행적 발현, 욕망의 과잉화나 순수화에서 작동하는 정신의 문법은 모든 인간에게 공통되어 있고, 또한 주체화(subjectivization)의 의미를 파악하는데 불가결한 구조요소이다. 그렇기에 개인의 진정한 주체화를 위한다면 법은 정신의 문법을 고려하여야 한다. 그런 고려를 성공적으로 할수록 법은 법률학 ⇒ 사회과학 ⇒ 철학 ⇒ 인문학의 지층에 더하여 정신분석학이라는 가장 깊은 지층을 하나 더 얻게 되고, 그 만큼 더 성찰적인 법이 될 수 있다. 아래에서는 그런 성찰적인 법의 미래적 모습을 스케치해본다.

## 법은 도덕과 쾌락, 에로스와 타나토스 사이를 소통한다

근대 이성법은 '합리적 자아' 또는 사유적 자아(cogito)의 법이면서, 형이상학적 · 종교적 윤리를 구축하는 '초자아'에 대항하여 독립성(종교적 · 정치적 중립성)을 유지하면서 이드를 고려하지 않는 법이었다. 그러나 인간 정신의 문법을 고려할 때 법은 자아의 발현이면서도 '도덕을 따르라고 명령하는 초자아'와 '충동본능을 따르라고 명령하는 이드', 그리고 '외부 현실' 사이를 중재하고 이 요구들이 서로 균형을 이루도록 소통시키는 자아의 역할을 맡아야 한다. 가령 검사장바바리맨사건(2014년)에서 검사장은 징역형을 받지 않고 정신의학적으로 성선호성장애자로 진단하고 그것의 치료를 조건으로 기소유예처분[105]을 받았는데, 이런 처벌은 초자아와 이드 사이를(inbetween) 소통시키는 자아의 법에서는 더욱 더 합당한 조치가 된다. 달리 말해 법은 초자아의 도덕원칙과 이드의 쾌락원칙 사이에서 오가야 하는 것이다.

이에 관한 프로이트(Freud)의 설명을 들어보자. 프로이트는 18개월 된 손자가 실패를 침대 가장자리 쪽으로 던져서 사라지게 하고는 "fort!(가버렸다)"라고 외치고, 그 다음 실패의 실을 잡아당겨 실패를 끌어오고는 "Da!(여깄다)"라고 외치는 행동에서 실패를 던지는 것은 엄마가 사라지는 것, 즉 '쾌락의 포기'이자 도덕원칙의 구현이고, 실패를 다시 끌어오는 것은 엄마가 다시 오는 것, 즉 쾌락 포기에 대한 보상이자 쾌락원칙의 구현을 상징한다고 분석하였다. 이처럼 아이는 실패놀이를 통해서 도덕원칙과 쾌락원칙을 오가면서 엄마의 상실이라는 트라우마적 사건을 재해석하고 주체적으로 지배해간다는 것이다.[106]

이처럼 도덕원칙(쾌락 포기)과 쾌락원칙(쾌락 포기에 대한 보상)의 사이를 무한 반복하여 오가는 것은 인간의 자아가 초자아와 이드 사이를, 에로스와 타나토스 사이를 소통시키는 모습이다. 만일 법이 지속적으로 어느 한 편에만 선다면 정의를 실현할 수 없다. 가령 법이 사람들이 일탈행위자(예: 지속적 구애행위)나 범죄자에 대해 윤리적 비난에 과도하게 몰두하게 하거나 이드를 과도하게 억압하도록 조장하면(법의 윤리화), 사람들은 다양한 신경증을 얻게 된다. 반면에 법이 쾌락에 빠지는 공간을 너무 많이 내주면(법의 탈규제화), 점점 더 많은 사람들이 아무렇지 않게 다른 사람을 가해하고 트라우마도 생성시키게 될 수 있다. 여기서 상식적인 선과 진실의 관점이 전복된다.

---

105 동아일보 2014. 11. 25.자 기사 참조.

106 L. Marcuse, "Freud's Aesthetics", The Journal of Aesthetics and Art Criticism Vol. 17, No. 1, 1958, 5쪽; R. King, "Memory and Phantasy", MLN Vol. 98, No. 5, 1983, 1204쪽.

법이 진정으로 인간을 위한 것이 되기 위해서는 사유적 자아(cogito)가 아니라, 초자아와 이드, 도덕원칙과 쾌락원칙, 타나토스와 에로스 사이에서 끊임없이 오가며 '소통하는 자아'를 인간상으로 삼아야 한다. 초자아의 범죄(예: 의대생여친살해사건, 묻지마여고생살해사건)를 범한 사람을 사이코패스의 라벨을 붙여서 우리와 다른 존재로 타자화하고 심지어 사형을 통해 사물화하는 것은 사유적 자아의 이성법이 하는 일이다. 소통적 자아의 법은 그와 같은 무관용 엄벌주의를 버리고 범죄의 주체화라는 정신분석학적 의미를 섬세하게 고려하여 관용(예: 책임무능력 인정)과 포용(예: 감호 · 치료, 재사회화 행형), 그리고 궁극적으로는 용서[107]의 공간을 확장한다.

자아가 소통해야 하는 두 극단으로 초자아와 이드 외에도 에로스와 타나토스가 있다. 프로이트에 의하면 에로스(eros)는 생물학적으로[108] 삶으로 향하는 힘(예: 성욕동과 자기보존욕동)이며[109] 합일과 결합을 지향하는 힘인 반면, 타나토스(thanatos)는 죽음으로 향하는 힘(예: 죽음충동과 파괴본능)이며 무생물 상태로 돌아가는 해체와 분열을 지향하는 힘이다. 에로스는 타나토스의 힘을 외부로 돌리고 이드(id)의 충동본능을 돌봄으로써 생을 가능케 하는 근원적인 에너지이고,[110] 죽음충동은 인간의 삶을 유한하게 만들고(예: 때가 되면 죽음을 받아들이게 함) 초자아의 그림자 같은 자기처벌욕구와 죄책감을 생성시키는 근원적인 에너지이다.

죽음을 모르는 삶이 없고, 삶을 모르는 죽음이 없기에 삶이란

107 자크 데리다(배지선 옮김), 용서하다(Pardonner, Paris, 2012), 이숲, 2019 참조.

108 에로스와 타나토스를 생물학적 개념으로 바라보는 점은 지그문트 프로이트, "자아와 이드", 정신분석학의 근본개념, 열린책들, 2007, 382~383쪽.

109 "산다는 것은 사랑하는 것이고, 삶은 사랑을 통해 죽음을 연기시키는 것"이라는 이상돈, 욕망은 행복을 낯설게 한다, 연극과 인간, 2003, 19~23쪽.

110 에로스와 타나토스가 에너지의 근원이며, 심리학과 생물학이 연결된 개념임은 R. J. Bocock, "Freud and the Centrality of Instincts in Psychoanalytic Sociology", British Journal of Sociology Vol. 28, No. 4, 1977, 474쪽.

바로 에로스와 타나토스가 서로 긴장관계를 맺으면서도 균형과 조화를 이룸으로써 가능한 것이다. 법이 인간이 삶을 살아갈 수 있게 하는 제도라면 법은 에로스와 타나토스 사이에(inbetween) 중립을 지키며, 그 둘의 조화와 균형을 이루어내야 한다.[111] 이 조화와 균형을 이루는 과정은 앞서 설명한 바와 같은 초자아와 이드가 조화와 균형을 이루는 과정과 병행적으로 이루어진다. 헌법상 비례성원칙(과잉금지원칙)도 정신분석학적으로 보면 법이 이와 같은 조화와 균형을 유지하라는 요청으로 재해석할 수 있다.

## 법은 하이멘(Hymen)이다

법이 이처럼 초자아와 이드, 타나토스와 에로스 사이를 소통한다는 것의 의미는 법을 하이멘으로 바라볼 수 있게 한다. 하이멘(Hymen)은 그리스 신화의 '결혼의 신'과 '처녀막'을 가리킨다. 데리다(Derrida)에 따르면 하이멘은 결혼이 상징하는 '융합'과 처녀막이 상징하는 '분리'를 동시에 의미하는[112] 모순의 사이성(inbetweenness)을 띤다. 하이멘(처녀막)은 여성의 몸의 내부도, 외부도 아니기에 외부와 내부라는 이항대립을 해체한다. 하이멘은 막이 아니라 구멍이기에, 파괴되거나 사라질 수 없다. 그런 점에서 처녀'막'(처녀성)은 허구의 개념이다. 그렇기에 애당초 처녀인 여자도, 처녀가 아닌 여자도 없는 것이며, 모든 여성은 하이멘의 존재인 것이다. 하이멘은 "처녀성(virginity)을 보호하는 것으로서 폭력적으로 뚫리거나 파괴(violently piercing or breaking)"되는 것이라는 생각은 하이멘의 소통적 차원을 외면한다.[113] 가령 하이

---

111 민윤영, "에로스와 타나토스 사이의 법", 중앙대학교 법학논문집 제34권 제1호, 2010, 185쪽.

112 R. G. Cohn, "Mallarmé on Derrida", The French Review Vol. 61, No.6, 1988, 884쪽.

113 J. Derrida & C. V. McDonald, "Choreographies: Interview", Feminist Interpretations of Jacques Derrida, 1997, 32쪽.

멘은 성차를 해체하지도 융합하지도 않고, 여성성과 남성성이라는 성차 코드를 유지하면서[114] 그 둘을 소통시키는 의미의 기호가 된다. 이 소통을 통해 남성성과 여성성의 이항대립이 폐기되고, 그 경계가 희미해지면서 '정체성이 확정되지 않은, 성적으로 표시된 다성적 목소리들'이 출현할 수 있다.[115]

그런데 처녀'막'의 허구는 '너무나 가깝고 날카롭게 경계지운' 공간의 성격을 갖고 있는데, 이는 오히려 인간의 심층심리에서 오히려 소통의 욕망을 강렬하게 불러일으킬 수 있다. 그 소통의 욕망에 기반한 하이멘의 성격은 '경계지우면서도 소통시키는' 것이다. 이는 상대방의 입장으로 관점을 옮길 수 있는 상호성을 전제하고, 휴머니즘의 단초가 된다. 휴머니즘은 인종과 혈통, 체제와 이념들이 각자가 각자의 모습을 한 채로 존재하면서, 즉 다른 것들이 다른 것으로 존재하면서 소통을 전개할 때 진정한 것이 된다. 그렇기에 살아 있는 휴머니즘의 제도가 되려는 법은 대립하는 두 극단을 단일하게 통합하는 것이 아니라 그 극단 사이를 소통시키는 매체이어야 한다.

법은 범죄자에 대해서도 일반인과 소통을 도모하여 이해가능성을 높여야 한다. 범죄를 하게 된 범죄자들의 정신을 분석하여 그 문법이 일반인의 정신에도 똑같다는 것을 알게 하는 것, 그리고 그 정신의 문법을 범죄자의 처벌에 고려하는 형법이야말로 가장 하이멘다운 법이 될 것이다.

114 신경원, "데리다의 하이멘 경제와 이라가라이의 타자의 타자", 영미문학 페미니즘 제8권 제1호, 2000, 105~106쪽.

115 성차가 부여되기 이전의 섹슈얼리티는 이원적 구별로 이해(nonbinarized differential understanding)되지 않는 근원적 불확정성이 있었다는 데리다의 견해에 대해 Elizabeth Grosz, "Ontology and Equivocation: Derrida's Politics of Sexual Difference", Feminist Interpretations of Jacques Derrida, 1997, 88~89쪽.

## 법은 그림자를 지우는 다형적 페르소나를 보장한다

융(Jung)의 정신분석학적 관점에서 보면 범죄자들은 인류가 공유하는 집단무의식인 그림자 원형에 사로잡힌 채 삶을 살아가는 자들이며 "인류가 그림자를 보다 잘 의식할 때까지" 그림자를 구현하며 살아가도록 운명 지어진 사람들이다.[116] 법은 이 점을 고려해야 하고, 그러기 위해서는 수범자들이 도덕적 존재(예: 신사와 숙녀)가 되는 것을 지향하면서도 그런 인격의 그림자가 갖는 특성(예: 깡패성 · 창녀성)을 마주할 수 있는 자유의 공간을 보장해 주어야 한다. 다시 말해 법은 도덕적 인간존재(예: 신사와 숙녀)를 지향하지만 그들도 그림자의 특성을 지닌 존재(예: 창녀성 · 깡패성)임을 완전히 배척하지는 말아야 한다. 이처럼 사람들이 자신의 그림자를 의식화하게 하는 법을 그림자의 법이라고 부를 수 있다.

그림자의 법은 인간의 다형적 페르소나 하기(doing persona)를 보장하는 법[117]이어야 한다. 현실의 법은 대개 특정한 페르소나(예: 형법상 명예)와 개인을 동일시하고[118] 특정한 페르소나 하기를 권리로서 보장하지만 그로 인해 '다른 페르소나 하기'의 기회를 박탈한다. 정의로운 법이란 특정한 페르소나 하기의 권리를 보장하면서도 언제든 그 페르소나를 해체하고 다른 페르소나 하기를 보장하는 법이다.[119] 그렇기에 법은 마치 독성 있는 약물, 파르마콘(pharmakon)과 같은 것이며 법적 정의는 해결 불가능한 아포리아(aporia)와 같은 것이다. 법이 다형적 페르소나 하기를

116 존 A. 샌포드(심상영 역), 융학파 정신분석가가 본 악, 심층목회연구원, 2003, 103쪽.

117 민윤영, "다형적 페르소나로서 법", 고려법학 제61호, 2011, 95~129쪽.

118 인간은 페르소나, 사회적 역할을 수행하는 존재(als-Sein)와 자기존재(Selbst-Sein)로 보는 베르너 마이호퍼(심재우 역), 법치국가와 인간의 존엄, 삼영사, 1996.

119 인격이 인터넷에 남긴 글에 의해 형성된 페르소나에 고착되지 않으려면 '잊힐 권리'(right to be forgotten)가 보장되어야 한다는 민윤영, 앞의 논문, 118, 121쪽.

보장하려면 법이 작동하는 방식인 합법과 불법의 이원적 코드(binary code)[120] 자체를 폭파할 필요는 없다. 두 코드를 구분하면서도 둘이 서로 소통하게끔 하면 된다. 그렇기에 법은 마치 하이멘(Hymen)과 같은 것이다.

몇 가지 예를 들어 보자. 첫째, 가령 자발적 성매매까지 범죄로 처벌하는 법(예: 현행 성매매처벌법)을 폐지한다면, 성매매를 반윤리적 범죄로 비난하고 공격하는 신사와 숙녀들도 자신의 신사성과 숙녀성의 무의식 속 그림자인 깡패성과 창녀성을 의식화할 수 있는 사회적 공간이 만들어진다. 법이 이런 공간을 만들어놓는다고 해서, 법이 성매매를 '가치가 높은 일로'서 승인하는 것은 아니다. 법은 깡패성과 창녀성을 긍정적인 가치로 추구할 수는 없다. 그러므로 법은 성매매 여성들에게 다양한 사회권적 인권은 보장하되, 노동조합의 인정과 같은 성매매의 정상화·도덕화 기획까지 수용할 필요는 없다. 그런 법적 조치는 비유하자면 숙녀와 창녀, 합법과 불법의 '이원적 코드' 자체를 지워버리는 것이기 때문이다.[121]

둘째, 현행 모자보건법상의 임신중절사유를 따지지 않고 가령 12주 미만 태아의 상담조건부 낙태를 범죄로 인정하지 않는 (입)법은 전통적인 모성, 양육에 대한 책임윤리적 모성,[122] 어린 태아의 낙태에 별 느낌을 갖지 않는 모성 등 다형적 페르소나 하기의 공간을 열어주는 법이 될 수 있을 것이다. 또한 그런 법이 불법 낙태의 폐해도 더 줄일 수 있다.

셋째, 사회적으로는 숙녀성의 페르소나를 지닌 여성이 상점에

---

120 M. King, "Future Uncertainty as a Challenge to Law's Programmes", The Modern Law Review Vol. 63, No. 4, Jul., 2000, 532쪽.

121 법이 갖고 있는 "여성의 성에 대한 이분법"(마돈나/창녀)을 떨쳐버리고 각자가 다양한 성에 대해 자유로이 말할 수 있어야 한다는 포스트페미니즘의 오정진, "성에 관한 법적 담론의 전개와 전망", 법철학연구 제6권 제2호, 2003, 263쪽.

122 양현아, "낙태죄 헌법소원과 여성의 목소리[2]", 법철학연구 제21권 제1호, 2018, 238쪽.

서 행하는 생리절도는 숙녀의 정체성이 과잉 성장한 초자아를 약화시키고, 무의식에 억압된 충동본능(반숙녀적 정체성)의 팽창압력을 낮춰준다. 이를 일단 불법이지만 그 정신분석학적 기능을 고려하여 제한적으로 합법화할 필요가 있다. 가령 법은 일정한 테두리조건을 설정하여 일부 생리절도유형을 비범죄화하거나 생리절도를 병적 도벽(Kleptomania)으로 보고 심신장애자로 대우하거나(大判 2002도1541) 공소권소멸사유를 인정하는 것이다.

## 선한 법도 추한 그림자를 드리운다

법은 수범자의 그림자뿐만 아니라 법 자신의 그림자도 마주해야 한다. 사유적 자아(cogito)의 토대 위에서 구축된 이성법을 예로 설명해보자. 예컨대 상습마약복용자를 처벌하는 이성법(마약류관리법)은 '국민보건 향상'이라는 도덕적 가치를 기획하지만 의료인에게 신고의무를 부과하면(구 마약법 제49조) 치료보다는 처벌중심으로 운영되어 마약복용자를 고립무원의 상태로 몰아넣게 되고, 마약복용자가 새로운 마약친구를 만드는 등의 부작용을 가져온다. 이처럼 법이 공식적으로 기획하는 도덕적 가치와 반대되는, 의식되지 않은 반가치反價値를 초래하는 법의 부작용을 '법(사유적 자아)의 무의식에 있는 그림자' 또는 줄여서 법의 그림자라고 부를 수 있다.

법의 그림자는 선하지만 추한 법으로 정의할 수 있다. 욕망은 선한 욕망과 악한 욕망 이외에 아름다운 욕망과 추한 욕망으로 구분할 수 있다. 그러면 법에는 선하지만 추한 욕망을 실현하는 회색지대가 생기고, 합법·불법의 이원적 코드는 이 지대에서 완전하게 작동할 수 없게 된다. 가령 연쇄살인범을 사형에 처하는 법은 선(예: 다른 사람들의 생명보호)을 실행하는 것이지만, 인간의 존엄에 반할 뿐만 아니라 추하기도 한 것이다. 사형집행은 법이 사형수를 인간으로 보지 않고 사물화(objectification)[123]할 때만 가능한 것이기 때문이다. 이처럼 범죄자에 대한 관용을 최소화하고, 엄벌에 처하는 형법과 이를 요구하는 시민들은 선한 존재가 될 수는 있을지언정 그 그림자로 추한 자신의 모습과도 마주해야만 한다. 중한 형벌이란 정신분석학적으로 보면 우리 모두의 인격의 그림자인 충동본능이 범죄자에게 투사된 결과이다. 자신의 그림자에 대한 성찰을 외면하는 사람들은 범죄자에 대한 강력한 처벌의 욕구로 집단화되기 쉽다. 그런 처벌욕구에 응답하는 법은 추한 법이 되는 셈이다. 그렇기에 법은 연쇄살인범을 사형에 처하는 대신에 그의 살인에 작동한 정신의 문법을 이해하고 고려하는 통제방안을 모색해야 한다. 그렇기 않고는 선하면서도 아름다운 법이 될 수가 없다.

이를 위해서 법의 사유적 자아(법의 도덕적 기획)도 자신의 무의식(예: 의식하지 못한 나쁜 결과)과 마주하고, 그 그림자를 응시하여 자신의 일부로 수용하거나 그것과 소통하면서 자신의 자아를 새롭게 재구성해 나가야 한다. 가령 자신의 그림자를 의식화하는 마약류관리법이라면 가장 약한 연성마약 중 일부의 단순 복용을 허용해주고, 의사의 마약복용자 신고의무와 그 위반죄도 폐지해주어[124] 마약환자의 치료접근을 수월하게 해주어야 한다. 이에 따라 형사기소된 마약환자에 대해서도 치료프로그램 이수와 진척에 따라 공소기각이나 선고유예를 해주는 마약법원도 설치·운영될 필요가 있다.

---

123 Desmond Manderson, “Quodlibet: Just Aesthetics and the Aesthetics of Justice”, Songs without Music, University of California Press, 2000, 114~119쪽.

124 과거 마약법 제64조 제3호는 의료인의 마약중독자보고의무(제49조) 위반을 처벌(2년 이하의 징역 또는 2천만원 이하의 벌금)하였지만 2000. 7. 마약류관리법으로 통합되며 폐지되었다.

## 법은 에로스를 억압하고 연민공동체를 만든다

법이 무의식의 보상작용을 경계할 수 있으려면 개인들이 성숙한 자아로서 에로스를 실현할 수 있게 해주어야 한다. 프로이트에 의하면 에로스(eros)는 초자아, 자아, 이드 사이의 대화의 물꼬를 터서 자신의 본능을 돌볼 수 있게 해주고, 어린 시절 아버지라는 절대적·환상적 권위로부터 분리되는 고통스러운 애도(mourning)의 작업을 가능하게 하며, '억압적 아버지'인 문명적 초자아를 해체하고, 진정한 자아를 찾을 수 있게 해준다.[125] 물론 애도의 작업으로 다시 새로운 에로스의 대상을 선택하여 그 상실한 대상과 분리하는 수월한 방법을 선택할 수 있다. 법은 개인들이 그렇게 지속적으로 에로스를 확장 실현할 수 있게 할 때 가장 휴머니즘적인 법이 된다. 아울러 인간과 법에 대한 정신분석은 환상적 권위로부터 자신을 분리하는 애도작업이 될 수 있다.[126]

그러나 현실의 많은 법들은 역설적이게도 인간의 본능인 에로스를 다양한 방식으로 억압하고 규제한다. 왜 그런 것일까? 법의 에로스 억압과 규제는 에로스의 에너지를 문명을 일구는 노동의 에너지로 전환시키고, 에로스를 우정, 가족사랑, 동료애, 인간애 등의 '목적이 제한된(aim-prohibited) 형태로 변형시켜 문명의 (법)공동체를 형성하기 위함이다.[127] 문명은 '모든 구성원들'에게 똑같은 정도로 본능(에로스)의 포기를 요구함으로써 구성원들이 자신의 희생에 대해 억울한 마음을 갖지 않고, 서로의 희생에 대해 '연민'을 하도록 만든다. 문명과 법공동체는 에로스의 희생에

---

125 '문명 감수성'으로 보는 H. D. Lasswell, "The Contribution of Freud's Insight Interview to the Social Sciences", The American Journal of Sociology Vol. 45, No. 3, 1939, 384쪽.

126 이런 견해로 A. Drassinower, Freud's Theory of Culture, Rowman & Littlefield, 2003, 6쪽.

127 R. J. Bocock, "Freud and the Centrality of Instincts in Psychoanalytic Sociology", British Journal of Sociology Vol. 28, No. 4, 1977, 476~478쪽.

대한 일종의 연민공동체인 것이다.[128]

이 연민공동체의 기원은 프로이트가 설명한 부친살해'신화'로 거슬러 올라간다. 아버지만이 성적 욕망을 마음껏 채울 수 있었던 문명 이전의 부족에서 아들들이 힘을 합해 아버지를 살해하고 그의 몸을 먹었는데, 그로 인한 죄책감과 아버지에 대한 사랑으로 자신들의 본능을 포기하고 서로를 살해하지 않으며 함께 공동체를 이루기로 약속한다. 이런 약속이 바로 터부(taboo)의 생성근원이며, 토템은 이 약속에 대한 징표이다. 따라서 문명은 공평한 본능의 포기에 기반을 둔 연민의 공동체이며, 동시에 죄책감의 연대[129]가 된다. 이 연민의 고리를 빠져나가는 구성원(예: 초인[130])은 증오의 대상이 되고 범죄자로 낙인찍힌다. 그러나 연민의 연대가 갖는 문제점은 에로스의 정반대인 죽음충동(thanatos)을 서로에게 강화시키고, 그 죽음충동을 막기 위한 각자의 몸부림으로서 다양한 신경증을 발현시키는 근원이 된다는 점이다.

## 영원한 사랑의 초자아와 덧없는 에로스의 법

이처럼 죽음충동을 강화하는 문명의 법은 에로스를 모노가미와 남녀 간의 '영원한 사랑'(eternal love)[131]이라는 초자아의 명령

128 문명은 쾌락본능에 의존한 행복을 억압함으로써 가능하다는 프로이트의 욕망과 문명이론은 인간행복의 다층성을 외면하고 삶을 생물학적 층위로 제한한다는 비판으로 정미라, "욕망에서 문명으로", 철학탐구 제53집, 2019, 27쪽 아래 참조.

129 부친살해가 문명의 기초라는 F. R. Ankersmit, "Freud as the Last Natural Law Theorist", Political Representation, Stanford University Press, 2002, 77쪽; '죄책감의 제도화'가 문명의 도구라는 R. West, "Law, Rights and Other Totemic Illusions", Pennsylvania Law Review Vol. 134, No. 4, 1986, 834쪽.

130 프리드리히 니체(백승영 옮김), 우상의 황혼, 책세상, 2005, 186쪽; F. Balke, "From a Biopolitical Point of View", Nietzsche and Legal Theory, Routledge, 2005, 54쪽.

131 '영원한 사랑'에 대한 집착은 기독교의 이데아적 사랑이 연장된 '사랑의 종교적 이상화'이며 영생 욕망이 투영된 것이라는 이상돈, 욕망은 행복을 낯설게 한다, 연극과 인간, 2003, 24쪽.

에 복속시킨다. 불멸과 영원에 대한 약속은 에로스를 통해 해체해야 할 '억압적 초자아'의 다른 이름일 뿐이다. 그러나 영원한 사랑은 부모가 자신의 모든 갈망을 충족시켜 줄 것(소유적 행복감)이라는 유아시절의 비현실적 환상, 즉 부모로부터 무한사랑을 받는 '아기폐하'의 천국이 상실되지 않고 성인의 삶의 세계로 옮겨온 결과이다. 그렇기에 영원한 사랑의 관념은 유아적이며, 자기애적(나르시시즘적)이면서,[132] 환상적 자아(illusory self)[133]를 만들어 낸다. 아기폐하와 같은 환상적 자아는 현재 사랑의 파트너를 유아기 시절 부모의 대용품으로 전락시킨다.[134]

그러나 아기폐하[135]의 마음구조가 성인이 되어도 그대로 남게 되면, 책임의식 없이 무조건적으로 욕망을 추구하거나 타인을 이해하고 배려할 줄 모르는 인격이 형성되고, 모든 삶의 상황에서 불만과 불행감에 쉽게 빠지고 가족을 탓하고 괴롭히는 행동을 하게 된다. 가령 유아의 요구를 부모가 안 들어주면 길바닥에 누워 땡깡을 부리는 정신은 청소년시절에는 가출하는 정신으로 이어지고, 성년이 되어서는 부모에게 죽어버리겠다는 식의 자살발언과 협박을 하는 퇴행적 정신으로 이어진다. 이에 반해 예수님과 같은 메시아(구세주)는 아기폐하의 마음구조와 극적으로 대립하는《무한책임 → 자기욕망의 극한 절제 → 인류에 대한 무한사랑》의 정신특성을 보여준다. 아기폐하와 메시아, 이 둘 사이에 위치하는

---

132 로맨틱 러브는 자신의 환상을 투사하는 것이므로, 자기자신을 향한 사랑(로버트 A. 존슨(고혜경 옮김), 로맨틱 러브에 대한 융 심리학적 이해-We, 동연, 2009, 311쪽)이며, 사랑이 아니라 자아확장의 환상만 있는 자기애(Marilyn Charles, "Monogamy and its Discontents", The American Journal of Psychoanalysis Vol. 62, No. 2, 2002, 129쪽)이다.

133 모노가미 환상을 가진 주체를 환상적 자아로 분석하는 Marilyn Charles, "Monogamy and its Discontents", The American Journal of Psychoanalysis Vol. 62, No. 2, 2002, 120~121쪽.

134 마이클 칸(안창일 역), 21세기에 다시 읽는 프로이트 심리학, 학지사, 2008, 112~132쪽.

135 지그문트 프로이트(윤희기 · 박찬부 옮김), "나르시시즘 서론", 정신분석학의 근본개념, 열린책들, 2007, 69쪽

정신으로 두 정신유형이 있다. 즉, 마마보이나 딸바보아빠의 딸은 아기폐하의 마음구조가 약하게 터 잡은 인격이며, 영웅(hero)은 구세주의 특성이 약하게 터 잡은 인격이다.

영원한 사랑의 자기애적 욕망은 현실에서는 실패하고, 주체에게 신경증적 불만을 불러일으킨다. 프로이트가 말하는 신경증에 걸린 현대인[136]도 바로 모노가미라는 윤리적 목적에 제한된 성윤리와 영원한 사랑의 나르시시즘을 뒷받침하는 법의 자화상이다. 그러므로 법은 "오직 일시적인 것, 그리고 무상한 것에 대한 사랑만이 진실로 에로스적인 것"[137]이라는 전제에서 서서 성윤리나 가족제도를 구축하여야 한다. 가령 미래의 법은 성매매죄를 폐지하고, 성윤리의 수용체인 성적 수치심 개념을 전제하는 음화제조·반포죄와 성폭력범죄를 비범죄화하는 개혁을 바라볼 수 있고, 일남다녀, 일녀다남 등과 같은 새로운 가족형태를 인정할 수 있어야 한다.

## 대안적 자기해석과 자기창조

하지만 사람은 영원한 사랑을 추구하지 않을지라도 일시적이고 덧없는 에로스에 만족하고 살기 어렵다. 여기서 영원성과 덧없음을 지양하는 성숙한 사랑을 생각할 수 있다. 성숙한 사랑이란 파트너의 무의식적 소망들과 욕망들에 가장 가까이 다가가 그 사람의 무의식을 보듬어 안아주고[138] 그 사람의 심층심리적 결핍을 서로 보살펴주는 사랑이다. 이를테면 사랑을 통해 주체들은

---

136 지그문트 프로이트(김석희 옮김), "문명적 성도덕과 현대인의 신경병", 문명 속의 불만, 열린책들, 2005, 10쪽.

137 Abraham Drassinower, Freud's Theory of Culture, Rowman & Littlefield, 2003, 30쪽.

138 사랑은 그 사람의 그림자도 사랑하며 상대의 총체성을 받아들이는 것'이라는 로버트 A. 존슨(고혜경 옮김), 로맨틱 러브에 대한 융 심리학적 이해-W, 동연, 2009, 309쪽; 이희원, "레비나스, 타자 윤리학, 페미니즘", 영미문학페미니즘, 제17권 제1호, 2009, 247쪽.

정신분석을 할 때 분석가와 피분석자처럼 자신의 무의식 속에 억압되고 잠재된 욕망과 가치편향을 인식하고 자기 자신과 타인을 새롭게 해석함으로써[139] 살아오면서 겪은 심적 충격과 트라우마를 치유할 수 있다. 이와 같은 대안적 해석모드의 형성은 포스트모던 사회의 중요한 인권이다.[140] 프로이트가 모든 생명의 첫 번째 의무로 본 '삶을 견디는 것'(enduring life)[141]도 살아가면서 발생하는 억압과 고통을 치유할 수 있어야 가능한 것이고, 이런 치유는 끊임없는 대안적 자기해석[142]을 필요로 한다(인권).[143]

융(Jung)이 말하는 자기(self)도 대안적 자기해석을 통해 실현할 수 있을 것이다. 자기(self)는 의식과 무의식을 포함한 전체정신의 중심이라는 점에서 단지 의식의 중심이며 타자의 욕망의 주체인 자아(ego)와 구분된다. 삶은 이성법의 격률인 자아실현에 멈

---

139 프로이트의 정신분석이 자기-해석의 대안적 모드를 구성하는 작업이라는 A. Drassinower, 앞의 책, 79쪽; 정신분석은 피분석자마다 고유한 자기분석(self-analysis) 기술을 증대시키는 것이라는 H. D. Lasswell, "The Contribution of Freud's Insight Interview to the Social Sciences", The American Journal of Sociology Vol. 45, No. 3, 1939, 381~382쪽.

140 이상돈, "형사사법의 세 가지 지층과 피해자의 지위", 피해자학연구 제17권 제1호, 2009, 33쪽: 소송참여인들이 자기해석의 대안모드를 만드는 것을 소송의 이상(ideal)이자 궁극의 목표로 생각해보자. 모든 소송참여자들은 나름의 심리적 문제들을 안고 있고, 그 문제들로 인해 그들 사이에 갈등이 발생한 것일 때가 많다. 따라서 소송참여자 모두가 함께 자기해석의 대안모드를 만듦으로써 과거를 재구성할 때, 잃어버린 상징체계의 의미가 회복되고, 비로소 정의를 실현하는 재판이 가능해질 수 있다. 대안적 해석모드를 만들지 못한 질병상태에서의 서술은 서로에게 의미가 되지 못하며 질병을 심화시킬 뿐이다. 여기서 법관의 권위는 전이적 권위로 재해석할 수 있다. 여러 소송참여인들의 의사소통을 중재하는 소통자로서, 법관은 참여자들로부터 전이를 받고 그 전이를 잘 다룸으로써, 신경증을 해소하고 대안적 자기해석모드의 형성을 돕는 자가 된다. 치료적 사법은 이런 법관상을 전제한다; 심화된 논의로 민윤영, "꿈의 해석으로서 공판절차와 회복적 사법으로의 발전에 대한 법정신분석학적 접근", 단국대 법학논총 제48권 제4호, 255쪽 아래 참조.

141 지그문트 프로이트(김석희 옮김), "전쟁과 죽음에 대한 고찰", 문명 속의 불만, 열린책들, 2005, 69쪽.

142 Ludwig Marcuse, "Freud's Aesthetics", The Journal of Aesthetics and Art Criticism Vol. 17, No. 1, 1958, 4쪽.

143 삶을 견딜 의무에서 인권 의식을 끌어내는 A. Drassinower, Freud's Theory of Culture, Rowman & Littlefield, 2003, 96~97쪽.

추는 것이 아니라 자기실현, 즉 전체정신을 실현하는 과정이다.[144] 이는 사회적으로 규정되고, 규범적으로 승인된 것에 대한 욕망에 고정되지 않고, '그저 살고 싶은 대로' 사는 것을 말한다. 하지만 이는 아무렇게나 산다는 뜻이 아니라 니체가 말하듯 자기 자신이 되는 것(to become what one is)[145]이며, 끊임없이 새롭게 자기를 창조(self-fashioning)[146]하는 과정이다. 나의 무의식은 그 어떤 고정된 정체성을 해체하고 뒤흔들며,[147] 나 스스로 인식조차 하지 못했던 새로운 욕망들을 계속 나에게 던진다.[148] 그 때문에 '자기 자신'은 계속 연기되고 차연된다. 내가 무엇이 될 것인지, 내가 누구인지는 나조차도 미리 알 수 없으며 불확정적이다. 나(self)는 언제나 미래로 유예된 채 자기가 되어 가는 과정이며, 이는 끊임없는 대안적 자기해석을 요구한다.

## 자기되기, 탈인권의 법이 되다

법은 이처럼 자신이 될 권리를 탈인권(post-human rights)으로 승인하여야 한다.[149] 탈인권이란 인간과 기존의 인간상을 넘어 확장된 새로운 인권을 말한다. 가령 인간은 생물적으로 남성과 여

144 "나의 생애는 무의식의 자기실현 역사이다. 무의식에 있는 모든 것은 외부로 나타나 사건이 되려 하고, 인격도 무의식의 조건에 따라 발달하며 스스로를 전체로 체험하려 한다"고 자서전을 쓴 융(A. 야페 편집), 기억, 꿈, 사상, 김영사, 2007, 11쪽.

145 S. May, Nietzsche's Ethics and his War on 'Morality', Oxford, 1999, 108쪽.

146 Ben Golder & Peter Fitzpatrick, Foucault and Law, Routledge, 2009, 107~121쪽.

147 숀 호머(김서영 옮김), 라캉읽기, 은행나무, 2009, 186쪽.

148 프로이트의 정신분석학을 성욕론이 아니라 "매 순간 의미를 창조하며 삶의 방향으로 운동해 나아가는 삶의 예술해석학(Hermeneutik der Lebenskunst)"로 재해석하는 김서영, "프로이트 전집의 재해석: 삶의 예술해석학으로서의 정신분석학", 현대유럽철학연구 제71호, 2023, 157쪽 아래 참조.

149 정체성 인정기제로서 법의 한계는 Costas Douzinas, "Identity, Recognition, Rights or What Can Hegel Teach Us about Human Rights", Journal of Law and Society Vol. 29, No. 3, 2002, 404~405쪽.

성으로 구별되지만 심리적으로는 양성구조[150]나 각양각색의 도착(polymorph-perverse)[151]을 갖고 있다.[152] 그렇기에 법은 남성의 성기를 가졌어도 성적 정체성을 근거로 내국인여성에 할당되는 2 (또는 4)~의 주민등록번호를 부여받거나 제3의 성으로 인정받는 권리를 인정할 수도 있다. 더 나아가 근본적으로는 프로이트가 신경증이라고 비판한 문화의 암수구별주의(dimorphism)[153]와 가부장제도 위에서 구축된 성씨姓氏제도를 전면 폐지하는 급진적인 법도 생각해볼 수 있다. 물론 이는 법이 그런 성정체성이나 성문화를 적극적으로 조장(예: 사회적 유행인 성전환자의 증가)해야 한다는 것이 아니다. 법은 단지 그런 인간 정신이 있다는 점을 고려해야 한다는 것이다.

이와 같은 탈인권(posthuman rights)의 법은 가령 남성에게도 육아휴직을 보장하고, 여성에게도 단기간의 대체복무를 허용하는 군복무를 인정하는 등 성적 코드의 지속적 호환을 실현할 수 있어야 한다. 자기의 성정체성 실현에서 융(Jung)이 말하는 인류의 집단적 원형으로서 남성 속에 있는 여성성인 아니마(anima)와 여성 속에 있는 남성성인 아니무스(animus)를 고려하여야 한다.[154]

---

150 동성애 억압은 근친상간금기 이전부터이며, 동성애욕망은 이성애주의에 '부인된 애착'(disavowed attachment)으로 존재한다는 버틀러의 견해는 이명호, "젠더 트러블과 성차의 윤리: 주디스 버틀러의 논의를 중심으로", 안과밖 제21호, 2006, 103쪽.

151 생식을 목적으로 하지 않는 모든 성적 활동을 도착이라고 본 프로이트에 따르면 '각양각색의 도착'은 인간 성욕의 중심이며, 인간의 성은 본질적으로 도착적이라고 하는 브루스 핑크(맹정현 역), 라캉과 정신의학, 민음사, 2008, 286쪽.

152 남성성과 여성성은 심인성의 성차로서 대타자와의 관계에서 만들어지는 역사적 사건이라는 박찬부 · 조윤숙, "대타자에 대한 주체의 위치", 영어영문학 제51권 제1호, 2005, 70쪽.

153 Dimorphism을 성기의 암수구별주의(vagina/penis)로 설명하는 Myra J. Hird, "Considerations for a Psychoanalytic Theory of Gender Identity and Sexual Desire: the Case of Intersex", Signs Vol. 28, No. 4, Summer, 2003, 1075쪽.

154 캘빈 S. 홀 · 버논 J. 노드비(김형섭 옮김), 융 심리학 입문, 문예출판사, 2004, 73~78쪽.

남성 안에서 들려오는 여성의 목소리에 귀를 기울이고, 여성 안에서 들려오는 남성의 목소리에 귀 기울이는 것이 '본래의 자기'를 실현하는 과정이며, 대극의 균형을 이루는 과정이기도 하다. 자기실현이란 대극을 철저하게 체험[155]하고 모두 의식화하고 그 균형을 유지하는 것이다.[156] 이는 자아가 단지 외적·사회적 인격인 페르소나로만 머무르지 않고 무의식 속의 내적 인격(제2의 인격)과 소통할 때에만 달성된다. 가령 펜싱녀혼인사기사안(2023년)에서 범죄자 A녀가 과거의 사기행각에서 남·녀의 성정체성을 넘나들었던 점이나 결혼사기범행을 저지른 것은 A의 삶과 정신 상황에서는 그녀 안의 남성성을 실현하는 주체화의 과정으로 이해할 수 있다. 그렇기에 그런 성정체성의 특성이 A의 사기죄 양형에서 불리한 요소로 사용되어서는 안 된다.

## 법은 성적 욕망, 오이디푸스 콤플렉스에서 발원한다

욕망이 범죄에 이르는 현상에 반추해보면, 법은 인간의 욕망을 이끄는 주체, 라캉의 용어로 대타자(the Other)이면서도 개인이 그의 욕망을 주체화하는 것을 돕는 방편이 되어야 한다. 이를 위해서 먼저 욕망에 대한 정신분석학적 이해가 필요하다. 리비도(libido)를 모든 욕망의 근원으로 본 프로이트(Freud)에 의하면 유년기 기억상실(Infantile amnesia)로 기억을 못하지만[157] 유년기에도 남아는 무성無性적이지[158] 않고 어머니에게 성적 욕망[159]을 가

155 이부영, 자기와 자기실현, 한길사, 2008, 60쪽.

156 균형과 평형이 중요한 양 극단은 언제나 상호작용한다는 V. W. Gras, "Myth and the Reconciliation of Opposites", Journal of the History of Ideas Vol. 42, No. 3, 1981, 481쪽.

157 유년기 기억은 상실된 것이 아니라 문명의 발전 속에서 억압된 것이라는 A. Drassinower, Freud's Theory of Culture, Rowman & Littlefield, 2003, 141쪽.

158 유아성욕론은 지그문트 프로이트(박성수·한승완 옮김), "나의 이력서", 정신분석학 개요, 열린책들, 2004, 234쪽.

159 프로이트의 성욕은 성기중심의 쾌락만이 아니라 사랑이라고 말하는 모든 것을

지며 아버지를 경쟁자로 인식하고 질투하고 그를 제거(부친살해[160])하고 싶지만(오이디푸스 콤플렉스), 아버지의 힘과 자신의 힘의 차이를 절감하면서 그 욕망을 포기하고 아버지에게 억압당한 행동들을 법(금지규범)으로 내면화하여[161] 도덕적 · 사회적 존재로 변화해간다. 이때 내면화는 자신을 아버지와 동일시하는 것이며, 남근성(phallus)의 기표를 '소유하고 있는' 존재인[162] 아버지의 '힘'을 자신도 미래에 소유하기를 욕망하는 것이다.[163]

반면 여아는 자신의 남근 없음이 어머니의 탓이라고 생각하고 원망하며, 아버지를 성적 대상으로 삼고(남근선망), 어머니를 질투와 경쟁의 대상으로 삼아 제거(모친살해)하고픈 욕망을 갖지만 어머니가 자신을 처벌(사랑의 상실)할 것이라는 불안과 공포에서 아버지에 대한 욕망을 포기하고[164] 자신을 어머니와 동일시하여 어머니의 여성성을 획득하고, 언젠가는 어머니처럼 남근을 향유할 것을 욕망한다.[165]

이와 같이 사람들(수범자들)이 보편적으로 공유하는[166] 오이디

---

포함한다는 지그문트 프로이트(박성수 · 한승완 옮김), "나의 이력서", 정신분석학 개요, 열린책들, 2004, 239쪽.

160 심층심리적 의미의 부친살해를 현실의 존속살인사건에서 아들의 부친살해고의를 인정하는 증거로 사용해서는 안 된다는 D. W. Denno, "Criminal Law in a Post－Freudian World", University of Illinois Law Review, 2005, 636쪽.

161 법적 금지의 근원을 오이디푸스 콤플렉스에서 바라보고, 법률의 착오(형법 제16조)의 예외 부분("정당한 이유")을 법정신분석학적 윤리의 실천장소로 바라보는 김문정, "오이디푸스 콤플렉스와 법률의 착오", 이화여대 법학논집 제24권 제1호, 2019, 155쪽 아래.

162 오이디푸스 콤플렉스 단계를 통해 주체는 '내가 어머니의 남근인가 아닌가'라는 존재론에서 '내가 남근을 소유하고 있는가 아닌가'라는 소유의 문제로 넘어간다는 라캉의 설명에 대해 조엘 도르(홍준기 · 강응섭 옮김), 라깡 세미나 · 에크리 독해 I, 아난케, 2009, 141, 150쪽.

163 마이클 칸(안창일 역), 21세기에 다시 읽는 프로이트 심리학, 학지사, 2008, 93쪽.

164 지그문트 프로이트(임홍빈 · 홍혜경 옮김), "불안과 본능적 삶", 새로운 정신분석 강의, 열린책들, 2007, 118쪽.

165 프로이트의 물음, '여자는 무엇을 원하는가?'에 답하는 줄리아 크리스테바(박선영 역), 정신병, 모친살해, 그리고 창조성: 멜라니 클라인, 아난케, 2006, 272쪽.

푸스 콤플렉스는 법을 생성시키는 심리적 근원이 될 수 있다. 이 콤플렉스에서 법은 미래에 (어머니에 대한 욕망을 실현할 수 있는) 힘이 될 기대에서 현재의 (아버지의) 힘을 질투하면서 형성·수용하는 도덕과 같은 것이다. 첫째, 여기서 질투는 '부덕한 것'이 아니라 '긍정적인 에너지'이면서 양가적인 성격을 띤다. 즉 힘을 가진 자를 비판·반항·공격(예: 시민불복종)하면서도 그와 동일시하는 것, 즉 그의 사고와 행동방식을 따라하는 것(예: 도덕, 법규범 내면화)이다. 이 '따라함'이 일반화되면, 그 사고와 행동방식은 법(규범)이 된다. 여기서 법과 도덕 및 힘의 관계가 명확하게 설정된다. 즉, 법이란 힘을 선망하면서 도덕을 생산해내는 질투와 같은 것이다. 다시 말해 법은 힘을 가진 주체를 선망하고 그와 동일시하면서도 도덕의 힘을 빌어서 힘을 가진 자에게 공격을 가하지만 결코 도덕이 힘을 능가하지 않게 한다.

둘째, 이때 힘이란 사회적으로 가치로 인정된 것에 대한 욕망, 즉 타자의 욕망을 관철하는 것을 말한다. 법은 힘을 도덕과 이성의 틀 안에 가두어 두고 제어하는 것이 아니라, 힘과 도덕의 사이에 존재하는 것이다.[167] 즉, 법은 '도덕을 모르는 힘'으로도 '힘을 모르는 도덕'으로도 존재하지 않는다. 5·18광주민주화운동이나 군부의 내란행위가 '성공했으면 불법이 제거된다'는 헌법재판소의 성공한 쿠데타의 법리는 법을 도덕을 모르는 힘으로만 본 것이다.[168] 반면, (구) 형법상의 혼인빙자간음죄는 사랑의 관계에서 힘의 유동성을 바라보지 않고 사랑을 얻지 못했거나 잃어버린 약한 여자의 욕망을 도덕으로만 포장한다는 점에서 '힘을 모르는

166 오이디푸스 콤플렉스 이론의 서구편향성이 비판되기도 하지만(마이클 칸(안창일 역), 21세기에 다시 읽는 프로이트 심리학, 학지사, 2008, 81쪽), 자연상태를 문화의 영역으로 바꾸는 심리적 기제인 점(아니카 르메르(이미선 옮김), 자크 라캉, 문예출판사, 1998, 139쪽)은 서구의 문화권에서 유효하다.

167 이상돈, 기초법학, 법문사, 2010, 116쪽.

168 한인섭, "정치군부의 내란행위와 성공한 구데타론의 반법치성", 5.18 법적책임과 역사적 책임, 이화여자대학교 출판부, 1995.

도덕'의 전형을 이룬다. 혼인빙자간음죄의 위헌결정[169]은 '힘을 모르는 도덕'도 도덕을 모르는 힘과 마찬가지로 법이 아님을 보여준다.

이상의 논의를 종합해보면, 법은 미래의 힘이 될 것이라는 기대에서 하는 현재의 힘에 대한 도덕적 질투, 풀어서 말하면, 법은 미래의 힘을 향해 현재의 힘을 도덕적으로 비판하면서도, 그 힘을 선망하고 수용함으로써 그 힘과 같아지려는 그러나 그 힘의 획득이 아직은 불확실한 미래의 기획이라고 정의할 수 있다.

## 법은 다수의 부성으로 존재한다

'질투로서 법'은 아버지(하느님)의 법, 부성父性의 법이었고, 이성법은 아버지의 엄격한 규율과 훈육을 이성의 개념으로 재해석한 법이다. 이 법은 포스트모던 사회에서도 여전히 존재한다. 다만 아버지는 죽은 것이 아니라 탈중심적이고 다원적인 힘의 원천들, 즉 '다수의 부성'(poly-father)으로 존재한다.[170] 이성법도 삶의 다양한 영역이 갖는 고유성에 특수화된 법, '지역화된 이성법'[171]으로 발전하고 있다. 부성의 법은 여성에게도 타당하다. 페미니즘의 지속되어 온 여성해방운동으로 여아도 오늘날 남근선망의 주체를 넘어서 남아처럼 미래의 힘이 되고픈 현재의 힘에 대한 도덕적 질투의 주체로 살아가기 때문이다. 그렇기에 현대사회에서 여자는 모두가 이미 정도의 차이가 있을 뿐 남근적 여성(phallic woman)이며, 부성의 법을 추구한다.

가령 가평계곡남편살해사안(2019년)[172]에서 부인 A는 남근적 여

169 憲裁決 2009. 11. 26. 2008헌바58, 2009헌바191(병합)〈전원재판부〉.

170 오늘날 아버지를 '향유하라'고 명령하는 '외설적 아버지'로 말하는 지젝의 분석으로 홍준기, "슬라보이 지젝의 포스트모던 문화 분석–문화적·정치적 무의식과 행위", 철학과 현상학 연구 제22권, 2004, 197~204쪽; 슬라보예 지젝(이성민 옮김), 까다로운 주체, 도서출판b, 2005.

171 이를 전문법으로 제안하는 이상돈, "전문법-이성의 지역화된 실천", 고려법학, 제39호, 2002, 113~151쪽.

성(phallic woman)이며, 그녀의 살해행위는 남편이 가지는 부성의 힘을 질투함을 넘어서 부성의 법(이성법)이 구축한 도덕과 질서를 부정하면서 그 힘을 찬탈하는 행위이다. 프로이트의 이론에서 보면 일종의 부친살해이다. 부친살해의 신화에서 살인자 아들이 도덕을 생성하듯이, 남편을 살해한 A에게는 도덕의 생성이 필요한 시점이다. A는 아마도 윤리적 초자아가 지나치게 과소 형성된 자, 마이스너(Meisner)가 말하는 '윤리의 궁핍'[173]을 보이는 자일 것이다. 그러므로 A를 처벌하는 법은 그녀가 찬탈한 '도덕을 모르는 힘'에 맞서 '도덕을 아는 힘'으로 기능할 것이다. 법은 그런 기능을 통해 도덕과 힘 사이에 위치하게 된다. 그렇기에 A처럼 타자의 욕망이 최대화되고, 윤리는 최소화된 정신특성은 그 신경증적 요소에도 불구하고 양형에서 유리한 요소로 고려될 수 없다.

## 자기욕망은 법에서 미끄러졌지만 숭고미의 욕망이다

하지만 개인은 부성의 법(대타자)에 일방적으로 억압되기만 하는 대상이 아니며, 고유한 자기(self)를 실현하는 욕망(지향성)을 갖고 있다. 이때 자기욕망이란 법과 사회가 그 가치를 승인된 타자의 욕망을 전제하지 않은 채로 그리고 법이 승인하는 타자의 욕망과 다른 욕망으로 별도로 존재하는 것이 아니라, 법의 '장벽을 넘어 미끄러질 때'[174] 생성되는 욕망이다. 타자의 욕망을 좇으면서도 삶의 어느 순간 그로부터 미끄러질 뿐이지, 타자의 욕망과 완전히 분리되어 존재하는 자기욕망이란 없다는 것이다. 요절한 시인 기형도는 질투는 나의 힘(입속의 검은 잎, 1989)에서 "내

172 자세히는 앞의 46쪽 참조.

173 W. W. Meissner, The Ethical Dimension of Psychoanalysis: A Dialogue, State University of New York, 2003, 146쪽.

174 "욕망은 선한 행위라는 장벽을 넘어 미끄러지는 것"이라는 D. S. Caudill, "Lacanian Ethics and the Desire for Law", Cardozo Law Review Vol. 16, 1995, 802쪽.

희망의 내용은 질투뿐이었구나 … 나의 생은 미친 듯이 사랑을 찾아 헤매었으나 단 한 번도 스스로를 사랑하지 않았노라"라고 말한다. 이 시에서 질투는 타자의 욕망을 향한 것이며 "단 한번도 스스로를 사랑하지 않았노라"는 그 질투에서 미끄러지지 못했음을 의미한다. 바꿔 말해 인간은 개인들에게 욕망을 이름짓고, 좇으라고 명령하는 법(예: 부성의 이성법 patriarchal law)을 준수하는 행동을 하면서도 바로 그 법에서 미끄러져 나옴으로써 고유한 자기실현의 가능성을 얻게 된다. 이와 같은 방식으로 자기욕망을 좇는 주체는 법의 위반(예: 범죄)으로 사회적 죽음을 무릅쓰기도 하지만 그것을 통해 숭고미의 주체가 되기도 한다. 바로 그 점에서 자기욕망은 윤리적 욕망이나 물질욕망이 아니라 법이 승인하는 가치에 대한 욕망(타자의 욕망)에서 미끄러져 나옴으로써 아름다움을 생성시킬 수 있는 욕망, 즉 심미적 욕망이 된다.

## 자기욕망, 미래의 법으로 돌아온다

가치와 타자의 욕망의 체계로서 법은 이런 심미적 욕망의 주체를 처벌하지 않거나 가볍게 처벌할 가능성을 바라보아야 한다. 예컨대 영화 오아시스(2002년)[175]의 종두처럼 정신능력이 온전한 신체장애인을 강간하였지만 그 과정을 통해 장애인과 서로 사랑하는 관계에 이른 경우에 국가가 획일적으로 그 자를 장애인강간죄로 처벌하는 것이 아니라 그 처벌여부를 성소외(sexual alienation)를 겪기 쉬운 장애인(예: 영화 속 한공주)의 자기결정에 맡기는 것이다. 이를 위해서 법은 장애인강간을 친고죄로 변경해야 한다. 물론 자기결정역량이 결함이 있는 정신장애인의 경우는 제외될 수밖에 없을 것이다. 장애인강간죄만이 아니라 단순강간죄까지 친고죄를 폐지한[176] 현행법에도 어느 정도의 타당성을 인정한다

175 자세히는 앞의 48쪽 참조.
176 강간죄의 친고죄 규정인 제306조는 2012. 12. 18. 삭제됨.

면 이처럼 '신체'장애인강간을 친고죄로 만드는 것은 잠정적으로 '불법'도 '합법'도 아닌 '비법'非法에 위치시킬 수 있다.

그런데 이런 비법에 위치하는, 현재의 법에서 미끄러져 나온 욕망은 미래의 새로운 법이 되어 돌아올 수도 있다.[177] 가령 동성애의 욕망은 그것을 금지했던 과거 유럽국가들의 형법에서 미끄러져 나왔던 욕망이었고, 각종 영상콘텐츠에서 동성애자들이 다른 아름다움의 존재로 그려지는 시간도 이미 지났으며 현재는 법에 의해 그 가치가 승인되고, 타자의 욕망으로 수용되고 있다. 이와 마찬가지로 자발적 성매매도 그것을 금지하고 범죄자로 낙인찍는 현재의 법에서 미끄러짐으로써 사회가 규정하거나 기대하는 자신에서 벗어난 자기되기의 과정, 즉 욕망의 자기화와 순수화가 일어나는 과정 중에 있지만, 미래 언젠가는 그것을 승인하는 법의 내용이 될 수 있다. 이런 측면을 두고, 욕망은 법이 된다(desire becomes the law)고 말할 수 있다.

물론 미래의 새로운 법이 된 욕망은 더 이상 순수욕망이 아니며, 그 새로운 법에서 또 다시 미끄러져 나오는 욕망이 생길 수 있다. 가령 동성애자의 혼인욕망이 미래의 새로운 법이 될 수도 있지만, 그런 법으로부터 또 다시 미끄러져 나온 욕망이 생성되고, 더 먼 미래에는 동성혼을 폐기하고, 이성애자들의 결혼과 구별되는[178] 파트너등록제의 법이 될 수도 있다. 이처럼 《법 → 욕망 → 법 → 》의 상호작용이 지속되고, 그 과정 속에서 인간의 욕망 충족이 총량적으로 꾸준히 확장된다면, 법은 자신에게서 미끄러져 나오는 욕망을 통해 자신의 이데올로기를 비판(Ideologiekritik)하면서 진보해갈 수 있다. 이로써 라캉의 욕망이론은 법의 근대성 기획, 이성과 법의 역사적 진보에 대한 믿음과 접점을 가질

177 D. S. Caudill, 앞의 논문, 802쪽.

178 파트너등록제도 점차 결혼과 유사한 법적 지위(예: 상속권)를 얻어가고 있는데, 그렇게 되면 파트너등록제는 대안적 결혼제도가 아니라 다시 결혼제가 되어 버린다.

수도 있다. 여기서 법의 진보란 '법으로 환원될 수 없는 법을 생성하는 것이다'고 말할 수 있다.[179]

179 비슷하게 안은희 · 이정욱, "실내건축의 욕망유형을 통한 욕망구조 특성에 관한 연구: 라깡의 욕망이론을 중심으로", 한국실내디자인학회 第16권 제4호, 2007은 "건축이 담으려는 모든 욕망의 내용은 어느 시기에서든 완벽하게 부합하지 않고 항상 상대적으로 끊임없이 미끄러진다"(22쪽)고 보고, 실내건축은 "공간으로 환원될 수 없는 공간(non-space)을 반복적으로 생성"(앞의 논문, 30쪽)하는 것으로 본다.

# 2장.

# 나르시시즘의 인간과 법의 나르시시즘

- 나르시시즘은 나의 힘
- 나르시시즘에 빠진 범죄
- 나르시시즘, 법이 되다
- 동물사랑, 나르시시즘 너머에

## 나르시시즘은 나의 힘

이성법은 합리적 인간상을 전제한다. 하지만 현실에서 만나는 인간들은 비합리적인 경우가 많다. 비합리적인 인간상의 기저에는 나르시시즘이 그 중심에 자리 잡고 있다. 오늘날 젊은이들은 강한 나르시시즘의 정신특성을 보이는데, 이는 젊은이들이 겪는 불행감의 근원일 수 있다. 나르시시즘(Narcissism)이라는 말은 이미 우리에게 매우 친숙한 일상어가 되었다. 나르시시즘이 무엇이며, 그 정신특성의 구체적인 모습과 문법적 구조를 이해하지 않고는 이성법의 기획은 모래성이 될 수 있다.

### 나르시시즘, 신화에서 동성애를 넘어 인간 정신으로

나르시시즘은 자기애自己愛, 즉 '자기 자신을 사랑하는 일. 또는 자기 자신이 훌륭하다고 여기는 일'[1]을 가리킨다. 나르시시즘이라는 용어는 그리스 신화에 등장하는 나르시스(Narcisse)라는 인물에서 비롯된다. 나르시스는 매우 아름다운 소년이었다. 그가 어느 날 우연히 연못을 들여다보았을 때, 너무나 아름다운 소년을 보게 되고, 그와 사랑에 빠진다. 하지만 그 소년은 그 사랑의 고통을 견디지 못한 채 끝내 연못에 몸을 던져 목숨을 끊게 된다. 그리고 그 소년이 죽은 자리에는 한 송이 꽃이 피어났고, 사람들은 그 꽃의 이름을 나르시스라고 불렀다.

이 신화 속 나르시스가 나르시시즘이라는 정신특성을 나타내는 개념으로 발전한 것은 19세기 성性의학자 엘리스(Havelock

---

1 이 정의는 네이버 국어사전(https://dict.naver.com)에 따른 것임.

Ellis)에 의해서다. 그는 당시 성도착증으로 취급되던 동성애를 남자나 여자가 각기 자신이 투사된 다른 남성이나 여성을 사랑하는 자기사랑의 병리현상으로 보았다. 그리고 네케(Wilhelm Nacke)는 엘리스의 이론을 논평하면서 나르시시즘(Narcissism)이라는 이름을 만들었다.[2]

그러나 나르시시즘 때문에 동성애가 생기는 것은 아니다. 단지 동성애를 나르시시즘의 관점에서 해석할 수 있을 뿐이다. 그런데도 나르시시즘과 동성애를 원인과 결과로 연결짓는 것은 동성애의 병적 성격을 강조하려는 종교적·윤리적 인식관심에서 비롯된 것으로 보인다. 이런 인식관심의 치명적인 오류는 나르시시즘을 단지 동성애자와 같이 소수의 사람들에게 나타나는 정신적 병리현상으로 보는 점에 있다. 그러나 오늘날 나르시시즘은 모든 사람들의 정신에 내재하는 보편적인 정신특성이다. 사람마다 나르시시즘의 정도가 다양한 차이를 보일 뿐이다. 일상에서 현실의 인간들을 조금만 주의 깊게 관찰해보면 어려운 이론의 분석과 판단 없이도 모든 인간들에게는 나르시시즘의 요소가 있음을 쉽게 알 수 있다. 나르시스는 단지 그리스 신화 속의 상상인물이 아니라 언제나 현실 속의 실제인간들이 갖고 있는 어떤 정신특성을 극화하는 이미지의 총제라고 보아야 한다.

## 리비도가 자기애에 갇히다

나르시시즘의 정신특성에다 처음으로 실질적인 내용을 채워 넣고 그것을 모든 인간들의 보편적인 정신특성으로 바라볼 수 있게 한 것은 프로이트(Freud)의 리비도(Libido) 이론이다. 이 이론은 백년이 흐른 오늘날에도 여전히 유효할 뿐만 아니라 신경증의 현대인들에게 너무나 유용하며 법적 성찰에서도 중요한 근원적인

---

2 자세히는 제레미 홈즈(유원기 옮김), 나르시시즘, 이제이북스, 2002, 8쪽.

선지식(Vorkenntnisse)이 될 수 있다.

프로이트에게 나르시시즘이란 무의식(id, es)을 지배하는 인간의 성적 충동(Trieb, drive)인 '리비도'(Libido)가 외부대상에 대한 특별한 감정인 에로스(eros)로 발현되지 않고, 오로지 자기 자신과 자기 욕구에만 집중되어 있는 상태를 말한다. 자기애에 갇혀 있는 리비도가 나르시시즘인 것이다. 에로스는 모든 생명의 목표 지점인 죽음에 대한 본원적인 충동인 죽음충동(Thanatos)[3]과 함께 삶을 구성하고, 문명을 이룩하는 두 축이다. 리비도를 자기애 안에 가두지 않으려면 리비도는 외부화 · 사회화되어야 하고, 그렇지 않다면 나르시스 신화가 암시하듯 종국에는 나르시스처럼 죽음이나 죽음과 같은 의미를 지닌 정신상태에 이르게 된다. 여기서 리비도의 외부화 · 사회화의 의미를 다음과 같은 사례를 통해 간명하게 이해해보자.

- 단계 1: 어떤 유아는 토끼의 눈만 보면 손가락으로 찌른다. 그때 부모가 깜짝 놀라 '안 돼'라고 제재한다. 아이는 와~앙 하며 울면서, 부모로부터 위로와 사랑을 다시 받으려고만 한다.
- 단계 2: 아이가 자라면서 점차 토끼의 눈을 찌르는 행동을 삼가하고, 그 대신 부모가 허용하고 얼마간 좋아 하기도 하는 행동으로 산에 가서 산토끼를 잡고 해체하는 행동을 한다. 아이는 그런 용맹 속에서 쾌락도 느낀다.
- 단계 3: 아이가 더욱 자라면 산에서 토끼를 잡아 해체하는 이기적인 쾌락추구와 동물지배의 욕구를, 예컨대 메스를 사용하여 환자의 생명을 구하는 외과의사와 같이 사회적 가치가 인정되는 이타적인 욕구로 승화시킨다.

---

3 이에 자세히는 Daniel Cho, "Thanatos and Civilization: Lacan, Marcuse, and the Death Drive", Policy Future in Education Vol. 4, No. 1, 2006, 18~29쪽.

첫째, 유아기의 아이는 외부세계에 관심이 없고, 모든 삶의 에너지가 자신에게 쏠려 있으며, 부모로부터 그런 자기의 쾌락을 완벽하게 충족 받는다. 이를 원초적 나르시시즘(primary narcissism)이라고 부른다. 원초적 나르시시즘은 완벽하게 자가성애(auto-erotic)의 나르시시즘이다. 자아 안에서만 순환하던 리비도가 사회의 규범과 충돌할 때, 유아들은 타인에게서 인정을 받는 요소만을 자신의 것으로 받아들이고, 타인에게 비난을 받는 요소는 자기 것이 아니라고 내뱉는다. 이런 방식의 반응으로 유아의 자아는 마치 꿈속에서나 가능할 것 같은 이상적 자아(Ideal Ich)가 된다. 이 단계의 아이는 부모로부터 비난받는 자신(Ich)을 완전히 외면하고 부모가 끊임없이 자신을 끌어안고 쓰담아 주는, 즉 무한사랑을 받는 자신의 모습만을 자신이라고 느낀다. 그러니까 이상적 자아는 리비도가 외부화되어야 하는 생의 국면에서 유아로 하여금 외부화를 거부하는 저항을 하게 만든다. 이상적 자아는 소아기, 심지어 성년이 된 시기에도 일부 지속된다.

둘째, 유아는 소아로 성장하면서 점차 자신이 부모와 학교의 교육을 통해서 타인으로부터 받는 비난의 잣대[4]를 고려하면서 최대한 자기애적 리비도를 유지하는 타협을 하게 된다. 바꿔 말하면 유아기에 자신이 아이로서 부모에게서 누렸던 완전한 사랑에 대한 기억과 부모 등의 타인이 자신에게 기대하는 규범적 요구를 동시에 충족시키는 방향으로 자신의 정체성을 만드는 것이다. 그런 정체성을 프로이트는 '자아이상'(Ichideal)이라고 부르고, 이 수준에서 외부화가 끝난 리비도를 이기적 나르시시즘이라고 부른다. 대체로 소아小兒(pedo)의 시기, 그러니까 대략 5세부터 13세까지의 아이에게서 전형적으로 관찰된다. 이러한 단계의 아이(소아)는 가령 산토끼를 잡는 행동으로 동물의 지배자가 되면서도 동시

4 지그문트 프로이트(윤희기 옮김), 무의식에 관하여 (프로이트 전집13), 열린책들, 1997, 79쪽.

에 부모로부터 사냥용맹의 미덕에 대한 규범적 승인을 얻어 유아기 무한사랑을 대체하려고 한다. 여기서 용맹한 아이라는 정체성, 즉 자아이상에 대한 집착은 나르시시즘이 어느 정도 '외부화'된 모습이라고 할 수 있다. 그러나 이런 단계의 나르시시즘에 있는 인간은 도덕적 요청을 자신이 원하는 방식으로만 받아들여 자아의 이미지를 형성하는 한계를 보인다. 그렇기 때문에 자아이상은 여전히 자신의 쾌락을 좇는 이기성이 매우 강한 자아에 머물러 있게 된다.[5] 자아이상은 성년이 된 이후에도 일부 지속된다.

## 페르소나는 이타적 나르시시스트이다

나르시시즘은 리비도의 외부적 발현이 이기적인 쾌락추구에 그치지 않고 이타적인 기능을 하는 단계로 발전할 수 있다. 이 단계는 자아에게 '도덕원칙'에 의거한 금지명령을 내리는 초자아(Über-Ich)가 형성되는 단계이다. 초자아란 자아이상에 이미 얼마간 스며들어가 있는 도덕적 요소가 발원하는 '언어, 사회윤리, 법적인 요소들에 함축되어 있는 상징들의 총체'[6]를 말한다. 이 단계에서 리비도는 사회적으로 승인되지 않는 성적 만족이라는 맥락을 벗어나 '사회적으로 가치가 승인된 욕망'으로 변환된다.[7]

가령 이 단계에 이른 아이(청소년~성년)는 리비도를 동물에 대한 지배욕구라는 이기적 · 쾌락적 행위를 넘어서 사회적으로 더 가치 있는 욕구, 이를테면 메스를 사용하여 생명을 구하는 외과의사의 삶과 같은 욕망으로 변환시킨다. 이런 욕망의 사회화를

---

5 문학비평에서 자이이상의 개념은 더욱 수사적으로 세련화된다. 가령 자아이상이란 타인의 기준을 통해 내가 나 자신 안에 있다고 혹은 있어야 한다고 여기는 이상적인 모습이자, 아름다움이라는 오정민, "나르시시즘과 이상화-카레르의 소설과 오종의 영화에 나타나는 주인공 사례분석을 통하여", 비교문화연구 제19권, 2010, 105쪽.

6 이에 관해서 장-다비드 나지오(표원경 옮김), 오이디푸스, 한동네, 2017, 107쪽 참조.

7 이창재, 프로이트와의 대화, 학지사, 2003, 286쪽.

승화(Sublimation)라고 부르고, 사회적 가치가 인정되는 욕망으로 승화된 리비도를 이타적 나르시시즘이라고 부른다. 이처럼 리비도가 승화된 '나'(Ich)는 사회적 인격, 즉 페르소나(persona)가 된다. 그러나 리비도의 외부화에도 남는 리비도의 잔여량을 승화된 욕망(예: 명문대 입학)의 달성에 쏟아 붓는 사회화 과정도 그 부산물로서 강박이나 집착과 같은 신경증을 남겨놓는다. SKY대학교 입학생들에게서 많이 발견되는 신경증이 그 예이다. 이것은 인간이 자신의 리비도를 페르소나 형성에 '남김없이' 소진시킬 수 없음을 보여준다.

리비도가 사회적 가치와 욕망으로 승화되는 정도는 기질, (부모, 친구, 자연 등의) 환경, 건강 등 다양한 변수들의 작용으로 개인마다 천차만별이다. 그런 개인변수를 분석하여 낱낱이 밝히는 것은 불가능하다. 그러나 적어도 명확한 점은 그런 변수들이 종합적으로 리비도를 사회적 가치가 승인된 타자의 욕망에 집중하여 작동하게 할수록 그 개인은 높은 사회적 성취를 달성하기 쉽고, 정반대로 그런 욕망 이외의 대상에 분산하여 작동하게 할수록 그 개인의 사회적 성취는 낮아지기 쉽다는 것이다. 가령 연애로 갈등을 겪는 고등학생은 그로 인한 리비도의 소모만큼 학업성취의 욕망을 추진시키는 에너지를 잃게 되고, 그 한에서 대학입학이라는 사회화된 욕망의 달성을 하기 어려워진다.

프로이트의 리비도 이론에서 바라보면 나르시시즘, 즉 자기애적 리비도는 외부화(이기적 나르시시즘)와 사회화(이타적 나르시시즘)를 통해 사회적 성취를 이루고 페르소나를 형성시키는 내 생의 근원적인 에너지임을 알 수 있다. 이는 우리가 알고 있는 나르시시즘의 부정적인 일상적 의미, 이를테면 자기애로 인해 타인과 소통하기 어렵고, 타인에게 해를 끼칠 정도로 심하게 이기적인 정신특성과는 사뭇 다른 것이다.

## 리비도를 사회화하는 초자아들 - 법, 윤리, 이데올로기

리비도를 사회화된 욕망으로 변환시키는 초자아의 대표적인 예는 바로 법이다. 하지만 초자아로서 법이 의식의 차원에서 수행하는 임무(task)와 무의식의 차원에서 하는 기능(function)은 서로 반대방향으로 갈라질 때도 있다. 법은 불법적인 쾌락을 향유하는 자의 환상을 억압하는 것을 공식적인 임무로 삼고 있고, 그 임무수행으로 사람들의 도덕[8]을 강화한다. 하지만 법은 바로 그런 금지·억압으로 불법적인 쾌락을 오히려 욕망하게 만드는 이데올로기적 기능도 한다. 가령 법(의료법의 무면허의료죄)은 무면허로 성형수술을 하는 자의 불법적인 쾌락 향유를 금지·억압하고, 그로써 국가의 의사면허를 취득하기 위해 성실하게 노력하는 윤리적 삶을 조장한다. 하지만 정반대로 그 법은 의사면허의 국가독점을 비판하고 거부하면서(예: 무면허 타투시술의 정당화투쟁) 불법적인 쾌락을 향유하려는 욕망(예: 타투시술욕망)을 생성시키기도 한다. 남자배우를 납치·감금하고 학대하면서 조련하고 조종하는 젊은 여자의 성에 대한 담대한 담론을 다룬 양귀자의 소설 나는 소망한다 내게 금지된 것을(1992년)은 페미니즘 담론을 이끈 선구적 소설로 평가받지만, 정신분석학적으로 보면 의식의 차원에서 법적·사회적으로 금지된 것을 무의식의 차원에서 욕망하는 인간 정신의 문법적 특성을 잘 보여준 작품이다. 법의 의식적 임무와 무의식적 기능의 분열은 바로 인간 정신의 문법적 특성에서 빚어지는 현상이다.

그러나 초자아는 법이 실패하는 지점에서 윤리나 정치이데올로기로도 등장한다. 윤리는 금지와 허용의 강제체계인 법을 지탱

---

8 법으로 쓰이지 않지만 법을 지탱하는 최후의 근거로 윤리가 위치하고, 주체성은 윤리의 설정에서 형성된다는 Calum Neill, Lacanian ethics and the assumption of subjectivity, Palgrave Macmillan, 2011, 7쪽.

해줄 최후의 근거이기도 하다.[9] 윤리는 불법적인 쾌락을 향유하는 자가 갖고 있는 환상을 억압하면서도 바로 그 억압을 통해 오히려 쾌락의 욕망을 생성시켜 준다. 그렇기에 윤리는 희생을 통해서 얻게 되는 선善이 아니라 '욕망에 들어가기 위해 지불하는 대가'[10]인 것이다. 가령 의료법의 금지규율이 실패하는 지점, 즉 무면허 성형수술이 이루어지는 시장에서는 돈이 없지만 행복하게 살기 위해 저가의 성형을 열망하는 사람들이 있다. 이들을 무면허성형수술(예: 쌍꺼풀수술, 보톡스시술)로 이롭게 하는 것은 비록 불법이지만 휴머니즘적인 윤리일 수 있다. 이런 윤리는 희생의 선이 아니라 돈을 벌려는 욕망에 들어가기 위해 지불해야 하는 비용과 같은 것이다. 다시 말해 윤리에 의해 비로소 불법적이지만 사회화된 욕망을 향유하게 되는 것이다.

리비도를 사회화하는 초자아는 정치이데올로기로도 등장한다. 이념투쟁에 몰두하는 사회운동가에게 그 이념은 강력한 초자아가 되고, 그(녀)의 삶을 평생 동안 전반적으로 지배한다. 특히 극좌와 극우의 정치이념에 충성하는 사람들에게서 법과 윤리를 초월하는 강력한 초자아가 생성되는 경우가 많다. 즉 이들에게는 법(실정법)보다 정치이데올로기가 우선이고, 윤리(예: 성적 자기결정의 존중)보다도 정치이데올로기가 우선이다. 지젝은 이와 같은 이데올로기적인 초자아를 "음란한 밤의 법"(the obscene nightly law)[11]이라고 부른다. 음란한 밤의 법속에서 사는 사람들은 정치이데올로기를 실천하기 위해서 때때로 극단적인 행동, 예컨대 테러나 죽음(예: 자살, 분신)을 불사하기도 한다. 그러나 정치이데올로기적 초자아와 합리적 자아가 심각한 분열을 일으키는 사람들

9 이런 관점으로 Calum Neill, Lacanian ethics and the assumption of subjectivity, Palgrave Macmillan, 2011, 7쪽.

10 Allenka Zupancic, "Ethics and tragedy in Lacan", The Cambridge Companion to Lacan, Cambridge University Press, 2003, 176쪽.

11 Slavoj Žižek, "SUPEREGO BY DEFAULT", Cardozo Law Review Vol. 16, Issue 3/4, 1995, 925쪽.

은 다양한 신경증을 겪을 수밖에 없고, 그것을 이겨내기 위해 때로는 자신이 충성하고 헌신해온 이념적 초자아를 파괴하기도 한다. 극좌운동가의 사상전환도 이렇게 이루어질 수 있다.

# 나르시시즘에 빠진 범죄

## 윤리의 궁핍

마이스너(Meissner)는 어른이 되었어도 페르소나가 충분히 형성되지 못하고, 유아기적인 이상적 자아가 특별하게 커져 있는 상태를 '윤리의 궁핍'(ethical impoverishment)'[12]이라고 불렀다. 윤리의 궁핍이 어떤 고통스러운 대가로 보상되는 것은 인간 정신의 문법적 현상이다. 여기서 '대가'란 외부화 · 사회화되지 못한 리비도의 잔여량(이상적 자아, 자아이상, 페르소나의 불완전 형성)이 주체의 삶에 초래하는 모든 신경증(mental disorder) 증상(예: 우울증, 공황장애, 자살, 범죄)을 가리킨다. 이렇게 이해하면, 마이스너의 '윤리의 궁핍'은 나르시시즘이 퇴행적 발현을 하는 모든 경우(의 원인)를 가리키는 개념으로 재해석된다. 이 해석에 의하면 한 사회의 엘리트들도 윤리의 궁핍을 겪는다고 말할 수 있다. 현실을 보면 교사나 의사와 같이 사회적 명망이 있는 사람들도 부모를 죽이기도 하고, 심지어 성직자들도 범죄를 범한다.

또한 윤리의 궁핍은 삶에 은밀하게 구조적으로 작용하기도 한다. 가령 사회적으로 성공한 사람은 자신에 대한 어떠한 비판도 받아들이지 않고, 가족들에게 자신의 가치와 기준을 확신으로 강권하여 행복한 가정과 삶을 향유하기 어렵게 되기도 한다. 이는 그(녀)가 '의식 차원'에서 추구하는 법적, 윤리적, 이념적 '가치'들이 관여하지 못하는 '무의식 차원'에 이상적 자아나 자아이상이 일정 부분 남아 있기 때문이다. 바로 그런 정신특성을 정신분석학적으

12 W. W. Meissner, The Ethical Dimension of Psychoanalysis: A Dialogue, State University of New York, 2003, 146쪽.

로는 확장된 의미에서 '윤리의 궁핍'이라고 말하는 것이다. 윤리의 궁핍은 크게 보면 이상적 자아의 증상발현, 자아이상의 증상발현, 페르소나의 신경증 증상발현으로 분류할 수 있다.

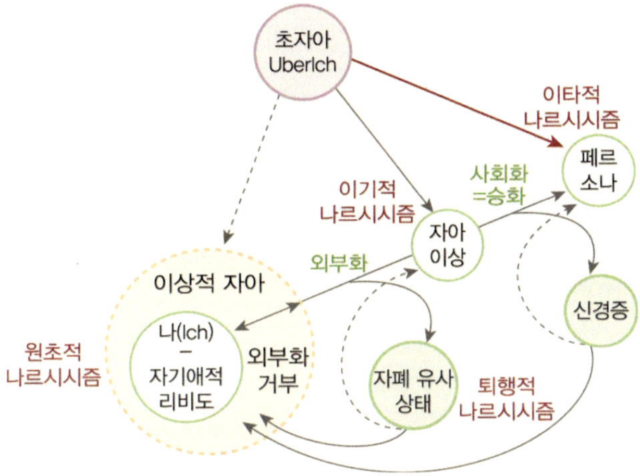


## 이상적 자아는 에어포켓처럼 정신에 남아 증상을 발현한다

자아가 유아기의 '이상적 자아'(Ideal Ich)에 머물러 있는 정신특성은 그 자체로서 나르시시즘의 부정적 발현이다. 자폐아 증상은 그런 정신특성의 대표적인 예이다. 자폐아 증상은 성년이 되어서도 그대로 유지되기도 한다. 다음의 이상적자아에어포켓사건을 들 수 있다.

금융회사에 다니며 독서모임도 운영하는 등 주체적인 삶을 사는 A녀(32세)는 유아기 시절 아버지로부터 아기폐하처럼 사랑받고 자랐지만, 중산층에 못 미치는 가정형편에 늘 아쉬워하며 높은 물질욕망을 갖게 되었고 그런 욕망을 충족시켜 줄 결혼상대를 얻고자 노력했으나 연거푸 실패하였다. A녀는 33세가 되자 마침내 현실적이며 합리적인 판단으로 자기와 비슷한 경제수준이면서 다정한 남자를 만나 사귀면서 결혼을 향한 마음을 쌓아갔고 호캉

스여행도 가서 성관계도 맺었다. A녀는 여행에서 돌아온 바로 다음 날 그 남친이 자기를 행복하게 해 줄 수 없다며 일방적으로 이별을 고했다.

먼저 이런 사건이 2008년에 있었고, 이별을 고한 사람이 남자였다고 가정하면, 그 남자는 위헌결정[13]으로 삭제된 혼인빙자간음죄(2012년 삭제된 형법 제304조)로 처벌될 위험에 처한다. 물론 지금은 남자든 여자든 불법행위책임(민법 제750조)만을 질 뿐이다. 그러나 그런 법은 A녀의 퇴행적 나르시시즘을 모를 때에만 작동할 수 있다. 훌륭하게 사회화된 인격의 성인인 A녀가 합리적 판단으로 결혼을 향한 좋은 만남을 이어가고 여행과 성관계까지 한 상황에서 아무런 합리적 이유(예: 조건속임, 성불능) 없이 그것도 하루 만에 이별을 고한 것은 분명 히스테릭한(hysterical) 결정이다. 이런 히스테리는 왜 일어나는가? 아마도 그녀의 정신 한켠에는 아버지한테 아기폐하처럼 사랑받았던 유아기의 이상적 자아가 마치 침몰한 배에 갇힌 사람에게 산소를 공급해주는 배안의 에어포켓(air pocket)처럼 자리 잡고 있었을 것이다. 그런 에어포켓이 없다면 그녀는 자기가 주관적으로 느끼기에 '힘든 삶'을 견뎌낼 수 없었을 것이고 현재도 견디기 어려울 것이다. 자신을 충실하게(loyolly) 애정하는 결혼상대와의 만남에서도 그 남자의 여성성(anima)를 본 순간 이 무의식의 나르시시즘이 갑자기 회귀하여 A녀를 지배해버리고 무한자원과 무한사랑을 주는 아버지의 존재감, 즉 부성父性이 없는 '이 남자로는 내 삶을 견뎌내기 어려워'라며 히스테릭한 결정을 하게 만들 수 있다.

---

13 형법 제304조("혼인을 빙자하거나 기타 위계로써 음행의 상습 없는 부녀를 기망하여 간음한 자는 2년 이하의 징역 또는 500만원 이하의 벌금에 처한다")를 위헌결정한 憲裁決 2008헌바58, 2009헌바191(병합).

## 자아이상은 자폐유사적 사후작용을 한다

이상적 자아를 벗어나 자아이상(Ichideal)의 형성에서 충분히 외부화되지 못한 자기애적 리비도의 잔류량도 언제나 무의식 속에 억압된 충동으로 쌓이고, 시간이 지나면 프로이트가 말하는 사후작용(Nachträglichkeit)[14]을 일으킨다. 즉, "스스로만을 사랑하고 외부세계에 무관심"[15]한 심리상태를 보일 수 있다. 그런 정신 특성을 자폐유사적 나르시시즘이라고 부를 수 있다. 프로이트의 '이기적 나르시시즘'이 리비도의 긍정적인 외부화라면, 자폐유사적 나르시시즘은 리비도의 부정적인 내부화, 즉 자기애로의 회귀이다. 자폐유사적 나르시시즘은 성년이 되어서도 그대로 유지되기도 하고, 때로는 페르소나 형성에 긍정적인 에너지로 사용되기도 한다. 가령 예술가의 경우는 자기 집 안에 틀어박혀 홀로 사는 자폐유사적 나르시시즘이 예술가적 창의의 에너지가 될 수 있다. 그러나 자폐유사적 나르시시즘은 대체로 삶에 부정적인 요소로 작동한다. 몇 가지 예를 들어 보자.

첫째, 자아이상의 사후작용으로 소아의 게임몰두를 들 수 있다. 소아의 게임몰두는 사회적 인격(예: 프로게이머)으로 성장하는 과정이 되는 극히 예외적인 경우가 있지만 대개는 소아가 자아이상의 형성에서 잔류하는 리비도를 자기애로 회귀하여, 쾌락적 유

---

14 Nachträglichkeit는 사후작용이라고 번역되는데, 이 개념은 사후성(afterwardsness)보다는 지연성(deferredness)이란 의미에 더 가깝다. 프로이트가 말하는 지연성이란 "강한 외부 자극을 받은 지'한참 후에' 그것이 '현재의' 어떤 자극 및 새로운 해석과 결합해 트라우마와 증상을 발생"시키는 것을 말한다. 이러한 사후작용은 "과거의 사건이 나중에 가서 증상을 일으키는 '지연작용'(deferred action)과, 현재의 가치 관점이 과거를 병리적으로 해석하기 때문에 증상이 발생하는 '회고작용'(retroactive action)으로 이루어진다."(이창재, 프로이트와의 대화, 학지사, 2005, 특히 208~210쪽; "병리적 정신현상의 원인론과 극복론", 현상학과 현대철학 제15집, 2000, 87~94쪽).

15 지그문트 프로이트(윤희기 옮김), 무의식에 관하여 (프로이트 전집13), 열린책들, 1997, 126쪽.

희를 향유하는 자신만을 사랑하고 외부세계에 무관심해지는 증상이다. 가족모임에서 다른 사람을 보지 않고 오직 게임에만 몰두하는 소아의 모습은 이를 잘 말해준다. 물론 게임몰두는 소아의 자아이상에 수반되는 통상적인 정신적 특성이다. 다만 그런 증상이 지나치면 소아는 사회적 인격으로 성장하기 어렵다.

둘째, 소아가 훌륭한 사회적 인격(페르소나)의 성년으로 성장하였어도, 그의 정신 한켠에 소아기의 자아이상이 마치 에어포켓처럼 자리 잡고 있고, 그래서 친구들과 팀을 짜서 게임을 해야만 삶을 견딜 수 있는 경우도 많다. 이처럼 사회화가 성공한 성년이 자신의 페르소나가 지는 책임을 다 하면서 소아기의 자아이상을 소환하여 돌보는 게임하기는 '취미'라는 개념으로 승인된다. 예를 들어 요즘은 변호사들도 친구들과 온라인에서 게임을 함께 즐겨한다. 하지만 만일 게임에 점점 더 빠져서 일을 하지 않고, 가족에 대한 책임을 다 하지 않는 성년의 정신은 자아이상의 에어포켓이 부분적으로 지배한 결과이며, 다양한 신경증적 증상(예: 가정폭력, 도박, 흡연·알콜중독)을 발현하기 쉽다.

셋째, 자아이상의 에어포켓이 성년의 정신을 완전히 지배하여 사회적 인격에서 이례적인 특성을 보이는 경우도 있다. 대표적으로 히키코모리(引き籠もり)나 은둔형 외톨이를 들 수 있다.[16] 또한 인간과 사랑을 거의 포기하고, 자신의 말을 잘 듣는 동물과의 관계로 사회적 관계를 환원시켜 버리는 사람도 이에 속한다.

넷째, 자아이상의 사후작용의 다른 예로 소아의 인형애착이나 피규어애착을 들 수 있다. 이는 자신을 투사(내투사)한 형상물(예: 바비인형, 수퍼파워의 남자인형들)을 애착하는 것이므로 곧 자기를 사랑하는 나르시시즘의 증상에 속한다. 이런 애착도 자아이상의 증상이며, 지나치게 광적인 경우에는 리비도가 사회적 인격으로

16 이 증상을 분석한 사이토 다마키(김영진 옮김), 폐인과 동인녀의 정신분석, 황금가지, 2005.

승화되는 데에 방해가 될 수 있다. 이런 형상물 애착이 사회적 인격으로 성장한 성년에게는 그 경제적 불합리성에도 불구하고 역시 취미로 승인되지만, 가령 피규어수집이 자신이나 가정의 재정적 궁핍을 초래한 경우는 자아이상의 에어포켓이 그 성년의 정신을 지배한 것임을 말해준다. 이런 정신은 다양한 신경증적 증상을 예고한다.

## 페르소나의 신경증

인간이 나르시시즘의 외부화를 통해 자아이상을 형성하고 더 나아가 욕망을 사회적으로 승인되는 가치로 승화시키고, 도덕적 규범을 수용하는 사회화를 통해 페르소나를 훌륭하게 형성하여도 완전할 수가 없기 때문에 리비도는 언제나 남기 마련이다. 이 리비도의 잔여량은 다시 자기애로 회귀하여 무의식에 억압된 충동으로 쌓이고, 시간이 지나서 신경증을 발현한다. 이를 페르소나의 신경증이라고 부를 수 있다. 프로이트가 말하는 '이타적 나르시시즘'이 리비도의 긍정적인 사회화라면, 페르소나의 신경증은 리비도의 부정적인 비사회화(예: 우울증, 히스테리, 공황장애, 자살) 또는 반사회화(예: 살인)라고 할 수 있다. 페르소나의 신경증은 사회화와 인격화의 과정에서 강화되는 욕망적인 초자아와 그로 인해 억압되어 무의식에 쌓이는 충동본능 사이를 조절하고 평형을 이루어내는 주체적 자아(ego)가 충분히 성장하지 못할수록 더 심해진다.

페르소나의 신경증은 페르소나의 가치감소, 즉 페르소나가 높은 사회적 지위(예: 스타연예인)를 형성했지만 나이가 들거나 능력이 줄어들어 낮은 사회적 지위(예: 인기상실)로 내려앉는 경우에도 발생한다. 가령 스타연예인이 인기하락을 견디지 못하고 우울증이나 공황장애를 겪고 심지어 자살하는 것, 독일의 절대권력, 총통에 오른 히틀러(Hitler)가 전쟁에 패하여 전쟁범죄자로 전락하게 되자 자살로 생을 마감한 것 등은 그 대표적인 예이다.

영화 **토이스토리 2**는 이러한 페르소나의 가치감소와 지위하락에 따르는 신경증에 맞서는 정신을 잘 보여준다. 영화 속 버즈는 우디에게 자기를 우주전사라고 소개하고 반동을 이용해 점프하는 자신을 두고 '하늘을 난다'고 말하지만 우디는 '그건 나는 게 아니라 멋지게 떨어지는 거야'라고 말한다. 하지만 영화의 클라이막스에서 로켓발사를 이용해 버즈는 우디를 안고 하늘로 치솟아 앤디가족이 이사 가는 자동차의 열린 썬루프로 떨어진다. 그렇게 하늘에 떠서 이동할 때, 우디는 버즈에게 '너 하늘을 날고 있다'고 말하지만, 버즈는 '아니야 나는 멋지게 떨어지고(Falling with style) 있을 뿐이야'라고 말한다.[17] 만일 버즈가 그 장면에서도 자신을 '우주전사'라고 말했다면 버즈는 리플리증후군의 신경증을 보인 것이 된다. 그러나 저렇게 말함으로써 우디는 자신의 페르소나의 가치와 지위가 추락('우주전사'에서 '장난감인형'으로)함을 인식하고도 여전히 가치와 의미가 있는 존재가 될 가능성이 있음을 보여준다. 그 가능성은 바로 페르소나의 가치와 삶의 추락에서도 스타일을 구현하고 유지하는(Falling with style) 정신에 있다. 우디가 말한 스타일은 동양의 예豫 사상, 철학적으로는 미학적 가치(aesthetic value)로 해석할 수 있다. 즉, 아름다움의 가치를 추구하고, 아름다운 존재가 되어가는 것은 페르소나의 추락으로 인한 신경증에 맞서는 자아의 주체화 과정이다. 법이 미학적 정의의 발굴과 실현에 힘쓰는 것도 페르소나의 신경증에 맞서는 정신을 강화해주는 것이다.[18]

---

17 이 대사는 영화 초반에 우디가 버즈의 공중 점프 장면을 보고 비꼬는 투로 말한 대사이기도 하다.

18 미학적 정의와 법의 미학화에 대해 상세히는 이상돈, 법미학, 법문사, 2008 참조.

## 성인과 리플리증후군

페르소나의 신경증이 전무한 사람과 너무나 강한 사람이 있다. 전자는 성인이고, 후자는 리플리증후군이다. 첫째, 페르소나의 신경증은 페르소나가 정립되어도 리비도가 남기 때문에 발생하는 것이므로 한 개인의 모든 리비도가 페르소나(의 형성과 무한한 고양)에 완전히 소진된다면 무의식으로 회귀하여 억압될 충동도 사라지고, 신경증도 일어나지 않을 것이다. 이는 모든 에너지를 타인의 생명을 구하는데 쓰는 슈바이처 같은 의사나 전도를 하다 순교를 당한 성인聖人처럼 욕망의 승화(sublimation)를 넘어 성화聖化(sanctification)의 단계에 이른 인간만 가능한 일이다. 성인은 합리적 자아가 윤리적 초자아에 환원되어진 존재, 이기적 자아가 사라진 존재인 것이다.[19] 그러나 현실의 보통사람은 그런 존재가 될 수 없고, 법도 그런 인간상을 전제할 수 없다.

둘째, 성인과 정반대로 페르소나의 신경증은 자신이 매우 높은 사회적 가치를 지닌 인격이라는 환상을 가지면서도 그 환상을 자각하지 못하는 망상, 즉 리플리증후군(Ripley Syndrome)[20]으로 발현되기도 한다. 이는 그 사람의 실제 페르소나 형성에서 잔류한 리비도가 자기애로 회귀하는 양이 너무 많아서 마치 쓰나미처럼 그의 합리적 자아를 붕괴시키고, 높은 인격(예: 재벌, 위대한 예술가)에 대한 욕망적인 초자아가 자아의 자리를 완전히 점령함으로써 일어난다. 리플리증후군 같은 페르소나의 신경증은 소설이나 영화 속의 톰 리플리와 같은 정도가 아니라 환상과 망상을 오

19 개인이나 특정 집단의 삶을 넘어 온 인류의 차원에서 성화의 영향을 미치는 사람은 예수나 마호메트(Mahomet)와 같은 메시아(messiah)일 것이다.

20 이는 미국의 여성소설가 패트리샤 하이스미스(Patricia Highsmith)의 베스트셀러 소설 The Talented Mr. Ripley(1955년)의 주인공 톰 리플리에서 유래한다. 이 소설은 알랭 드롱 주연의 1960년 영화 "태양은 가득히"(Plein Soleil)와 맷 데이먼 등 주연의 1999년 영화 "리플리"로 제작된 바 있다.

가는 반의식 형태로도 존재한다. 남녀의 성별을 넘나들며 혼인빙자사기행각을 해오다 마침내 아예 자신이 P호텔그룹 혼외자라면서 펜싱메달리스트(42세, 여)에 접근하여 구애하고 동거하다 상대녀의 요청으로 결혼발표 언론인터뷰를 하여 사실상 자폭한 **펜싱녀 혼인사기사안**(2023년)[21]의 양성애적인(bisexual) 사기범(28세, 여)은 반의식 형태의 리플리로 추측된다. 물론 리플리증후군 같은 페르소나의 신경증은 약하게도 발현된다. 가령 자신은 하지도 않은 고등학교 수석졸업을 했다고 믿거나 객관적으로 그렇지 않은데도 자신의 가족들이 지적이고 아름답다고 믿는 증상이 이에 속한다.

## 자살과 살인은 동근원적이다

이상과 같은 퇴행적 나르시시즘의 세 가지 형태는 한 사람에게 다양한 조합으로 함께 발현될 수 있다. 그 조합의 작동방식은 분석해낼 수 없다. 나르시시즘의 퇴행적 증상발현은 그것들 아니고서는 메울 수 없는 존재결핍을 느끼는 사람의 자기애적 리비도가 작동시키는 방어기제이기도 하다. 이 퇴행적 나르시시즘의 증상발현은 다음 세 가지 변수에 크게 좌우한다.

- 리비도가 노동과 놀이를 통해 외부화 · 사회화(승화)되지 않은 채 자기애로 더 많이 귀환할수록
- 비판과 성찰로 거리두기를 하지 못한 (윤리적 또는 욕망적) 초자아가 매우 엄격(austerity)하여 자아와의 충돌이 강해지고 그 충돌로부터 발생하는 죄책감이 클수록[22]
- 자아가 학습과 성찰, 시련과 극복의 경험과 삶 속에서 초자아(superego)와 이드(id)로부터 받는 부담을 감소시키면서

---

21 자세히는 앞의 48쪽 참조.

22 프로이트는 죄책감의 원천이 나쁜 행동이 아니라 초자아의 엄격함(austerity)과 자아의 충돌에 대한 반응에서 나오는 것으로 보았다는 Calum Neill, Lacanian ethics and the assumption of subjectivity, Palgrave Macmillan, 2011, 82쪽.

도 둘 사이의 균형을 이루어내는 역량이 약할수록, 바꿔 말해 주체성을 성장시키지 못할수록

이 세 가지 요소를 많이 충족할수록, 그리고 앞서 살핀 퇴행적 나르시시즘의 세 가지 증상들을 모두 발현할수록, 불행하게도 자살이나 살인, 심지어 연쇄살인과 같은 극단적인 증상발현이 퇴행적 나르시시즘의 결과로 기다리고 있을 수 있다. 주체성(subjectivity)의 학문[23]인 정신분석학에서는 '나르시시즘이 자살이나 살인의 원인이다'고 말할 수 있는 경우가 있다. 이때 원인이란 말은 나르시시즘이 살인범죄나 자살의 과학적 또는 법적 '원인'(cause)임을 뜻하는 것이 아니라 살인이나 자살이 나르시시즘에 휩쓸려 있는 살인범죄자나 자살자의 무의식을 대리해주는 정신현상임을 뜻하는 것이다.

이 점을 사이코패스 개념을 도입하게 된 계기가 된 대표적인 연쇄살인사안(2003~2004년)[24]을 예로 설명해보자: 어린 시절 가난과 아버지의 폭행, 계모슬하와 친모와의 이별과 재회, 성년이 된 후 형의 자살 등 불행한 가정사를 겪은 A는 초등학교 시절 개구리 해부를 좋아하며 의사가 되고 싶었고, 중학시절에는 미술에 소질을 보이며 화가가 되고 싶었지만 색약으로 예고진학에 실패하고 공업고에 진학하였다가 소년원 입소로 자퇴하였다. A는 이후 교도소를 드나들다 23세에 결혼한 후 웨딩사진관에서 일하면서 가정폭력도 하지 않고 아들도 지극히 아꼈으나, 절도, 금품갈취, 공무원사칭 등을 범하다가 30세가 되었을 때 미성년자강간을 범하여 이를 신고한 부인과 이혼을 하였고 3년 반 동안 복역하였

23 라캉(Lacan)은 기존의 과학은 인간 목소리의 고려를 박탈한 언어(language deprived of all reference to a voice)이고, 무의식의 활동을 설명하는 주체성을 복원하는 정신과학이 진정한 과학이라고 보았다는 David S. Caudill, "Lacan and the Discourse of Science in Law", Cardozo Law Review Vol. 24, 2003, 2336쪽.

24 이 사건은 언론보도내용이나 판결문 내용으로 재구성한 것이므로 완전한 팩트가 아닐 수 있고, 정신분석학적 논의를 위한 모델사례임을 일러둔다.

다. A는 출소 직후 아내와 아들을 살해(정신적 자살)하려다 마음을 바꿔 10개월 동안 총 20명을 살해하였다.

이 사건은 A의 리비도가 외부화(개구리해부, 그림그리기)와 사회화(의사나 화가 되기)에 성공하고 삶의 곤궁한 상황에서 벗어났다면 일어나지 않았을 지도 모른다. 여기서 A를 의사나 예술가(화가 또는 만화작가)가 되게 만드는 에너지와 연쇄살인범이 되는 에너지는 나르시시즘이라는 동근원同根原을 갖고 있음을 알 수 있다. 또한 삶의 곤궁한 상황에서 자기애로 귀환한 A의 리비도가 왜 보통의 신경증을 넘어 범죄에너지로 발현되었는지, 그 범죄적 에너지가 왜 가족살인이라는 일종의 정신적 · 사회적 자살이 아니라 연쇄살인으로 발현된 것인지를 분석 · 진단하는 것은 불가능하다. 이를 나르시시즘의 우연성이라고 부른다. 우연성의 문제는 아래에서 자세히 다룬다.

## 나르시시즘의 증상발현은 우연적이다

이와 같은 정신분석학적 해석은 상식적으로 이해 불가능한 자살이나 살인범죄가 정신의 특성에서 보면 예외가 있을 수는 있지만 매우 문법적인 현상임을 알 수 있게 해준다. 그러나 이런 정신분석학적 해석에도 불구하고, 자살이나 살인범죄로 발현된 퇴행적 나르시시즘의 무의식에는 과학으로 밝힐 수 없고[25] 제거할 수도 없는 우연성이 있다. 퇴행적 나르시시즘의 우연성(contingencies)[26]이란 다음 세 가지 의미를 갖는다.

---

25 꿈에서 해석되지 않는 무의식의 지점을 프로이트는 꿈의 배꼽(navel)이라고 불렀는데, 자세히는 Fred Botting, “Relations of the Real in Lacan, Bataille and Blanchot”, SubStance Vol. 23, No. 1, Issue 73, 1994, 36쪽; 장 라플랑슈 · 장 베르트랑 퐁탈리스(임진수 역), 정신분석 사전, 열린책들, 2005, 442쪽.

26 의학적 관점에서 자살의 우연성을 인정하는 Ian Marsh, “The Uses of History in the Unmaking of Modern Suicide”, Journal of Social History Vol. 46, No. 3, 2013, 750쪽.

- 첫째, 자기애로 귀환하는 리비도가 신경증적 증상에 머무를지, 아니면 자살이나 살인과 같은 파멸적인 결과로 발현할지를 분석·예측할 수 없다.
- 둘째, 자기애로 귀환한 리비도의 발현이 자살과 살인 중 어디로 발현될 것인지도 분석·예측할 수 없다.
- 셋째, 자살이나 살인을 예방하는 치료수단도 확보할 수 없다.

우연성의 이러한 의미들을 다음의 스토킹전남친자살사건을 예로 설명해보자. A는 연예인이 되고 싶었으나 실패하였고, 카페알바를 하면서 생계를 꾸려가다 1년 사귄 여친으로부터 이별을 통고 받고 여친에게 만남을 설득했으나 거절당했다. A는 이후에도 계속 전화를 걸고 여친 집 앞에서 서성거리자 두려움과 불안에 빠진 여친의 신고로 경찰로부터 접근과 통신 금지조치를 받게 되었다. A는 더 큰 배신감과 분노의 감정이 끓어오르며 여친을 살해하고 자기도 죽겠다는 마음이 잠시 들었지만, 사랑도 삶도 더 이상 무의미하다는 비관과 체념, 우울감에 빠지면서 자살을 선택하였다.

이 사건에서, 첫째 사회적 성취가 미약한 A의 리비도는 (유일한 팔루스 phallus의 근거였던) 여친의 상실로 인해 급격히 자기애로 귀환하여 나르시시즘을 퇴행적으로 발현시킨다. 그 결과 A는 비관·우울, 분노·격정이 과잉상태에 빠졌을 것이다. 둘째, 이런 신경증이 여친살해나 자살과 같은 극단적인 퇴행적 나르시시즘으로 나아갈 것인지 여부는 예측할 수 없다. 셋째, 자살과 여친살해 중 어느 것을 선택할 것인지 여부도 무의식의 세계에서는 우연적인 것이며 그 점에 대한 예측분석도 불가능하다. 넷째, 자살과 여친살해와 같은 나르시시즘의 퇴행적 발현을 예방하거나 치료하는 수단으로는 사회적 성공(예: 데뷔하고 스타가 됨)을 통해 A의 자아(ego)가 강화되거나 자신을 진정으로 사랑하고 존중하는 여인을 만나는 것 외에는 거의 없다. 다섯째, 통제와 처벌의 법들은 이런 예방적 기능을 할 수 없고, 심리상담도 작은 도움을 줄 수는 있으나, 자살을 막는 결과를 보증할 수는 없다.

## 법은 나르시시즘 증상인 스토킹을 막지 못한다

이처럼 나르시시즘의 증상발현이 우연적이라는 점에서 스토킹처벌법의 근본적인 한계를 통찰할 수 있다. 앞서 언급한 스토킹전남친자살사건을 예로 설명해보자. 이 사건에 적용되는 스토킹처벌법은, 첫째 여친이 이별하겠다는 생각을 하여 그 '의사'를 일방적으로 표현하면 그 순간 연인관계는 '바로 끝난다'고 보는 의사(will)-도그마를 전제한다. 둘째, 연인관계가 아직 끝나지 않았다고 생각하고 그 관계를 회복하려는 남친 A의 (주관적인) 구애행위를 오로지 스토킹이라는 범죄행위로 개념화하고, 스토킹이 구애와 범죄의 사이에 있다는 점, 즉 사이성(inbetweenness)을 외면한다.[27] 셋째, 실연당한 남친은 접근·통신금지 등의 경찰법적 위험예방처분과 보안처분 성격의 긴급응급조치(스토킹처벌법 제4조)를 받게 되고, 넷째 이 응급조치 이전이든 이후든 같은 행위를 계속·반복한 경우에는 스토킹범죄로 수사를 받고 처벌도 받게 된다.

그러나 스토킹처벌법은 다음과 같은 점들을 간과하고 제도적으로 반영하지 못하고 있다. 첫째, 가령 1년 정도 지속된 제법 긴 연인관계는 절교의 '의사'표현만으로 즉각 해소되기 어렵고 일정한 시간(예: 몇 일, 몇 주) 상호이해와 수용의 소통과정이 필요하며, 둘째 경찰신고로 긴급응급조치를 받은 남친은 그 조치로 인해 정신적 충격이 실연의 충격에 더해져 자아의 붕괴(속어: '꼭지돈다')가 일어나기 쉬우며, 셋째 남친도 피해자 여친과 마찬가지로 상담 등 인간주의적인(humanitarian) 도움이 필요한 상황에 빠

27 이 점에 관해 자세히는 이상돈, 스토킹 범죄의 처벌 제도 개선방안연구, 법원행정처, 2017 참조.

지지만, 법에 의한 통제와 처벌만 받게 된다. 넷째, 통제와 처벌의 위기에 처한 취약한 자아의 남친은 더 이상은 자신의 삶을 견뎌내기 어렵다는 감정에 빠져들어 자살을 하거나 자살과 동근원적인 에너지에 의해 '우연히' 선택되는 여친살해의 충동을 갖게 될 수 있다. 다섯째 이러한 점들을 고려하지 않는 스토킹처벌법은 장기적으로 스토킹의 예방효과를 갖기 어렵다.

## 나르시시즘은 시간을 너머 제멋대로 회귀한다

퇴행적 나르시시즘이 진행되는 정신의 장소인 무의식은 우연성 외에도 무시간성, 회귀성, 임의성(randomness)의 특성이 있다. 즉 나르시시즘의 퇴행적 발현은 시간을 비껴나 있고(무시간성[28]), 틈만 나면 의식의 표면에 변형된 모습, 즉 신경증 증상으로 표출되며(회귀성), 규칙도 없고 예측도 안 되는 응축凝縮과 전치轉置의 작용(임의성)을 한다.

가령 연쇄살인범은 자기애적 리비도의 외부화와 사회화를 거쳤어도 남들보다 매우 많은 리비도가 억압된 채 무의식에 남아 있고, 그곳에 어린 시절의 불쾌한 경험, 예컨대 흠모하는 금발의 소녀에게 무시당한 경험이 살인욕구로 응축되었다가 십여 년이 지난 뒤늦은 시점에(무시간성), 분석할 수 없는 요소들의 작동으로(우연성) 그의 앞길을 가던 전혀 모르는 소녀의 금발머리를 보는 순간 불현듯(회귀성) 자신의 응축된 고통의 경험을 전치하여(임의성) 그 여자를 잔인하게 살해할 수 있다. 이렇게 해석해보면 연쇄살인은 억압되고, 전치되고, 변형되어 버린 자기애적 리비도의 방어행위이며, 투사(외투사)를 통해 이상적 자아나 자아이상의 정체성을 회복하려는 나르시시즘의 퇴행적 몸부림인 것이다.

성폭력처벌법(제21조 제3항 제1호)처럼 13세 미만의 피해자에

---

28 이 무시간성은 프로이트가 말하는 사후작용(Nachträglichkeit)의 대표적인 예이다.

대해 공소시효를 배제하는 것은 이와 같은 나르시시즘의 무시간적, 우연적, 임의적, 회귀적인 퇴행적 발현에 대한 방호벽을 깨뜨린다. 그로 인해 억울한 범죄자도 만들어질 수 있다. 다음과 같은 30년전준강제추행사건을 예로 설명해보자. A(여성, 40세)는 2024. 9.경 30년 전인 1994. 9.경 고모부(73세)가 추석명절날 다른 사촌들과 함께 한 방에서 잠자고 있던 자신(당시 10살)의 음부를 몇 차례 손으로 더듬었다는 기억이 갑자기 떠올랐다. A는 고모부에게 사과를 요구하고 거액의 손해배상을 요구하였다. 고모부는 그런 사건 자체가 없었으며 그에 관해 아무런 기억도 없다고 말했지만 30년이 지난 상황에서 자신의 무죄를 명확히 입증할만한 증거를 딱히 갖고 있지는 않았다. 그렇지만 고모부는 부인(A의 고모)의 권유로 억지로 사과는 하였지만 손해배상 요구는 들어주지 않았다. A는 고모부를 소아준강제추행죄(제7조 제4항)로 고소하였다. A도 자신의 기억에 따른 진술과 주장 이외에 증거를 갖고 있지 않다.

성폭력처벌법의 소아에 대한 공소시효배제특례(제21조 제3항 1호)는 2019. 8.에 도입되었으므로 이 사건의 고모부는 여전히 공소시효(의 완성)에 의한 보호를 받을 수 있다. 하지만 만일 같은 혐의의 행위가 2019. 8. 이후에 있었고, 30년이 지난 2049년에 고소된다면, 그리고 그때에도 성인지감수성에 따른 사실상의 유죄추정이 현재의 판례처럼 유지된다면, 그 미래의 고모부는 그런 소아추행을 하지 않았거나 혹은 진실이 밝혀지지 않은 상황에서도 성폭력범죄자가 될 매우 높은 위험에 빠질 수 있다. 퇴행적 나르시시즘의 이러한 특성을 이해하고 고려하지 않는 법은 시민사회에 이 사건의 고모부가 처한 법적 리스크에 대한 두려움을 확산시킬 것이며, 장기적으로는 친족 간의 사적 교류를 더욱 더 위축시킬 것이다. 이와 같은 법에 의한 사회의 변화는 토이브너(Teubner)가 말하는 "법에 의한 사회적 통합의 와해"(Gesellschaftliche Desintegration durch Recht)[29]에 속한다.

## 나르시시즘의 문법, 투사적 동일시

자폐증이나 자폐유사상태 또는 페르소나의 신경증은 외부화와 사회화의 과정에서 전부 해소되지 않고 잔류한 자기애적 리비도(나르시시즘)가 불쾌하다고 경험하는 외부대상들에 대해 자신을 방어하고 남은 배설물과 같다. 삶을 추동하는 에너지인 자기애적 리비도의 이와 같은 방어행위는 투사를 통해 이상적 자아나 자아이상의 정체성을 회복하려는 몸부림[30]이기도 하다. 여기서 투사란 멜라니 클라인(M. Klein)이 발전시킨 투사적 동일시(projective identification)를 말한다. 그녀에 의하면 투사를 통한 정체성 형성이란 "자기(self)의 일부분들을 쪼개내어 그것을 다른 사람에게 투사시키는 것"(splitting off parts of the self and projecting them on to another person)[31]을 말한다. 즉 정신의 총체 가운데 언어로 파악할 수 없는 나쁜 부분, 즉 불쾌(고통)를 겪은 부분을 분리해내어, 다른 사람에게 귀속시키거나(외外투사) 쾌락적이고 좋은 경험의 부분들을 분리해내어 자신의 정체성을 구성하는(내內투사) 무의식적인 환상(작용)이 투사적 동일시이다.

투사적 동일시의 개념은 다음과 같은 동시성과 쌍방향성, 호환성과 양가성의 구조적 특성을 명확히 함으로써 좀 더 확장되고, 구체화될 수 있다. 첫째, 투사적 동일시는 내투사와 외투사가 동시에 이루어지고, 투사자와 피투사자의 정체성을 쌍방향으로 구성하는 정신작용이다. 가령 고통스런 경험(약칭: 1)을 한 과거의

29 G. Teubner, "Verrechtlichung – Begriffe, Merkmale, Grenzen, Auswege", Verrechtlichung von Wirtschaft, Arbeit und sozialer Solidarität, Suhrkamp, 1985, 313~325쪽.

30 박민정, 범죄의 주체화와 법의 사물화, 고려대 박사학위논문, 2021, 제4장.

31 M. Klein, "Notes on some schizoid mechanisms", https://pdfs.semanticscholar.org/e6f9/1930a1320e3e3091f0b417e32561d6e4af35.pdf, 12쪽.

자신(Pa1)을 자신의 총체적 인격(Pa1+2)에서 떼어내어 타인(Pb)에게 투사하고 자신에게는 좋은 경험(약칭: 2)을 한 자신(Pa2)만 남기는 것(외투사와 내투사의 동시성)은 자신의 정체성을 좋은 부분만으로 재구성하는 것(Pa2)이면서 그 피투사자의 정체성을 나의 나쁜 부분으로 재구성하는 것(Pb1)(쌍방향의 정체성 재구성)이다. 둘째, 투사자와 피투사자는 호환적이다. 즉 내가 투사자가 되고, 타인이 피투사자가 될 수도 있고, 타인이 투사자가 되고, 내가 피투사자가 될 수도 있다. 나의 나쁜 부분을 타인에게 투사한 후 그(녀)를 살해하는 경우가 전자에 해당한다면, 타인의 멋진 부분을 내게 투사하여 내가 그 멋진 타인이 되는 경우(예: 연예인에 대한 덕후질)는 후자에 해당한다. 셋째, 투사적 동일시는 양가적(ambivalent)으로, 즉 삶에 부정적으로만 작동하는 것이 아니라 긍정적으로도 작동한다. 가령 평소 타인의 무분별한 애정행각을 비난하는 식으로 윤리적 초자아가 강한 모습을 보이는 사람(예: 모노가미·혼전순결주의 미혼녀)은 무분별한 애정행각(예: 여러 남자와 성관계)을 벌이는 여자를 절친으로 삼고, 그 절친의 행동에 대해서만 윤리적으로 관대할 수 있다. 이 모순적 태도는 내가 그 친구가 되어 마치 스스로 본능적 충동을 채우는 것처럼 그 친구의 충동충족이 주는 만족감을 함께 향유하고, 그 대신 자신의 직접적인 본능적 충동을 포기하는 것이다. 이를 본능적 충동의 "이타주의적 포기"(altruistic surrender)[32]라고 부른다. 이 포기는 윤리적 초자아를 유지하면서도 자신의 이드(id)를 돌보는 효과가 있다는 점에서 긍정적인 투사적 동일시이다.

그러나 투사적 동일시는 리비도가 자기애로 회귀하는 퇴행적 나르시시즘의 가장 중요한 작동방식이다. 또한 투사를 통한 정체성 형성은 일종의 환상이기 때문에 대개는 본능적 충동의 억압이

---

32 이 개념을 발전시킨 Anna Freud, The Ego and Mechanisms of Defence, Routledge, 1966, Part III, 10. A Form of Altruism, 특히 133쪽.

나 망상(예: 리플리증후군), 환영 등 다양한 신경증적 현상을 수반하고, 사회적 인격이 되는 주체적인 자아의 정립을 어렵게 만든다. 하지만 자폐유사상태나 신경증으로 발현되는 나르시시즘은 누구에게나 일어나는 것이며, 그 정도의 차이가 있을 뿐이다. 왜냐하면 자기애적 리비도의 외부화·사회화는 언제 어디서나 존재결핍을 생성시키고, 나르시시즘은 이 존재결핍을 메우는 불가피한 정신현상이기 때문이다.

## 덕후질, 연예인과의 투사적 동일시

투사적 동일시의 대표적인 문화현상으로 덕후질[33]이 있다. 우리사회에서 연예인에 대한 팬들의 정신적 관계는 정신분석학적 관점에서 보면 크게 세 가지 시대와 단계로 나눌 수 있다. 첫째, 1980년대 말까지는 연예인을 딴따라라고 불렀는데, 이 개념은 시민들이 그들의 재능과 콘텐츠를 향유하는 주체이고, 연예인은 그 수단이나 대상이 되는 정신적 관계가 전제되어 있다. 그렇기에 당시 딴따라라는 다소 부정적이고 비하적인 의미를 함축하였다.

둘째, 1990년대의 X세대 이후부터 대략 2010년대까지 연예인에 대한 팬들의 정신적 관계는 팬심으로 표현할 수 있다. 팬심은 딴따라의 주체-객체(수단) 관계가 뒤집힌 관계, 즉 유명 연예인이 주체가 되고, 시민은 연예인에 대한 환상과 황홀경에 빠진 객체가 되는 관계의 정신특성을 보여준다. 물론 이 주객관계의 전복은 지속적으로 되풀이되기도 하므로, 팬심의 개인들은 주체의 지위를 완전히 상실한 것은 아니다.

셋째, 2010년대 이후 두드러지기 시작한 덕후질문화에서 팬들은 연예인의 환상적인 모습을 자기 정체성으로 구성하는 투사적

---

33 덕후는 일본어 오타쿠(オタク, おたく, ヲタク, Otaku)에서 왔다고 보는데, 일본사회에서 1970년 이후 오타쿠는 어느 한 분야에 광적으로 파고들고 분석하는 사람, 특정 콘텐츠 하위문화를 취미로 하는 사람을 가리키는 것이었다.

동일시를 하고 자신의 고유한 주체성을 사라지게 만든다. 연예인이 곧 자기 자신인 것이다. 그 결과 합리적으로 사유하는 자아가 일정 부분 마비된다. 덕후질 하는 가수의 음원차트 순위를 올리려고 같은 음반·음원을 수십 장 구입하기도 하고, 전국 방방곡곡 그 가수의 공연장으로 따라가는 여행을 하며, 자기의 생활공간을 그 연예인의 사진으로 도배질 하고 그 연예인 관련 굿즈로 가득 채운다. 내투사에 의한 투사적 동일시에서 쪼개어 가져오는 연예인의 이미지가 신파문화와 신파적 사고를 하는 사람들(예: 트롯스타 덕후들)의 영향으로 도덕적으로 채색되면, 그 연예인은 그런 도덕적 이미지로 구성된 시뮬라크르(simulacre), 즉 '원본조차 없는 이미지'가 되고,[34] 그 가짜정체성을 유지하기 위해 초자아를 과잉으로 만들어야 하고, 그로 인해 자아와의 분열이 심화되어 신경증을 겪게 된다. 이는 덕후질의 대상이 된 스타급연예인이 알콜중독, 음주운전, 마약중독, 그리고 자살로 나아가는 문법적인 정신특성을 보이는 이유이기도 하다.

## 투사적 동일시, 미친 살인을 설명한다

나르시시즘과 투사적 동일시의 이론은 이해할 수 없는 살인범죄, 특히 살인과 자살 사이에 위치하는 '정신적·사회적 자살'의 살인 정신을 잘 분석해낼 수 있다. 이 점을 영어과외쌤살해사안(2023년)[35]을 예로 설명해보자. 아버지의 가정폭력과 엄한 훈육, 새어머니와의 불화로 고 2때부터 할아버지의 집에서 경제적으로 어렵게 살다가 2018. 대입과 재수를 실패하고, 2022. 9.까지 준비

34 Jean Baudrillard, Simulacres et Simulation, 1981 (Gallimard, 2024) 참조; 보드리야르의 관점은 복사본과 원본의 이분법(binary principle) 자체를 거부하므로 원본 없는 이미지란 원본도 복사본도 아닌 그 사이성(inbetweenness)을 말한다고 볼 수 있다. 이를 하이퍼리얼(hyperreality)이라고 부른다.

35 이 사건은 언론보도내용이나 판결문 내용으로 재구성한 것이므로 완전한 팩트가 아닐 수 있고, 정신분석학적 논의를 위한 모델사례임을 일러둔다.

한 공무원시험에서도 떨어진 A녀(23세)는 자신의 불행한 삶이 아버지와 할아버지 탓이고, 시험에 떨어진 가장 큰 원인은 중학생 수준의 영어능력미달이라고 생각했다. 이후 A는 사람을 죽여서 분을 풀겠다는 생각에 사로잡혀 살인에 관한 인터넷검색을 해오다 2023. 5. 23. 전화로 아버지에게 자신의 원망스러운 삶에 대해 사과를 요구했지만 다른 가족의 입장에서도 생각해보라는 말을 듣고, 곧바로 이전에 물색해둔 명문대 출신의 유명 영어과외쌤에게 요청하여 딸의 시범과외 날짜를 잡았다. A는 5. 26. 17:00 중학생교복을 사 입고 영어과외쌤의 집에 들어가 자신의 불우한 처지를 말하면서 같이 자살하자고 말했고, 과외쌤이 도망치려고 하자 칼로 목 등을 수십 회 찔러 살해하였다. A는 사체를 상하로 2등분하고 손목을 자른 후 피살자의 옷으로 환복하고 태연히 범행장소를 빠져나왔고, 집에서 대형캐리어를 가져다가 토막사체를 다시 집으로 운반하였고, 5. 27. 00:50경 택시를 타고 가서 N공원 수풀에 사체를 버렸다. A는 무기징역형을 선고받았다.[36]

이 사건을 정신분석학적으로 해석해보면 다음과 같다. 첫째, A는 폭력아버지 밑에서 윤리와 책임의식이 정상적으로 성장하지 않았고(윤리의 궁핍), 독립하기 위해 공무원시험에 붙어야 한다는 욕망의 집착이 매우 강한(욕망적 초자아의 과잉) 정신이었을 것으로 보인다. 즉, A는 리비도가 제대로 외부화 · 사회화되지 못하여 이상적 자아와 자아이상의 나르시시즘이 매우 강한 상태에 있었을 것이다.

둘째, A는 자신의 불행한 삶의 원인을 아버지 탓으로 돌리고, 부족한 영어능력에 대한 책임을 (가정이지만 A에게 트라우마로 남을 상처의 경험을 준) 중학생 시절의 영어쌤에게 전가할 수 있다. 이런 책임전가는 나르시시즘의 전형적인 퇴행적 발현이다.

---

36 부산지방법원 2023. 11. 24. 선고 2023고합310 판결; 대법원 2024. 6. 13. 선고 2024도5087 판결.

셋째, A가 중학교 교복을 입고 들어가 무고한 영어과외쌤을 살해한 것은 그 과외쌤과 원망스러운 중학교 영어쌤을 투사적으로 동일시하였기 때문에 가능했을 것이다. 이 동일시는 A가 자신에게서 떼어 내고 싶은 자신, 즉 영어 못하는 자신을 중학교 영어쌤과 영어과외쌤에게 동시에 외투사外投射함으로써 이루어진다.

넷째, 피살자 과외쌤이 영어 못하는 중학생 A의 외투사된 인격인 한에서 A의 살인은 정신적으로는 자신을 살해한 것이 된다. 이 정신적 자살로 인해 A는 사이코패스로 취급받을 정도로 모든 사회적 인격이 해체되므로 A의 살인은 사회적 자살이 되는 것이다. 이런 사회적 자살의 성격은 A가 수사를 받으며 "살해해보고 싶었다"고 발언하여 자신에 대한 사회적 비난과 처벌욕구를 오히려 키웠고, 그렇게 함으로써 자신을 용서할 수 없는 살인범죄자로 만든 점에서도 확인된다.

다섯째, A가 전혀 모르는 영어과외쌤에게 자신의 못난 부분을 외투사한 것은 그 과외쌤의 사회적 성취에 대한 질투에서 비롯된다. 이 질투는 A가 살인을 한 후 굳이 피살자의 옷을 입고 나옴으로써 선망하는 영어과외쌤을 자신의 일부로 삼는 내투사內投射의 행동으로 이어진다. 내투사적 동일시는 살해 후 트렁크를 가지러 집으로 갔다 오는 걸음걸이의 호방함에서도 그 흔적을 느낄 수

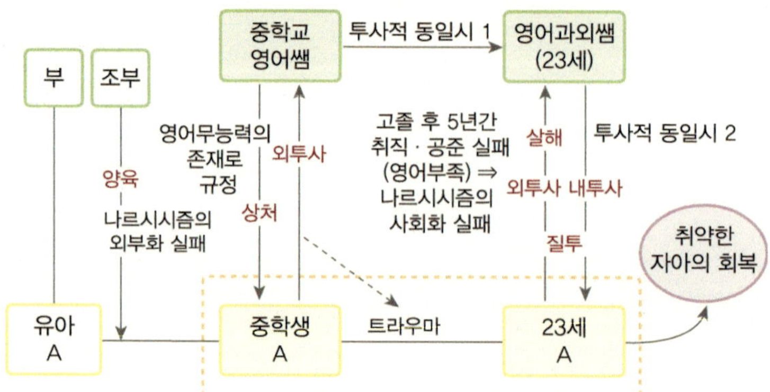

있다.

여섯째, A는 사회적 자살로 욕망적 초자아를 불태워버리고, 살인에 뒤따르는 고통을 향유하는 주이상스(jouissance) 상태에 있게 된다. 이와 같은 정신의 특성을 지닌 A의 살인은 자기애적 리비도의 극단적인 방어행위이며, 이를 통해 자기애적 리비도가 인격의 중심을 이루는 가련한 취약한 자아(ego)를 되찾음으로써 이후 어느 정도는 정신적 안정과 평온을 회복하게 되고, 자신을 보호하기 위한 계산적·합리적 사고와 행동도 할 수 있게 된다. 그 한에서는 A의 살인은 주체화의 기능을 수행한다. 다만 이때 주체화는 A의 신경증적 장애를 제거한다는 소극적인 의미를 가질 뿐이다.

# 나르시시즘, 법이 되다

## 삶을 견디어 내라

정신분석학적 관점에서 보면 인간은 운명적으로 나르시시스트일 수밖에 없는 존재이다. 하지만 인간은 그런 운명에 주체적으로 맞서야 행복을 만들어 갈 수 있다. 나르시시즘에 맞서는 것은 인간의 숙명이자 의무가 된다. 리비도(libido)가 외부화·사회화되지 못한 채 남는 리비도의 잔여량은 자기애로 귀환하여 다양한 병리적 증상을 발생시킨다. 이런 리비도의 자기애 귀환은 마치 삶이 유한하지 않은 것인 양, 한 인간의 삶이 시작할 때부터 끝날 때까지 집요하게 계속된다. 시공간의 물리세계가 아닌 정신세계에서 나르시시즘은 인간 삶의 생물적 유한성을 넘어서는 것, 무한한 것처럼 보인다. 이와 같이 삶의 유한성과 나르시시즘의 무한성 사이에서 프로이트는 다음과 같은 삶의 지침을 준다.

- 인간의 삶이 유한함(mortality)을 인정하고,[37]
- 그 삶 속에서 끊임없이 겪는 상실(예: 유아에게 부모의 무한사랑 상실, 영원할 것 같았던 사랑의 상실, 세속적 욕망의 좌절) 앞에서 퇴행적인 나르시시즘으로 회귀하지 않고,
- 상실과 자신을 분리시키는 애도의 작업(work of mouring)을 통해, 즉 삶을 전반적으로 노동으로 구성함으로써[38]
- 삶이 다할 때까지 삶을 견디어 내고(enduring life)
- 이 견딤을 위해 죽음에 스스로 직면하고,[39] 죽음이 있기에

37 W. W. Meissner, The Ethical Dimension of Psychoanalysis: A Dialogue, State University of New York, 2003, 135쪽.

38 Abraham Drassinower, "Introduction", Freud's Theory of Culture: Eros, Loss, and Politics, Rowman & Littlefield Publisher, 2003, 4쪽.

유한한 삶이 오히려 행복의 자원(source of joy)이 된다는 점을 깨닫는다.[40]

프로이트의 이론을 정치철학적 이론으로 바라보면[41] 이 지침은 나르시시즘의 무한성에 대항하는 하나의 의무(duty)라고 해석할 수 있다. 이때 의무는 '옳고 그름'이나 '좋고 나쁨'과 같이 법에서 흔히 말하는 도덕이나 윤리의 개념과는 무관한 것이다. 정신분석학이 제기하는 의무란 가령 사회의 윤리가 오히려 고통이 될 수 있다는 인식 속에서 개인이 자기이해(self conception)를 높임으로써 자신의 고통과 불행을 줄이는 치유에 관한 것이다.[42]

## 환상 없이 사랑하라

정신분석학적 의무의 의미를 좀 더 쉽게 이해하기 위해 사랑에 대한 태도를 예로 설명해본다. 프로이트는 나르시시즘의 무한성에 대항하는 요청으로서 에로스의 유한성을 강조한다. 즉 에로스는 일시적이며 덧없다[43]는 것이다. 대개 사람들은 자신이 경험하는 에로스가 영원한 사랑(endless love)이 되기를 바란다. 그러나 영원한 사랑, 영원한 것으로 표방된 사랑은 언젠가는 역전되어 사랑하는 사람을 살해하는 결과를 가져오기도 한다. 나르시시즘의 인간은 자기애적 리비도의 완전한 충족을 위해 사랑하는 상대를 완전히 소유하려 하고, 비록 신경증적인 발현이지만 궁극적으로는 살해만이 상대를 완전히 소유하게 된다는 환상을 가질 수도 있기 때문이다. 가령 연상녀가 연하남친이 만취하여 전화를

39 이런 관점으로 W. W. Meissner, The Ethical Dimension of Psychoanalysis: A Dialogue, State University of New York, 2003, 7쪽.

40 Havi Hannah Carel, "Born to be Bad or Born to Die? Evil and Finitude in Freud's Death Drive", So many faces: Interdisciplinary perspectives on evil, Amsterdam and New York: Rodopi, 2007, 233~250쪽.

41 Abraham Drassinower, 앞의 책, 제1장 Ers, Loss, and Death 부분 참조.

42 이런 설명으로 Havi Hannah Carel, 앞의 책, 6쪽.

43 이에 관해 자세히는 Abraham Drassinower, 앞의 책, 30쪽.

받지 않자 화가 치밀어 그의 집으로 가서 잠자고 있던 연하남의 폰 주소록에 자신의 이름이 삭제되어 있고, 카카오톡도 차단되어 있음을 알고는 배신감과 분노가 치밀어 과도로 목을 찔러 살해한 연하남친살해사안(2021년)[44]에서도 살해자의 정신 속에 깊게 뿌리 내려 있는 영원한 사랑의 나르시시즘을 엿볼 수 있다.

그러나 영원한 사랑이란 '사랑은 영원할 때 진실하고, 좋은 것이다'라는 식의 초자아에 의해 억압된 자기애적 리비도의 신경증적 발현이다. 이는 문명의 신경증이다. 현실세계에서 영원한 사랑이란 퇴행적 나르시시즘과 매우 강력한 초자아가 연합해서 만든 작품인 경우가 많다. 프로이트의 정신분석학적 의무에 따르면 사랑에 임하는 사람은 사랑이란 언제나 일시적이고 덧없는 것임을 받아들여야 한다. 그럴 때 그의 정신은 오히려 더욱 안정되고 건강해진다. 그러므로 프로이트가 말하는 정신분석학적 의무는 자폐성, 자폐유사상태, 그리고 페르소나의 신경증 증상으로 발현되는 나르시시즘을 스스로 반성하고 억제하는 노력을 요구한다. 그런 퇴행적 나르시시즘이 억제될 때 비로소 인간은 "영원한 세상이라는 허상에 대한 기대를 버리고, 그로부터 해방된 에너지를 진실하고 유한한 세상 속의 삶에 쏟음으로써 억압 없는 삶에 도달"[45]할 수 있기 때문이다.

### 법은 나르시시스트를 새 인간상으로 삼는다

인간의 운명적인 퇴행적 나르시시즘이 무한함을 통찰하는 법은 그러한 나르시시스트를 자신의 새 인간상으로 받아들여야 한다. 그리고 법은 나르시시스트인 수범자들이 삶을 견디어 내고, 환상 없이 사랑하라는 의무, 일시적이고 덧없는 에로스의 의무를 실현하기 위한 조건들을 만들어야 한다. 이를 위해 법이 할 수

44 자세히는 앞의 32쪽과 뒤의 161쪽 아래 참조.
45 Abraham Drassinower, 앞의 책, 127쪽.

있는 일은 크게 보호, 억제, 도움의 세 가지 방향으로 생각해볼 수 있다.

- 첫째, 법은 나르시시즘의 긍정적 발현인 자기애적 리비도의 외부화와 사회화를 보호·촉진하여야 한다.
- 둘째, 법은 나르시시즘의 부정적 발현으로 변환되는 자기애적 리비도를 억제하여야 한다. 즉, 법은 나르시시즘의 증상 발현에 대하여 다른 사람들을 보호하는 방호벽의 역할을 하여야 한다.
- 셋째, 법은 주체가 자신의 나르시시즘에 맞서 정신분석학적 의무를 실천해가는 것을 도와야 한다.

첫째, 법은 나르시시즘의 외부화와 사회화를 촉진하는 초자아를 보호하는 제도의 역할을 수행하여야 한다. 이를테면 자기애적 리비도의 외부화를 위해 법은 아이의 양육과 교육에 관한 시민적 자유를 보장하면서도 원칙적으로 무상의 초·중등교육을 의무화하고(교육기본법 제8조) 그 재정적 부담을 떠안는다(헌법 제31조). 또한 자기애적 리비도의 사회화를 위해 법(헌법)은 직업(제15조), 언론과 출판(제21조), 학문과 예술(제22조) 등의 자유 등을 보장하며, 대학의 자율성(제31조 제4항)을 제도로 보호·지원하고, 상실에 대한 애도의 작업의 가장 중요한 방편인 노동의 권리(헌법 제32조)와 그 다양한 형태의 발현을 실질적으로 보장한다. 근대 이성법체계는 바로 이러한 나르시시즘의 긍정적 발현을 개인의 다양한 권리목록을 통해 보호·촉진하는 체계의 기본으로 이해할 수 있다.

둘째, 법은 자폐유사상태나 신경증을 발현하며, 심지어 자살이나 범죄로 발현되는 나르시시즘에 대해 다른 사람들을 보호하는 매우 튼튼한 방호벽의 역할을 하여야 한다. 이를테면 법(예: 정신건강복지법)은 중증으로 발현된 신경증의 사람을 강제로 입원시키고,[46] 법(예: 치료감호법)은 신경증의 발현으로서 일정한 범죄를 범한 자에게 형법상 책임의 범위를 넘어서 그 정신질환이 치료될 때까지 수용할 수 있게 한다.[47] 또한 법(예: 소년법)은 외부화와 사회화가 실패되어 범죄를 범하거나 범할 우려가 있는(우범虞犯) 소년들을 처벌하거나 보호처분을 부과할 수 있게 한다. 형법은 나르시시즘의 부정적 발현이 극단적으로 사회적 유해성(Sozialschädlichkeit)을 띠는 수준에 이르른 경우를 실질적인 의미의 범죄로 규정하고, 처벌함으로써 개인과 사회를 방어하는 가장 강력한 최후의 방호벽으로 기능한다. 더 나아가 법은 공장식 대량축산에 의한 수질오염이나 배변패드사용[48]의 급증과 같이 환경에 상당한 부담을 주고, 타인과의 소통과 교감을 줄게 만드는 반려동물문화의 나르시시즘적 요소를 반성적으로 줄여나가는 방향으로 변화되어야 한다.

셋째, 법은 인간이 나르시시즘의 부정적인 발현에 맞서는 정신분석학적 의무를 실천해가도록 돕는 역할을 하여야 한다. 이를테면 법은 신체장애뿐만 아니라 정신장애자를 위한 학교의 설립·경영 및 교육을 지원하고(예: 교육기본법 제18조, 초·중등교육법 제55조), 학교에 전문상담교사를 배치하며(예: 초·중등교육법 제19조의2), "국민의 정신건강증진 및 정신질환자의 인간다운 삶을 영위하는 데 이바지"(예: 정신건강복지법 제1조)하는 다양한 정

---

46 정신건강증진 및 정신질환자 복지서비스 지원에 관한 법률 제44조가 정하는 시장 등에 의한 강제입원이나 제43조의 보호의무자에 의한 입원 등을 들 수 있다.

47 치료감호 등에 관한 법률 제16조에서 범죄유형별로 치료감호의 수용 최대기간을 정하고 있으나 그 기간의 범위 내에서는 사실상 치료감호의 종료 또는 가종료(제22조) 때까지는 기간의 정함이 없이 수용된다.

48 인간이 사용하는 생리패드의 환경악화도 줄이자는 취지로 1990년 말 대학가에서는 여학생들이 재활용이 되는 천재질의 생리패드를 사용하자는 환경운동을 전개하였는데, 2000년대 들어서면서 그런 운동은 사라졌다. 반려견 배변패드의 사용량은 인간의 생리패드 사용량과 비교할 수조차 없을 정도로 많음에도 반려견문화의 성장과 함께 그와 같은 환경의식은 시민사회에서 거의 사라진 것으로 보인다.

책을 실행한다. 그리고 법은 모든 인간이 형이상학적 윤리와 편향적인 이념의 벽을 넘어 사랑을 할 수 있도록 개인의 자유와 시민적 자유를 확장해가야 한다.

## 생리절도의 정신분석

나르시시즘은 자살이나 이해가 되지 않는 살인범죄의 비극에 이르기도 한다. 법은 방호벽의 역할로서 그런 범죄자를 처벌하지만 그 범죄자와 범죄피해자가 겪고 있는 나르시시즘의 정신을 인식하고, 책임주의의 심화된 실현으로서 나르시시즘의 정신특성을 양형과 형집행에 고려해 넣어야 한다.[49] 그리고 가능한 한 그 해결에도 도움을 줄 수 있어야 하는데, 이를 이론적 의미에서 치료적 사법(therapeutic jurisprudence)이라고 부를 수 있다. 그러나 현재까지 나온 치료적 사법의 현실적 방안들은 더 억압적인 사법이 될 위험을 보이고 있다. 인간에 대한 정신분석학적 이해를 기반으로 삼지 않은 구상들이기 때문일 것이다. 지금 시점에서 치료적 사법은 아직 유토피아적인 구상들일 뿐이다. 다만 방향에서는 같지만, 법원이 당장 의심 없이 할 수 있는 일도 있다.

생리절도사건[50]은 그 좋은 예다. 남편과 아들 셋을 둔 평범한 가정주부 A는 생리 때면 반복적으로 뛰쳐나가려는 충동이 커지고, 가게에서 물건들을 보면 온 몸에 열이 나고 순간 아무런 생각 없이 물건들(예: 그리 비싸지 않은 물건들)을 집어 들고 나오게 되었다. A는 주차장에서 체포되었고, 체포된 순간 비로소 자신이 물건을 훔쳤음을 인지했다. 그럼에도 A는 상습절도죄(특정범죄가중법 제5조의4 제5항 제1호)로 처벌될 위험에 처한다.

---

49 가령 범죄에 대한 무의식적 참여(unconscious participation)가 가능하고, 이를 정상참작사유로 고려할 수 있다고 보는 Helen Silving, “Psychoanalysis and the Criminal Law”, Journal of Criminal Law and Criminology Vol. 51, Issue 1, 1960, 32쪽.

50 2016. 11. 10.자 머니투데이 기사 참조.

여자가 생리직전(생리전증후군 Premenstrual Syndrome)이나 그 기간 중 범하는 상습적인 생리절도는 나르시시즘의 부정적 발현에 맞서는 정신분석학적 의무의 이행으로 바라볼 수 있다. 고귀한 숙녀나 워너비 스타여성[51]의 정체성과 같은 초자아가 과잉인 여자의 경우가 특히 그러하다. 그런 정신특성에서 생리절도는 초자아의 과잉을 줄이고 본능적 충동(id)의 압력을 낮춤으로써 그 둘을 조절하고 균형을 이루어야 하는 자아의 부담을 줄여줘서 자아가 좀 더 수월하게 건강한 주체성을 회복하게 도와준다. 그렇기에 법은 생리절도를 병적 도벽(Kleptomania)으로 보고, 심신장애(예: 충동조절장애)에 해당할 가능성을 인정해준다.[52] 앞으로 명확하게 정신분석학적 의무의 이행으로 볼 수 있는 생리절도의 사례 유형을 발굴하게 된다면 미래의 법은 아예 공소권을 소멸시키는 방향으로 나아갈 수도 있다

물론 법관은 피고인 여자의 생리절도가 그녀의 정신특성에서 볼 때 정신분석학적 의무의 이행인 경우에 해당하는지를 면밀히 살펴보고 판단하여야 한다. 가령 열무생리절도사건(2023년)의 예를 보자. A녀(58세)는 한 건물 뒤편 텃밭에서 1.4만원 상당의 상추와 열무를 뜯어 6월 중순부터 9월 중순까지 5차례 훔쳤다. 이 사건에서 피고인은 폐경한 나이일 것이므로 생리전증후군은 아마도 기억으로만 남아 있기 쉬우며, 절취물이 반복적으로 특정 목표에만 고정된 점에서 계획된 범행일 가능성이 높은 점 등은 A의 절도를 생리절도로 보기 어렵게 한다. 생리설도는 범행의 순간을 기억조차 하지 못하는 경우가 많다. 생리절도는 즉흥적, 우발적, 비계획적으로 이루어지기 때문이다.

---

51 2013년 유명 여성발라드그룹 멤버 N이 신사동 의류매장에서 30만원 상당의 옷을 들고 나오다 점원에 적발된 사건이나 미스코리아 출신 탤런트 C가 지인 집에서 200만원이 들어 있는 명품 지갑을 훔친 생리절도사건은 대표적인 예이다.

52 이런 입장의 판례로 대법원 2002. 5. 24. 선고 2002도1541 판결 참조.

## 법은 정신분석학적 의무를 맥락적으로 해석하여 내재화한다

프로이트의 정신분석학적 의무를 통해 현실의 법은 자신을 비판적으로 성찰하고, 범주적으로 재구성할 수 있다. 이를 정신분석학적 법윤리라고 부를 수 있다. 여기서 법윤리(Rechtsethik)란 법형성이나 법적용의 행위에서 실현해야 할 윤리적 최소한(ethischer Mindestgehalt)으로서 아직 실정법에 제도화되지 않았지만, 실정법이 그에 위배되는 경우에는 정당성을 잃어버리게 되는 윤리를 말한다.[53]

좀 더 구체적으로 이해해보자. 가령 법은 삶이 너무나 고통스럽고, 불가역적인 죽음의 과정일 뿐인 말기암환자에게 존엄사의 권리를 인정해야 하는가? '삶을 견디어 내라'는 프로이트의 정신분석학적 의무를 존엄사 문제에 대한 문맥적 의미를 고려하지 않고 문자적으로 이해한다면 그런 환자도 고통스럽고 추한 생존이 끝날 때까지 참아야 하고, 결코 스스로 죽지 말아야 한다는 의무로 오해될 수 있다. 그러나 이런 의무는 전통적으로 기독교윤리나 형이상학적 윤리에 속한다. 프로이트의 정신분석학적 의무를 이런 식으로 이해한다면 존엄사는 리비도가 자기애로 회귀하는 나르시시즘의 퇴행적 발현으로 이해되고, 법은 존엄사를 인정하지 않아야 한다는 결론이 나온다. 하지만 인간은 하나님이 주신 생명을 어떤 경우에도 스스로 끊어서는 안 된다는 윤리는 일종의 초자아일 뿐이다.

그러나 존엄사 입법은 정신분석학적 의무를 내재화한 법윤리가 될 수 있다. 이를 위해서는 맥락적으로,[54] 즉 법이 규율하는 사안의 고유성을 고려하여 그 의미를 해석하여야 한다. 가령 다

53 Frann Bydlinski, Fundamentale Rechtsgrundsätze, Springer, 1988, 256쪽.
54 의미는 구체적 맥락에 들어가서(Kontexteinbettung)야 적절하게 이해될 수 있다는 언어이론으로 이상돈, "Wortlautgrenze, Kontexteinbettung und Intersubjektivität", Ffm., 1992; 법의 깊이, 법문사, 2018, 489쪽 참조.

음과 같은 해석이다. 죽음에 이르는 것이 불가역적이며, 죽음에 임박해 있는 고통스러운 신체상태에 있는 말기암환자는 자기애로 귀환할 리비도가 거의 소멸되어 있는 반면, 리비도의 외부화와 사회화로써 형성해온 사회적 인격이 송두리 채 부정당하는 상황에 있다. 그(녀)에게는 이런 상황에 맞서는 주체적 자아의 힘이 간신히 남아 있을 뿐이다. 이 힘은 죽음에 임박한 사람의 인간다운 삶에 대한 에너지이다. 그렇기에 존엄사는 주체적 자아가 죽어가는 과정을 자신의 사회적 인격과 부합하는 방식으로 구성하는 생의 마지막 승화(sublimation)이다. 푸코(Foucault)의 표현을 빌린다면 죽음의 미학화(aestheticisation of death)[55]인 것이다. 이 승화와 미학화는 생물로서 자신을 죽게 만들지만, 사회적 존재로서 자신은 살게 만드는 것이다. 이처럼 사회적 인격의 자신을 살리기 위해 생물적 존재로서 자신의 죽음을 무릅쓰는 존엄사의 결단에는 삶의 숭고성마저 느껴진다. 법은 나르시시즘의 퇴행적 발현을 억압할 윤리적 의무뿐만 아니라 나르시시즘의 이와 같은 승화를 뒷받침해야 하는 윤리적 의무가 있다.

## 죽음의 미학화, 포스트프로이트 법윤리가 되다

현행 연명의료결정법[56]은 연명의료의 중단이라는 한정된 영역에서지만, 단지 '중환자실용 의료자원의 사회적 총효용을 최대화하라!'는 후생경제학적 요청 또는 '감당하기 힘든 환자가족의 경제적 부담을 덜어주라!'는 책임윤리를 넘어서 죽음의 미학화라는

55 이는 푸코(M. Foucault)의 용어인데, 죽음을 의료가 관리 · 지배하는 현상, 즉 죽음의 의료화(medicalisation of death)에 저항하는 죽음의 쾌락적 양식이며, 탈정치화의 방식을 가리킨다. 이로써 자살하는 주체의 탄생(Birth of the Suicidal Subject)이 시작되는데(이에 관해 자세히는 Chloë Taylor, "Birth of the Suicidal Subject: Nelly Arcan, Michel Foucault, and Voluntary Death", Theory and Critique Vol. 56, No. 2, 2015, 187~207쪽), 이 미학적 죽음은 신경증적 자살에는 타당하지 않고, 존엄사와 같은 자살에만 타당하다고 보아야 한다.

56 호스피스 · 완화의료 및 임종과정에 있는 환자의 연명의료결정에 관한 법률.

정신분석학적 의무를 법으로 내재화한다. 이 법의 단초를 제공한 판례가 연명치료 중단의 근거로 삼은 것은 회복 불가능한 사망의 단계에 있는 “환자의 인간으로서의 존엄과 가치 및 행복추구권”[57]의 보호였다. 이때 존엄과 가치를 누리는 인간이란 바로 미학적 존재로서 인간이다. 이와 같은 판례와 입법을 통한 정신분석학적 의무의 법내재화는 연명의료의 중단을 넘어서 말기암환자의 의식적인 적극적 결정을 통한 존엄사까지 적용될 수 있어야 한다. 의식이 있지만 죽음의 과정에 들어간 말기암환자도 미학적 존재로서 생을 마감할 수 있어야 함은 연명치료의 환자와 다르지 않다. 물론 정신분석학적 의무를 내재화하는 입법에서 경제적 또는 정치적 이유가 존엄사를 지나치게 추동하는 요인이 되지 않도록 해야 한다. 또한 법은 존엄사를 인정하는 경우에 그런 남용의 모든 가능성을 차단하는 절차적 장치들을 마련하여야 한다.[58]

그런데 정신분석학적 의무를 내재화하는 존엄사 입법은 거꾸로 프로이트의 정신분석학적 의무를 더 정교하고 구체적인 내용으로 재구성하게 만든다. 이 점은 자살과 존엄사의 서로 상반된 법적 규율의 차이를 이해하면 분명해진다. 자살자를 종교적으로 비판하고 제재하는 것은 별개의 문제로 두고, 법은 자살로 죽은 자를 직접 처벌하지 않는다. 미래의 존엄사법은 존엄사의 조력자(예: 의사, 환자가족)도 처벌하지 않을 것이다. 이에 반해 자살을 교사 또는 방조한 자는 계속 처벌하게 될 것이다(형법 제252조 제2항). 이런 법적 차별은 자살과 존엄사가 정신분석학적 의무의 실천에서 갖는 의미의 차이를 다음과 같이 더 구체적으로 만든다. 자살은 강력한 자기애적 리비도와 세속적 욕망으로 변질된 초자아 사이의 간극을 메우는 극단적인 신경증적 발현인 반면, 존엄

57 대법원 2009. 5. 21. 선고 2009다17417 전원합의체 판결.

58 자세히는 이상돈, “안락사의 절차적 정당화”, 한일법학 제18집, 1999, 375~390쪽.

사는 리비도를 승화된 방식으로 소멸시키면서, 동시에 형이상학적·종교적인 생명윤리의 초자아에 대해 비판적 거리를 두는 주체적 자아의 장엄한 발현이다.

프로이트의 정신분석학적 의무를 법에 내재화하고, 그것을 법윤리라고 부르는 것은 이상과 같이 프로이트의 정신분석학적 의무가 법을 형성하고, 동시에 법이 정신분석학적 의무를 구체화하는 상호형성의 관계를 전제한다. 이러한 상호형성은 정신분석학적 의무의 관점에서 법을 새롭게 해석하고, 동시에 법의 관점에서 정신분석학적 의무를 새롭게 해석하는 해석학적(hermeneutic) 과정이기도 하다. 그와 같은 해석학적 과정 속에서 죽음의 미학화에 관한 정신분석학적 의무는 새로운 법원칙으로 기능한다. 이 법원칙은 인간의 무의식와 의식을 가로지르는 원칙이면서 정신분석학과 법학을 통섭시키는 학제적 법원칙이다. 이 학제적 법원칙은 프로이트도 생전에 알지 못했던 것이며, 특히 해석학적 접근(hermeneutical approach)으로[59] 그의 이론을 발전시킨다는 점에서 포스트프로이트 법윤리(postfreudian legal ethics)라고 부를 수 있다. 이와 같은 포스트프로이트 법윤리는 장기적으로는 시민들의 공적 의식에 '자살은 정신분석학적 의무에 역행하는 것인 반면, 존엄사는 정신분석학적 의무를 실천하는 것'이라는 법의식을 형성시키게 될 것이다.

## 범죄의 사안구성에서 법윤리의 실천

정신분석학적 법윤리의 실천으로서 형사사법체계는 범죄자의 정신을 분석하여 양형에서뿐만 아니라 소송상 사실확정, 법해석학적으로는[60] 범죄사안의 구성에서도 고려할 수 있다. 이 점을 전

59 정신분석학계는 해석학적 접근으로 프로이트 이론을 발전시킬 때 포스트프로이트적(postfreudian)이라고 부른다는 W. W. Meissner, The Ethical Dimension of Psychoanalysis: A Dialogue, State University of New York, 2003, 제1장("Freudian and Postfreudian Ethics"), 특히 11쪽.

여친강간사안을 예로 설명해보기로 한다.

어린 시절 흠모하던 D(남)로부터 외면과 모욕을 당한 경험으로 오랜 시간 고통을 겪은 A(녀)는 대학생이 되어 D와 외모가 비슷한 동기생 B(남)와 사귀게 되었고 성관계까지 가졌다. 1년쯤 지나 A는 이상형으로 느낀 C(남)를 새롭게 사귀게 되면서 B를 실연시켰다. B(남)는 A와 C의 만남을 알게 되었고, 배신과 질투의 감정에서 A의 방을 찾아가 말다툼을 하고 구애도 해보았지만, A는 더 이상의 사귐을 단호하게 거절했다. 이에 B는 A에게 마지막이라면서 성관계를 요구했고 다소 거칠한 스타일로 A와 관계를 맺었다. A(녀)는 내키지 않았지만 B(남)의 행위를 묵인했다. 이후 B는 A의 방에 찾아왔던 사실을 알게 된 C(남)가 A에게 B와의 관계를 의심하게 되자, A(녀)는 실연의 두려움으로 B(남)를 강간죄로 고소하였다.

첫째, 이 사안의 형사절차에서 강간의 피고소인(B)이 행한 거친 남자 스타일의 행위가 폭행이나 협박으로 해석할 수 있다면, 법은 그를 강간죄로 처벌한다. 이 경우 고소인(A)은 자기결정으로 새로운 이상형의 상대(C)와 연인관계를 맺음으로써 그녀가 어린 시절의 경험으로 무의식에 응축시켜 놓았던 자기애적 리비도를 새롭게 사회화된 방식으로 외부화하고 해소시킬 수 있다. 이런 경우에 고소인의 자기결정을 침해한 강간을 처벌하는 법(형법 제297조[강간죄] 이하)은 결과적으로는 고소인(A)의 나르시시즘의 긍정적인 발현을 보호한다.

둘째, 만일 이 사건에서 강간 피고소인(B)의 행위가 법적인 의미의 폭행이나 협박으로 인정되지 않는다면, 고소인(A)의 고소는 어린 시절 외면과 모욕을 당한 경험과 고통이 무의식에 응축

60 소송상 사실확정은 실체적 진실을 발견하는 과정이 아니라 해석학적으로 사안을 구성하는 과정이라는 법해석학에 관해 자세히는 이상돈, 법이론, 박영사, 1996; 법의 깊이, 법문사, 2018, 193쪽 아래 참조.

되어 있다가, 그 고통의 경험을 자기애적 리비도의 새로운 발현으로 피고소인(B)에게 전치시킨 것일 수 있다. 이때 전치轉置(displacement)는 리비도가 지연된 작용(사후작용)을 하는 것인데, 이 작용은 종종 기억의 조작이나 편집 과정을 거쳐 이루어진다. 즉 고소인은 당시 피고소인의 거친 형태의 행동을 폭행으로 인지했고, 성관계도 신체언어로 명백하게 거부했다는 기억을 사후에 스스로 생성시킬 수 있다. 이런 신경증적 발현은 D에게서 상처받고 오랜 세월 무의식에 억압시켜 놓은 자기의 불쾌를 B(남)에게 투사(외투사)하여 B의 행동을 같은 불쾌를 가져오는 행동으로 인지하게 만드는 투사적 동일시(projective Identification)의 결과일 수 있다. 이때 기억의 과정에서 불쾌의 경험을 억압하는 것은 두 단계로 이루어진다.

- 첫 번째 단계: 고소인(A)은 D(남)에게서 받은 불쾌(고통)에 대한 방어기제로 그것을 무의식에서 1차로 억압한다.
- 두 번째 단계: 고소인(A)은 피고소인(B)의 행동을 보는 순간 그 불쾌가 (C로부터 외면당할지 모른다는 불안감과 함께) 불현듯 떠오르게 되자, 그것을 다시 억압하려고 B의 행동을 불법적인 폭력으로 인지하고, 기억 속에 저장해 둔다.[61]

이러한 신경증적 발현이나 투사적 동일시에 대해 법은 무고죄(형법 제156조)나 적법절차와 합리적인 증거법으로 억제할 뿐이다. 가령 그처럼 퇴행적인 나르시시즘을 발현하는 피해자의 진술 이외에는 어떤 증거도 없고, 그 진술에 합리적 의심까지 남아 있는 경우(예: 진술의 모순과 번복), 무죄추정원칙은 무죄판결을 의무화한다. 이렇듯 무죄추정원칙은 나르시시즘의 발현을 내용적으로 직접 통제하지는 못하지만, 그 고유한 기준과 규범에 의해 나르

61 이처럼 주체가 불쾌를 겪은 경험에 대한 기억을 억압하는 것은 두 단계가 될 수 있다는 프로이트의 이론에 관해서 자세히는 이창재, 프로이트와의 대화, 학지사, 90~91쪽.

시시즘적 진술을 필터링하는 기능을 수행한다.

셋째, 미래의 법은 치료적 사법으로 발전하여 피고소인(B)이 억울하게 강간범으로 처벌받거나 정반대로 고소인(A)이 무고범으로 처벌받는 경우에도 두 당사자의 신경증적 발현을 억제하는 치유의 도움을 줄 수 있어야 한다. 기소유예나 형의 유예와 함께 당사자에게 치료프로그램을 제공하고, 실형을 선고하는 경우에도 수형생활에서 상담치료 등을 제공하는 것이다.

# 동물사랑, 나르시시즘 너머에

포스트프로이트 법윤리는 존엄사 입법의 문제에 보듯 이성법에 대한 성찰을 수행할 수 있게 한다. 그런데 이 법윤리의 성찰역량이 더욱 돋보이는 지점은 이성법과 그에 대한 성찰의 지평을 넘어서는 성찰, 즉 인간중심적인 법, 이성중심적인 법 자체에 대한 성찰에서다. 대표적으로는 동물권 논쟁과 동물보호법의 개혁 문제를 들 수 있다.

## 동물, 거의 인간이 되다

오늘날 반려동물(개, 고양이, 토끼, 페럿, 기니피그 및 햄스터[62])의 문화는 동물사랑을 인간사랑과 동등한 사랑이거나 인간사랑을 대체하는 사랑으로 삼으며, 궁극적으로는 동물을 인간과 동등한 인격으로 올려 놓는 방향으로 나아가고 있다. 가령 '동물을 사랑하면 철학자가 된다'[63]라고도 말한다. 하지만 어떤 동물생명체를 반려동물로 삼은 것 자체가 이미 인간이 그의 마음대로 한 것이며, 반려동물이라는 존재 자체가 인간의 동물에 대한 우위를 웅변해준다. 반려동물문화의 인간중심성에도 불구하고 동물과 인간은 동등한 인격이라는 주장은 점점 더 많은 지지를 얻어가는 것으로 보인다. 동물에게도 인간과 같은 이타성이 있다는 현대진화론[64]이나 동물도 인간과 유사한 의식세계를 갖고 있기에 동물권

62 동물보호법시행규칙 제4조 제4항은 반려목적의 동물로 이 6가지 동물을 열거하고 있다.

63 이원영, 동물을 사랑하면 철학자가 된다, 문학과 지성사, 2017, 68~69쪽.

64 자세히는 김성한, "동물의 도덕적 지위에 대한 진화론적 함의", 철학연구 제98집, 2006, 30~31쪽.

을 도덕적 권리(moral rights)로 바라보아야 한다는 동물권론[65]은 그런 주장을 뒷받침하는 중요한 이론들이다. 또한 다음과 같은 법과 판례도 그와 같은 지향점을 바라보고 있다.

- 반려견 살해에 대한 위자료를 반려동물이라는 사정을 고려하여 산정하는 판례[66]
- 반려동물의 사체는 폐기물(폐기물관리법 제2조 제1호)이 아니므로 동물장묘시설에서 처리하게 하고, 폐기물관리법의 적용에서 제외시키는 법률(폐기물관리법 제3조 제1항 제9호)
- 동물상해는 재물손괴가 아니라 상해라고 보는 형법해석
- 반려동물에게 민법상 권리능력을 부여하는 주장 등

오늘날 반려동물을 사랑하는 사람들은 반려동물을 얻었을 때, '분양' 받았다고 하지 않고, '입양'入養했다고 말한다. 이러한 용어 사용은 반려동물과의 관계를 인간관계처럼 윤리화하는 것이다. 이런 현상을 '동물의 인간되기'라고 부를 수 있다. 같은 현상을 두고 피터 싱어가 말한 동물에 대한 '의인관'(Anthropomorphism)[67] 개념도 동물에게 인간의 정신적 특성을 부여한다. 가령 동물도 인간과 비슷한 정신질환을 겪을 수 있고, 고통의 감정을 갖는다고 보는 것이다. 이와 같은 동물의 인간되기를 인간 쪽에서 바라보면, 동물권은 탈인권(posthuman rights)의 하나가 되기도 한다. 그러나 반려동물의 '완전한' 인간되기는 퇴행적 나르시시즘의 정신현상일 수 있다.

---

65 Tom Regan, "The Case for Animal Rights"(https://animalstudiesrepository.org/acwpawap/3/), 1986 참조.

66 대법원은 반려견을 위탁받은 자가 그 반려견을 유기견으로 오인하여 안락사시킨 사건에서 민법 등의 법률에서 동물의 권리능력을 인정하는 규정이 없으므로 반려견 자체가 위자료청구권의 귀속주체는 될 수 없다고 보았지만, 그 주인이 청구한 위자료의 산정에는 반려견임을 참작할 수 있다고 보고 있다(대법원 2013. 4. 25. 선고 2012다118594 판결).

67 피터 싱어(김성한 옮김), 동물 해방, 연암서가, 2012, 83~84쪽.

## 반려동물, 나 자신이 되다

리비도는 친구나 애인 등의 풍부한 인간관계 속에서도 늘 남는 잔여량이 늘 자기애로 회귀하여 내면의 보편적인 고독감(ubiquitous loneliness)[68]을 낳는다. 동물과 인간을 동격으로 만드는 동물사랑은 바로 그런 고독감을 해소하려는 자기애적 리비도의 신경증적 발현이다. 가령 반려동물이 죽으면 그 주인이 펫로스 증후군(pet loss syndrome)[69]을 앓기도 한다. 이는 동물과 인간의 동격화가 갖는 신경증적 측면을 보여준다. 그런데 반려동물과의 그와 같은 관계에서 인간은 신의 위상이나 적어도 무한사랑을 주는 유아기의 부모의 위치에 놓인다. 유아기의 '이상적 자아'가 누리는 "아기폐하"의 위치에 놓이는 것은 인간이 아니라 반려동물이다. 그러나 이때 인간은 반려동물과 투사적 동일시(내투사內投射)를 함으로써 자신이 아기폐하의 위상을 누리는 것과 같은 심리적 만족을 얻고, 이로써 인간관계에서 불가피한 무한사랑의 상실과 부재에서 오는 고독감을 해소하려고 한다.

하지만 유아기적 자아가 강하게 남아 있는 나르시시즘의 인간이 투사적 동일시를 통해 연인이나 배우자와의 관계에서 무한사랑을 받으려고 애쓰면서도, 반려동물에게는 거꾸로 무한사랑을 주려고 하는 것은 모순적인 정신이다. 이런 정신은 자신의 친부모나 친조부모가 병들어 싸는 똥오줌은 받아내지는 않으면서 반려동물의 똥오줌은 매일매일 치우면서 살아가는 윤리적 혼돈과 불균형으로 이어진다. 또한 늘 사랑의 부족을 느끼고, 자기 삶의 현실에 불만을 가지며, 그 책임을 타인(부모, 선생님)에게 전가하

68 Melanie Klein의 사후논문(1963), "ON THE SENSE OF LONELINESS" (https://nonoedipal.files.wordpress.com/2009/10/on-the-sense-of-loneliness.pdf), 300쪽: 고독감은 달성할 수 없는 내면상태에 대한 보편적 갈망의 결과이다.

69 이에 관해 자세히는 모효정, "반려동물의 상실로 인한 슬픔, 펫로스(Pet Loss) 증후군의 증상과 대처", 인간·환경·미래 제15호, 2015, 92쪽.

면서도 반려동물에 대해 마치 신과 같은 사랑을 아낌없이 주는 동물사랑에는 자아도취적인 환상(illusion)이 스며있다. 그렇기에 반려동물을 인간처럼 사랑하는 사람들은 종종 자기애적 리비도를 사회화로 전용하는 과정, 이를테면 다른 사람을 이타적으로 사랑하고, 결혼하고, 애를 낳아 기르는 부모되기를 거부하기도 한다. 동물과의 반려관계는 비혼주의의 삶으로도 이어지기 쉽게 하는 것이다.

## 동물학대, 나르시시즘의 그림자

그러나 이와 같은 퇴행적인 나르시시즘으로서 동물사랑은 그런 환상에서 빠져나오는 순간 기만(delusion)당함을 느끼게 된다. 이 기만의 배신감정은 신처럼 절대적으로 사랑했지만, 인간의 관점에서 요구되는 행동을 반려동물이 하지 못하는 어떤 순간에 우발적으로 생긴다. 동물학대는 나르시시즘적 동물사랑의 그림자이다. 물론 모든 동물학대가 정신분석학적으로 같은 의미를 갖는 것은 아니다. 다음 세 가지 동물학대 사건을 비교해보자.

- 반려견아파트창밖투척사건 A는 반려견에게 산책·목욕·질병케어 등을 매일 해주고 아꼈지만, 어느 날 동거녀와 다투던 중 반려견이 짖고 대변을 보자 아파트 9층 창밖으로 던져 죽게 하였다(동물보호법 제97조 제1항).[70]
- 유튜버반려견학대사건 인기 BJ인 A녀는 유튜브 방송 중 자신의 반려견을 "해부해버려"라고 외치며 죽도록 퍽퍽 때렸다.[71]
- 노인말티즈학대사건(2022년) 노인 A(82세)는 도로 위를 걸어 가면서 말티즈의 목줄을 잡고 공중에 쥐불놀이를 하듯 빙빙 돌렸다.[72]

---

70 사건내용은 https://blog.naver.com/animalkara/223521788798 참조.
71 사건내용은 https://sports.khan.co.kr/article/201701192141003 참조.
72 사건내용은 https://news.zum.com/articles/73114804 참조.

노인말티즈학대사건은 의심할 여지 없는 동물학대(동물보호법 제97조 제2항)이지만, 나르시시즘의 퇴행적 발현은 아니다. 82세의 노인은 동물을 인간화하지 않고, 물건(심지어 식재료)으로 보거나 적어도 인간보다 하위의 존재로 삼았던 개사육문화에서 살아왔기 때문이다. 82세의 노인은 '동물사랑에 확장된 인간성'의 차원을 아예 모르는 인간중심적 자아의 주체이다. 반면 반려견아파트창밖투척사건이나 유튜버반려견학대사건은 자아가 초자아와의 분열로 겪는 스트레스를 폭력적인 충동본능(id)으로 발산시킨 행위이다. 이 두 사건이 보여주는 퇴행적 나르시시즘의 모순적인 동물사랑은 주로 동물을 끔찍하게 사랑하면서도 고독이 편재한 자에게서 잘 등장한다. 반려동물을 인간화하는 애절한 동물사랑과 반려동물을 극단적으로 물건화하는 끔찍한 동물학대가 한 사람에게서 일어날 때, 그 상반된 행동들은 퇴행적 나르시시즘이라는 동근원의 정신에서 나오는 증상인 것이다.

## 동물사랑의 법윤리

여기서 포스트프로이트 법윤리는 동물사랑에 대해 어떤 요청을 하는 것일까? 몇 가지 예시로 설명해보자. 첫째, 법은 퇴행적 나르시시즘의 동물사랑과 비판적인 거리두기를 하여야 한다. 법이 퇴행적 나르시시즘의 동물사랑을 금지할 수는 없지만, 그것을 조장하는 규범을 만들어서는 안 된다. 그렇기에 가령 법은 반려동물에게 권리능력, 상속권을 인정하거나 인간과 동격으로 놓음으로써 반려동물 손상에 대해 인간의 상해와 같은 정도의 배상책임을 인정[73]하는 등의 규범을 정립해서는 안 된다.

둘째, 인간은 자신에게도 내재된 동물성을 이해하고, 형이상학적 윤리가 정신을 과도하게 지배하는 초자아의 과잉을 완화하

73 이러한 기획을 따르는 민법개정안에 관해서 윤철홍, "동물의 법적 지위에 관한 개정시안", 재산법연구 제29권 제3호, 2012, 262쪽.

도록 노력하여야 한다. 그러면 초자아와 자기애적 리비도와의 결합도 약화되고, 퇴행적 나르시시즘의 발현도 줄어들 수 있다.

셋째, 인간은 동물사랑을 통해 주체적 자아를 강화할 수 있고, 동물과 인간의 조화로운 공존을 통해 인간의 자기애적 리비도의 사회화와 승화를 한 차원 더 발전시킬 수 있다. "동물의 생명보호, 안전보장 및 복지증진을 꾀하고 … 사람과 동물의 조화로운 공존"(제1조)을 추구하는 동물보호법의 목적은 프로이트가 말하는 이타적 나르시시즘을 한 단계 더 확장시키는 것에 가깝다.

인간의 동물사랑은 인간성(인간의 존엄과 가치)의 외연을 동물과 함께 하는 삶의 영역에까지 확장시킬 수 있다.[74] 가령 동물의 생명을 존중하고, 수의학적 처리를 하며, 인간의 생명 · 신체 · 재산의 보호에 불필요한 동물학대와 살상을 금지(동물보호법 제10조)하며, 독일민법 제90조a[75]처럼 동물을 인간이나 인간과 동등한 법인격으로 보는 것은 아니고 물건이 아니라고 보는 것,[76] 그리고 동물보호법(동물보호법시행규칙 [별표 2][77])처럼 반려동물을 키우는 사람들에게 사육을 위한 공간적 조건과 건강관리를 위한 여러 가지 의무를 부과하는 것 등을 들 수 있다.

동물권은 이처럼 인간성을 확장하는 동물보호의 의무와 상응하여 인정하여야 한다. 그러나 이는 동물권을 "동물이 지워진 인간"[78]의 사유적 이성(법)이 부여한 권리라고 보는 것은 아니다.

---

74 비슷한 방향으로 소병철, "인간중심주의적 동물윤리의 가능성에 관한 소론", 철학논집 제49권, 2017, 109~139쪽.

75 BGB §90a: Tiere sind keine Sachen. Sie werden durch besondere Gesetze geschützt. Auf sie sind die für Sachen geltenden Vorschriften entsprechend anzuwenden, soweit nicht etwas anderes bestimmt ist(동물은 물건이 아니다. 동물은 별도의 법률에 의해 보호된다. 물건에 적용되는 규정들은 다른 규정이 없는 한 동물에 대해 준용될 수 있다).

76 윤철홍, "독일 민법상 동물의 법적 지위에 관한 소고", 인권과 정의 제420권, 2011, 7쪽.

77 동물보호법 시행규칙 별표 2는 반려동물의 사육공간의 최소크기, 바닥의 안전조치, 실외사육 시 휴식공간제공, 청결유지, 상해를 일으키는 목줄사용금지 등 다양한 사육 · 관리의무를 정하고 있다.

동물권은 동물과 소통하고 교감하는 방식으로 인간성을 확장하는 인간의 인격에서 발원하는 것이다. 이처럼 동물사랑과 인간성 확장이 하나가 되는 현상을 인간의 동물되기(becoming animal)라고 부를 수 있다.[79] 여기서 동물되기란 들뢰즈와 가타리가 말하듯이[80] '끊임없이 상호작용을 펼치는 동물과 인간 사이에 있는 것(inbetween)'을 말한다. 이제 동물보호도 인간중심적 관점에서가 아니라 동물과 인간 사이에서(inbetween) 바라보게 된다.

## 인간 너머, 동물전환과 나르시시즘의 극복

그러나 동물의 인간되기와 인간의 동물되기에도 인간중심성이나 인간관련성은 여전히 남아 있다. 이를 완전히 극복하는 관점은 동물중심의 관점일 것이다. 이를테면 동물은 인간을 위한 존재가 아니라 그들 자신의 삶을 살아가는 자연 그대로의 존재, 인간과 무관한 '자기목적성'을 가진 생태계 내의 존재로 바라보는 것이다. 이런 관점에서 보면 자연 속 동물에서 가축으로, 가축에서 반려동물로 생존방식이 변화된 것은 인간중심적 변모이지 동물이 생태계 속에서 이루어 낸 자연적인 진화가 아니다. 이와 같은 근본관점의 변화를 인간 너머로의 '동물전환'(animal turn)[81]이라고 부를 수 있다. 이러한 동물전환의 비전은 아직 상세하게 확립된 내용을 갖고 있지 않다. 다만 현재로서는 적어도 다음 두 가지 점이 분명한 출발점이 된다.

---

78 민윤영, "법의 새로운 기초로서 동물권 담론", 법과 사회 제41권, 2011, 310쪽.

79 이 문제에 대한 깊은 법정신분석학적 통찰로 "법인격으로서 동물-되기"를 말하는 민윤영, "법의 새로운 기초로서 동물권 담론", 법과 사회 제41권, 2011, 328쪽.

80 G. Deleuze & F. Guattari, "Becoming-Animal", Animal Philosophy, continuum, 2005, 94쪽.

81 Irus Braverman, "More-than-Human Legalities: Advocation an 'Animal Turn' in Law and Society", The Wiley Handbook of Law and Society, Wiley Press, 2015, 307쪽.

첫째, 동물전환은 동물의 모든 의인화를 배격하고, 인간의 법적 담론에서 생성된 동물권의 개념도 거부한다. 이런 관점전환은 법에게도 반려동물문화을 보호·조장하는 역할에서 정반대인 억제하는 역할로의 변화를 요구한다. 물론 이러한 문화의 변화는 법이 강제적으로 당장 도모해서는 안 된다. 그런 문화를 혁명하려고 하는 법은 시민적 자유와 시민사회의 자율을 심각하게 해치기 때문이다.[82] 가령 법은 반려동물의 인위적인 개체증가를 억제하도록 반려동물의 입양에 대한 자격제한, 세금부과, 공동주택입주자의 반려동물관리비부담 등을 제도화하여야 한다. 이러한 법제와 동물보호법이 함께 작동함으로써 동물사랑을 통한 인간성 확장, 나르시시즘의 외부화·사회화와 동물전환의 문화발전이 경계를 이루고 조화를 이루어나갈 수 있을 것이다.

둘째, 동물전환은 인간에게 동물을 생태순환 속의 고유한 존재로 인정하면서 동물과의 관계를 맺으라고 요구한다. 가령 동물을 고기덩어리, 축산상품으로 보는 인간중심적 사고나 동물을 실험재료로 보는 의과학의 환원주의적 사고를 넘어서 동물을 인간을 포함한 모든 동물들과 영혼적으로 교감하고 심지어 소통도 하는 존재로 바라보는 것이다. 물론 이런 관점도 인간의 동물이용 일체를 금지하는 것은 아니고, "상호이용의 상호적 연쇄"(reciprocal chain of mutual use) 속에서 진지하고 책임감 있는 사냥,[83] 즉 존중하는 사냥(respectful hunt)은 허용할 수 있다. 가령 인디언 사회에서 그러했듯이 인간은 생존에 필요불가결한 범위에서만 동물을 죽이고 먹어야 하며, 그 방법과 과정도 동물의 영혼을 존중하는 예의와 형식을 취해야 한다. 이와 같은 동물전환의 관점은 법이 공장식 축산을 폐기하거나 강력하게 제한하고, 장기적으

82 이런 관점으로 이상돈, 형법의 근대성과 대화이론, 홍문사, 1994 참조.

83 V. Plumwood, "Integrating Ethical Frameworks for Animals, Humans, and Nature", Ethics and the Environment Vol. 5, No. 2, 2000, 315쪽.

로는 사회·문화적 맥락 속에서 가능한 많은 사람들이 채식주의(vegetarianism)를 따르도록 유도하게 된다.[84] 그러나 이러한 의미의 동물전환은 아마도 인간의 동물사랑에 깃든 나르시시즘을 완전하게 극복한 상태에서야 가능할 것이다.

84 황주영, “존재론적 비거니즘의 한계와 맥락적 비거니즘의 정치적 함의”, 신학과 학문 제25권 제3호, 2023, 24쪽.

# 3장.

# 법의 남근성과 여점성의 법

- 법의 성: 젠더에서 다시 섹스로
- 남근성, 그 위에 세운 이성의 법
- 모성성, 남근성을 재전유하는 여자
- 여자, 남근적 여성성으로 단일화되다
- 여점성, 법이 되다
- 인간과 법은 다성적이다

# 법의 성: 젠더에서 다시 섹스로

## 법의 성(sex)

생물적 의미의 성, 섹스(sex)는 인간의 실존을 이어가는 불가결한 매체이다. 섹스는 무수히 다양하게 변화하는 문화적 양식과 패턴으로 표현되고, 그에 대한 의식은 모든 법의 기초가 된다. 근대 이성법은 가부장 부르주아와 같은 남성(male)의 이성을 기반으로 구축된 법이었다. 하지만 법의 '성'이 남녀의 몸 특징을 구별짓는 생물적 성, 섹스(sex)라는 점은 페미니즘에 의해 파헤치고 비판되기 이전에는 의식되지 않았고, 단지 사람들의 무의식에 잠재되어 있었을 것으로 보인다.

우리 사회에서 이성법의 성이 생물적 성의 의미로 남성이라는 점을 새삼 일깨워준 유명한 사건이 있었다. 1995년의 성전환자강간사안이다. A는 어릴 적부터 정신적으로 여성귀속감을 느껴왔고 성전환수술을 받고 겉모습도 여성의 체형을 갖추었으며, 성격도 여성화되어 살아가고 있던 중 B와 C로부터 폭행을 받고 차 안에서 순차로 성교를 당하였고, 전치 2주 상해를 입었다. 이 사건에서 대법원은 성염색체의 구성(XY염색체와 XX염색체)이나 본래의 내·외부성기의 구조, 수술 후에도 여성의 생식능력이 없는 점 등을 종합·고려하여 A를 여자가 아니라고 보았다(大判 96도791). 이 판례는 형법상 여자(당시 형법 제297조의 "부녀婦女") 개념을 생식능력이 있는 생물적 의미의 여자로 환원시키고,[1] 근대 형법이

1 판례처럼 A를 여자로 보더라도 B와 C는 A가 여자라는 인식에서 범했다면, 합동강제추행치상죄가 아니라 합동강간치상죄의 불능미수가 성립한다. 자세히는 김일수, 합동강간치상죄의 불능미수, 고려대학교 판례연구 제8집, 1996, 102~104쪽.

"생물적 성차이로 구조화된(sex structured) 법"[2]임을 무의식에서 의식의 차원으로 올려 놓았다. 추측건대 판례의 숨은 진정한 의도는 유니섹스문화가 급성장하던 당시 상황에서 "여성과 구별되는 사회적 의미의 남성성", 특히 가부장적 남성성을 구출해내는 것이었다.

## 법의 젠더(gender)와 남녀갈등

20세기 후반 선진 각국에서 법의 성 개념은 생물적 성(sex)에서 점차 사회적 의미의 성, 젠더(gender)로 변화되었다. 이러한 변화를 주도한 것은 페미니즘(feminism)의 급진적 이론과 투쟁적 실천이다. 우리나라에서 페미니즘은 1980년대 남녀고용평등법의 제정(1987)에서 보듯 여성을 남성과 함께 자유향유의 동등한 주체로 올려놓는 자유주의 페미니즘에서 시작하여, 성폭력처벌법(1994)이 제정된 1990년대 중반부터 투쟁적인 급진페미니즘으로 발전하였으며, 2000년대 중반부터는 근대 이성법을 포함한 모든 법의 가부장적 남성성(젠더의식) 해체를 궁극의 목표로 삼고 민족주의·반일주의·사회민주주의 이념의 정치세력과 연대하는 투쟁을 하기 시작하였다. 이 과정에서 법의 성은 생물적 성에서 사회적 성(성정체성 gender)으로 전환되었다. 2009년 판례(大判 2009도3589)도 '성역할을 수행하는 정신적·사회적 요소(예: 귀속감, 사회적 행동·태도·성격특징)를 고려하여 생물적 남자로 태어난 성전환여성에 대한 강간죄를 인정하였다. 이는 법의 성을 앞으로는 젠더로 보겠다는 공식선언과 같은 것이었다.

급진페미니즘의 투쟁은 2010년대 후반부터는 모든 법의 사회적 성을 가부장적 남성성(젠더의식)으로 바라보고, 모든 권력의 궁극적 기반(젠더권력기반)을 가부장적 남성성으로 바라보는 일종

2 자세히는 이상돈, "여성주의와 형법", 인권과 정의 11월호, 1997, 72~89쪽.

의 가부장적 남성성의 범신론(pantheism)을 생산해내고 있다. 가부장적 남성성의 범신론의 영향 아래 있는 법의 대표적인 변화들을 몇 가지 예시해보면 다음과 같다.

- 조직적 폭력이 전혀 개입하지 않는 프리랜서형태의 자발적 성매매를 가부장적 남성들이 만든 시장에서의 여성 상품화로 보고 성매매처벌법으로 처벌함.
- 각종 불법적인 포르노물의 생산·유통만이 아니라 그것의 단순한 소지·시청행위도 관음증(voyeurism)이라는 가부장적 남성성의 발현이자 폭력[3]으로 보고 성폭력처벌법으로 처벌함.
- 직장 내 상하관계가 아닌, 동등한 지위의 남녀 간 모든 성 놀이마저 합리적 여성을 기준으로 판단하는 성희롱 개념 속으로 징발하고 형사처벌하자고 주장함 .
- 여자가 명시적 동의'의사'(will)가 없었다고 (사후에) 말하는 성관계를 맺은 남자를 성폭력범죄의 새로운 유형(비동의간음죄)으로 처벌하자고 주장함.
- 일체의 성별의식적 발언(예: 여성에게 '결혼 안 하니', '애 낳는 게 애국이지')을 가부장적 젠더기반폭력으로 보고 여성에 대한 혐오표현으로 개념화하고 법적 규제를 주장함.
- 부모의 훈육적 자녀양육(disciplinary upbringing)을 가부장적 남성성에 기반을 둔 폭력으로 보고, 자녀징계권(구 민법 제915조)을 폐지하고, 그 정도와 양상에 따라서 가정폭력이나 아동폭력(아동보호법, 가정폭력처벌법)으로 처벌함.
- 교사의 훈육적 학생교육(disciplinary education)을 가부장적 남성성에 기반을 둔 학교폭력으로 보고 징계하거나 처벌함.

이와 같은 가부장적 남성성의 범신론에서 보면 법개혁은 법의 성에 침투해 있는 가부장적 남성성과 그에 기반을 둔 모든 권력

3 "포르노그라피는 여성에 대한 폭력이지, 결코 에로틱한 것이 아니다"고 말하는 Catharine A. MacKinnon, Feminism Unmodified: Discourses on Life and Law, Harvard University Press, 1987, 85쪽.

(가부장적 젠더권력)을 해체하는 것이다. 이를 위해 페미니즘은 가부장적 남성성의 범신론을 인권교육의 핵심 콘텐츠로 구현해 왔고, 법정의무교육인 인권·성평등교육을 통해 사회 전방위에 걸쳐 헤게모니 투쟁을 전개하고 있다.

## 정신분석학적인 성(sex)으로

그러나 2010년 중·후반 이후 점점 더 많은 남자들이 여성우대정책을 과도하게 추진해온 페미니즘의 역차별적 기능에 대해 불만을 갖게 되었고, 남성연대를 만들어 저항하기 시작했다. 그 결과 페미니스트의 줄임말인 '페미'는 우리 사회에서 2000년대 중반까지만 해도 신박한 언어였지만 지금은 상당히 부정적인 의미를 띠게 되었다. 페미는 다양한 영역(예: 채용)에서 기피되기도 한다. 여자들의 입장에서는 우려스러운 새로운 남성주의(phallicism)가 등장하고 있는 것이다. 이런 상황에서 여성과 남성 간의 적대가 점점 더 강해지고, 페미니즘과 신남성주의의 세력화 경쟁도 높아지고 있다. 이와 같은 적대와 갈등은 가까운 장래에 해소되기는 거의 불가능해 보이며, 이를 해소하고, 화해와 조화를 이루게 하는 법정책이나 법이론의 개발도 아직은 요원해 보인다. 그 근본적 이유는 아마도 여성(성)이나 남성(성)을 생물적 성이나 사회적·이념적 성(젠더정체성), 그 어느 하나로만 바라보기 때문일 것 같다.

그러나 여성주의와 남성주의의 적대, 법의 성적 편향성(예: 가부장적 남성편향성, 합리적 여성편향성)을 극복하기 위해서는 성을 남자나 여자, 또는 제3의 인간존재 등 어느 한편에 전속되는 생물적 성이나 사회적 성이 아니라 남자나 여자에게 그리고 궁극적으로는 모든 인간들에게 교차될 수 있는 정신의 문법적 현상으로 바라보아야 한다. 이를 위해서는 성에 대한 정신분석학적 성찰이 필요하다. 정신분석학의 관점에서 남성성은 남근성(phallus)으로, 여성성은 '모성성'(=재전유된 남근성)으로 재해석될 수 있다. 또한 이리가라이(Irigaray)의 여점성女粘性과 같이 완전히 새롭고 고유한 여성성도 생각해볼 수 있다. 그러므로 오늘날 법의 성(sex of law)은 남근성, 모성성, 여점성이라는 세 겹을 갖고 있다고 말할 수 있다. 그리고 남자든 여자든 그러한 성의 주체 지위를 향유할 수 있다.

## 남근성, 그 위에 세운 이성의 법

### 이성법은 오이디푸스 콤플렉스에서 발원한다

오늘날 페미니즘의 지배적인 젠더(gender)이론은 근대 이성법의 성을 가부장인 남성이라고 비판해 왔다. 가령 불법행위법(Torts)은 남성시각의 합리적 인간을 전제로 상대방의 책임범위를 남성본위로 정했고, 권리, 자율성, 추상화 등 남성적인 목소리로 효율성과 이익을 보호하는 기준을 강화했다는 것이다.[4] 심지어 롤즈(J. Rawls)가 정의론을 구축한 기초개념인 '무지의 베일'이나 '원초적 상황' 등도 남성적이라고 말한다.[5] 그러나 자유의 평등한 향유라는 기획(das Projekt der Moderne)을 세운 이성법은 비록 역사적으로 실현되는 데 오랜 시간이 걸렸어도, 탄생의 이념은 남녀 모두에게 적용 가능한 것이었다. 즉, 이성법은 젠더중립적인 것이었지 그 자체로서 남성편향적인 것이 아니었다. 젠더중립성은 무성無性(a-sexual)과는 구분되어야 한다. 역사현실에서 이성법은 여성에게 차별적으로 적용되어 왔을 뿐이다. 물론 이를 두고 성맹性盲(gender-blindness)[6]의 법이었다고 비판할 수는 있겠다.

이성법의 성이라고 비판받는 가부장적 남성성을 정신분석학에서 재해석해보면 이성법은 남근성男根性(phallus)의 법으로 볼 수 있다. 정신분석학자 프로이트에 의하면[7] 사람들은 (0~3살/5살의) 유년

4 벤더(Leslie Bender)의 글로써 이를 설명하는 윤진숙, "페미니즘 입장에서 본 정의론에 대한 비판적 고찰", 법철학연구 제8권 제1호, 2005, 248~249쪽.

5 이런 관점으로 김도균, "공정으로서의 정의관에서 본 남녀평등 - '잠정적 우대조치' 개념의 분석", 법철학연구 제5권 제2호, 2002, 245쪽.

6 성맹성을 비판하는 오정진, "성에 관한 법적 담론의 전개와 전망", 법철학연구 제6권 제2호, 2003, 256쪽.

7 G. Freud, "Female Sexuality", S.E. Vol. 7, 1933, 116쪽.

기 기억상실(Infantile amnesia)로 또는 드라시노어(Drassinower)의 견해로는 발전된 문명의 억압으로 기억을 못하지만[8] 유아도 자유롭게 향유하려는 성욕이 존재한다. 이때 성욕은 성기중심의 쾌락에 국한되지 않고 사랑이라고 말하는 모든 것을 가리킨다.[9]

그리고 유아는 유년기를 지나면서 점차 도덕적 사회규범을 내면화하기 시작한다.[10] 남아는 자신이 어머니의 남근男根이 되겠다는 욕망을 가지면서 아버지를 질투하며 경쟁자로 여긴다. 이 시기를 오이디푸스 콤플렉스(Oedipus complex)의 시기라고 부른다. 반면 여아도 자신에게 남근이 없는 것이 어머니의 탓이라고 생각하고 원망하며, 남근을 가진 아버지를 성적 대상(typical affection for father)으로 삼게 된다(남근선망). 이를 융(Jung)은 일렉트라 콤플렉스(Electra-complex)라고 불렀다.[11] 그래서 아이에게 이성의 부모는 무의식적으로 애정(affection)의 대상이 되고, 동성의 부모는 질투와 경쟁의 대상이 된다.[12] 이 시기 남아는 부친살해의 욕망을 갖지만 자신이 거세(처벌)당할 것이라는 불안과 공포에서 아버지의 요구(규범, 명령)를 내면화하며 엄마에 대한 욕망을 포기하고 언젠가는 자신도 아버지의 '힘'을 소유하겠다는 욕망을 갖는다. 반면 여아도 어머니의 사랑의 상실에 대한 불안을 갖고 아버지에 대한 욕망을 포기하고 동성인 어머니와 동일시하고 어머니의 여성성을 획득하여 미래에 어머니처럼 남근을 향유하기를 욕

---

8 Abraham Drassinower, Freud's Theory of Culture: Eros, Loss, and Politics, Rowman & Littlefield, 2003, 141~155쪽.

9 지그문트 프로이드(박성수 · 한승완 옮김), "나의 이력서", 정신분석학 개요, 열린책들, 2004, 239쪽.

10 오이디푸스 콤플렉스 이론은 헤겔의 정신철학과 상응점이 있다는 Clark Butler, "Hegel and Freud: A Comparison", Philosophy and Phenomenological Research Vol. 36, No. 4, 1976, 506쪽.

11 Carl G. Jung, The Theory of Psychoanalysis. Nervous and mental disease monograph series, No. 19. Nervous and Mental Disease Publishing, 1915, 69쪽.

12 부자관계에서 이성애와 동성애의 요소를 바라보는 장 라플랑슈 · 장 베르트랑 퐁탈리스(임진수 역), 정신분석 사전, 열린책들, 2005, 261쪽.

망한다.[13]

오이디푸스 콤플렉스의 시기를 지나면 아이의 성욕은 잠복되고 사춘기(예: 중2병 시기)에 들어서 오이디푸스 콤플렉스의 해결은 삶의 중대과제로 등장한다.[14]

## 소년, 아빠를 살해하다

오이디푸스 콤플렉스에서 부친살해의 욕망은 법적 의미의 존속살인고의(의사)를 가리키는 것이 아니라[15] 무의식 속의 질투와 같은 정신현상을 가리킨다. 그런데 드물게는 '무의식 속의 부친살해욕망'이 현실에서 '의식 속의 존속살인고의'로 올라오기도 한다. 현실에서 아버지를 살해하는 존속살인죄를 범하는 아들의 연령대는 소아・청소년부터 20대, 30대는 물론 40, 50대 장년기에 걸쳐 골고루 펴져 있다. 그러나 소아(14세 미만인 아이, 소년[16])의 아버지 살해는 오이디푸스 콤플렉스에서 연유하는 부친살해의 정신분석학적 의미를 가질 때가 많다. 통계적으로 여자 아이가 아버지를 살해하는 범죄가 거의 없다는 점도 이를 반증해준다.

남자아이(소년)의 현실판 부친살해로 유명한 소년부친살해사건[17](2016년)으로는 밤늦게 귀가한 엄마에게 화내며 폭행하던 아빠(55세)를 11살의 아들 A가 부엌칼로 찔러 사망에 이르게 한 사건이 있다.

---

13 이에 관하여 줄리아 크리스테바(박선영 역), 정신병, 모친살해, 그리고 창조성: 멜라니 클라인, 아난케, 2006, 272쪽.

14 데이비드 스태포드 클라크(최창호 역), 한권으로 읽는 프로이트, 푸른숲, 2005, 131쪽; 마이클 칸, 21세기에 다시 읽는 프로이트 심리학, 학지사, 2008, 101쪽.

15 부친살해욕망은 존속살인고의의 증거가 아니라는 D. W. Denno, "Criminal Law in a Post-Freudian World", University of Illinois Law Review Vol. 2005, 636쪽.

16 소년법 제2조는 소년을 "19세 미만인 자"로 정의한다. 소년법상 소년 개념은 소아와 청소년을 포괄하고 있는 개념이다.

17 이 사건의 기사는 https://news.sbs.co.kr/news/endPage.do?news_id=N1003352840.

이런 소년의 부친살해는 오이디푸스 콤플렉스의 정신이 소아에게 붕괴된 경우, 즉 소년이 아버지와 법의 규범을 내면화하고 그 힘을 얻게 될 때까지 엄마의 남근이 되려는 욕망을 미래로 유예하는 것이 불가능하다고 생각하는 경우에 일어날 수 있다. 소년이 그런 생각에 빠지게 되는 것은 첫째, 엄마에 대한 아버지의 폭력이 엄마의 생명을 현실적으로 침해할 위험이 급박하여 자신이 가부장의 힘을 얻게 될 미래까지 기다릴 시간적 여유가 없기 때문이며, 둘째 아버지가 노동을 하지 않고 술·마약·도박에 빠져 남근성의 상징적 가치(예: 일을 통한 부, 권력, 명예)를 구현하지 못하므로 자신이 가부장의 힘을 얻게 될 미래까지 기다릴 필요도 없기 때문이다. 이런 경우 소년은 엄마의 남근이 되려는 욕망을 미래로 유예하지 않고 즉각 엄마의 남근이 되어 엄마를 지키겠다는 충동본능을 부친살해로 발현하게 되는 것이다. 소아의 이러한 정신특성은 당연하게도 소아를 형사미성년자(형법 제9조)로 다루는 근거가 되기도 한다.

다만 소아라 할지라도 '윤리의 궁핍'을 메우는 도덕적 초자아가 이미 상당한 수준으로 성장하였거나 엄마의 무한사랑에서도 벗어나는 나르시시즘의 외부화가 상당하게 진행된 경우(예: 소아가 천재예술가로 활동)에 소아가 부친살해로 나아가기는 극히 어렵다. 다시 말해 윤리의 궁핍, 나르시시즘의 외부화 결핍은 소아부친살해의 필요조건으로 볼 수 있다.

## 남자는 일, 여자의 사랑, 자식을 위해 산다

남근성이란 남자의 DNA(XY염색체), 남자생식기(음경), 남자호르몬(예: testosterone) 등의 생물학적 유기체적 특성을 말한다. 그러나 정신분석학적인 의미의 남근성이란 그런 생물적 특성을 지닌 존재로 근대시민사회의 부르주아 가부장이 가졌던 정신과 욕망 그리고 그것을 구현하는 권리와 가치의 체계를 의미한다.[18] 여기서 라캉(Lacan)의 정신분석학적 욕망이론에 주목할 필요가 있다. 라캉(Lacan)에 의하면,[19] 아이가 성장하여 언어와 규범의 상징체계(사회)로 진입하게 되면 그 사회에서 가치로 승인되는 것, 가령 부르주아 가부장인 아버지들이 성취했거나 욕망하는 것들에 대한 욕망, 즉 자기의 욕망이 아닌 '타자의 욕망'(desire of the other)을 갖는다. 법은 이와 같은 부르주아적 타자의 욕망을 기준으로 개인들의 욕망을 평가하여 허용하거나 금지한다. 그렇기에 아이의 입장에서 아버지는 타자(the other)가 되고, 법은 대타자(the Other)가 된다. 대타자인 법의 욕망은 그것이 지향하는 가치에 대한 욕망이며, 특정 아버지 개인이 아니라 아버지라는 이름으로 소환될 수 있는 (소)타자들의 공통된 욕망인 것이다.

남아가 미래에 성취하려는 아버지의 남근성(phallus)은 돈, 명예, 권력 등을 성취하는 사회적 일의 욕망, 여자와 성(sex)을 통해 주고받는 사랑의 욕망, 여자(와의 가족공동체)를 통해 자신의 자식(DNA)을 남기려는 욕망[20]으로 집약할 수 있다. 이와 같은 아버지의 세 가지 욕망, 즉 타자의 욕망을 충족하지 못하면 남자는 무기력해지고 자아가 마비되거나 붕괴된다. 이를 정신분석학적으

18 오이디푸스 콤플렉스 이론은 가부장적 가족문화가 해체된 현대사회의 "자연적 강제성과 폭력성이 아닌 정서적 친밀성과 자율성을 향해 열려 있는 상호적인 관계"의 가족문화에는 타당하지 않다는 정미라, "욕망의 억압과 규범의 원천으로서 가족-프로이트의 오이디푸스 콤플렉스를 중심으로", 철학논총 제103집, 2021, 246쪽; 소년부친살해사건은 오이디푸스 콤플렉스가 인간 정신의 원형으로 현대사회에서도 여전히 작동함을 보여준다.

19 라캉이론에서는 오이디푸스 콤플렉스 단계를 통해 주체가 '내가 어머니의 남근인가 아닌가'라는 존재론에서 '내가 남근을 소유하고 있는가 아닌가'라는 소유의 문제로 넘어간다는 조엘 도르(홍준기·강응섭 옮김), 라깡 세미나·에크리 독해 I, 아난케, 2009, 141, 150쪽.

20 백수 아들을 둔 친구에 대해 옛 어머니들은 "그 집 애는 남자 구실을 못한다"고 말했다. 이는 여성이 가정에서 가사와 양육을 담당하고 남자는 밖에서 일을 하여 여자와 아이들을 부양했던 역사에서 형성된 인식이다. 그래서 남편을 두고 바깥양반이라고 하고 부인을 두고 아내, 즉 집안의 사람(안사람)이라고 불렀다. 결국 남자의 남자다움, 즉 남근성은 바깥에서 일을 하는 주체일 때 인정되는 것이다.

로는 남근성이 거세당한다, 줄여서 '남근거세'라고 표현한다. 남근성의 거세는 주체에게 다양한 신경증을 발현시키고 때로는 자살이나 애인·배우자의 살인에 이르게 만들기도 한다.

이처럼 남근성이 일, 사랑, 자식의 세 가지 사회적 욕망으로 표현된다는 점은 영화 해피엔드(1999)에서 명확하게 잘 드러난다. 실업자가 되어(①) 아이와 집안일을 돌보는 남편(최민식 분)은 부인(전도연 분)이 젊은 남자와 바람이 났음을(②) 알게 되었어도 참고 가정을 유지하지만, 아이에게 수면제를 먹이면서까지(③) 젊은 남자를 만나러 간 것을 알게 되는 순간 부인을 살해하고 만다. 이 살인은 일(①부분), 사랑(②부분), 자식(③부분)의 욕망으로 표현되는 자신의 남근성이 순차적으로 모두 거세된 것에 대한 응징이며, 사랑의 죽음과 같은 아리아다.[21] 물론 이 살인은 욕망적 초자아와 현실의 자아 사이의 분열이 심해짐으로써 자아(ego)가 붕괴되어서 살인으로 자기의 남은 인생을 망쳐버릴 정도로 계산적 합리적 사고를 잃어버린 결과이기도 하다.

## 이성법의 성(sex)은 남근성이다

법은 이 세 가지 욕망을 근본가치로 승인하고 그것을 사회적 인격의 형태로 발현하는데 필요한 가치와 재화에 관한 다양한 권리들을 세분화, 체계화, 제도화한 규범과 기호의 체계이다. 그런 규범적 기호체계로서 인류역사상 최초로 확립된 법이 바로 서구의 근대 이성법(독일·프랑스의 법전법, 영국·미국의 common law)이다. 그렇기에 근대 이성법의 성(sex)은 남근성(phallus)이라고 말할 수 있다.[22] 물론 근대 이성법의 역사현실에서 주체는 부르주아 가부장에 국한되었고, 여자는 그 몸이 남자에 의해 추상화

21 자세히는 이상돈·민윤영, 법정신분석학입문, 법문사, 2010, 112쪽.
22 마이클 칸(안창일 역), 21세기에 다시 읽는 프로이트 심리학, 학지사, 2008, 93쪽.

(abstraction)되고 남자의 노동의 산물이라는 단일 특성에 의해 가치를 매겨 부르주아들의 결혼시장에서 교환 거래되는 존재였다. 이리가라이(Irigaray)는 남근성을 띤 법체계를 다음과 같이 묘사한다. "여자는 남자의 가치이며 남자를 위한 가치(value of and for man)의 거울이다. 여자는 남자의 활동이 남긴 자국, 흔적, 신기루가 있는 장소(locus)로서 남자에게 자신의 자연적 · 사회적 가치를 넘겨준다."[23]

그런데 부르주아 가부장의 남근 주체성은 나르시시즘적이다. 라캉(Lacan)에 의하면 남자는 여자 자체를 사랑하는 것이 아니라 여자가 충족시켜 주는 자신의 남근성에 대한 나르시시즘에 빠진다고 본다. 남자의 여자에 대한 사랑은 일종의 나르시시스트적인(narcissistic) 사랑이라는 것이다. 그렇기에 라캉은 '남자는 남근성(phallus)과 결혼할 뿐, 그것 이외에 다른 여자를 갖고 있지 않다'고까지 말한다.[24] 이렇게 남근성은 남자의 본체이기에 남자는 자신의 남근성을 거세하거나 거세불안을 유발시킨 자를 응징하려는 강력한 충동본능(id)을 갖는다. 남자가 자신이 사랑하는 여자를 살해하는 사건들은 대개는 남근성 거세(불안유발)에 대한 응징이며, 남근성을 회복하려는 몸부림인 것이다. 이와 같은 살해는 '사랑의 죽음'(Liedestod)[25]과 같은 아리아이며, 잔인한 살해일수록 더 강하게 울려 퍼진다.

즉, 수능만점으로 방송 등 유명세를 탄 명문대 의대생이 의대교육에서 유급의 좌절을 겪은 상황에서 자신을 실연시킨 여친을

---

23 Luce Irigaray, "Women on the Market", This Sex Which is Not One, Cornell University Press, 1985, 177쪽.

24 자세히는 홍준기, "라깡과 프로이트 · 키에르케고르: 불안의 정신분석 I ", 라깡의 재탄생, 창비, 2009, 215쪽.

25 오페라 〈트리스탄과 이졸데〉에서 이졸데의 아리아 '사랑의 죽음'을 분석한 L. Hutcheon & M. Hutcheon, "Death Drive: Eros and Thanatos in Wagner's Tristan und Isolde", Cambridge Opera Journal Vol. 11, No. 3, 1999, 284쪽.

강남역 인근 빌딩 옥상에서 살해한 의대생여친살해사안[26]에서도 이런 정신의 문법적 발현을 찾아낼 수 있다. 의대생의 여친살해는 정신분석학적으로는 남근성 거세에 대한 응징이며, 남근성 회복을 위한 몸부림인 것이다.

---

26 자세히는 앞의 22쪽 참조.

## 모성성, 남근성을 재전유하는 여자

### 여자는 사랑으로 산다

이성법의 성, 가부장적 남근성은 남자의 성으로 보이지만, 여자의 성을 규정하는 요소이기도 하다. 근대 사회에서 여자는 남근이 결여된 존재로 인식되었고, 오늘날과는 달리 남자와의 사랑을 통해서만 남근성, 즉 법이 보호하는 권리와 이익을 향유할 수 있었다. 그렇기에 남근성을 근대 이성법의 기호로 보는 맥락에서 여성성은 사랑의 기호가 된다고 말할 수 있다. 그래서 프로이트는 남자는 실존적으로 거세불안, 즉 사회적 의미로 일, 사랑, 자식의 상실불안을 겪고, 여자는 사랑상실의 불안을 갖는다고 한다.[27] 융(Jung)도 여자에게는 사랑이, 남자에게는 일이 본성적으로 더 강하게 발현된다고 본다.[28] 여자가 남자와의 성적 결합 속에서 사랑을 하면 자식을 낳게 되고, 그것을 통해 남자의 사회적 일과 그 결실인 자원(resource)을 향유하게 된다. 가부장사회에서 이와 같은 여성성은 자식의 엄마를 형상화한 모성성으로 요약할 수 있다. 모성적 여성성(maternal-feminine)은 근대 이전의 가부장사회에서 형성된 전근대적(premodern) 여성성이며, 자식과 가족에 대한 무한사랑과 그에 뒤따르는 무한희생을 그 핵심적인 특징으로 내포하고 있다.

모성적 여성성은 여성의 경제활동이 일반화되지 않았던 1970

27 지그문트 프로이트(임홍빈 · 홍혜경 옮김), "불안과 본능적 삶", 새로운 정신분석 강의, 열린책들, 2007, 118쪽.

28 아니마와 아니무스를 통해 여성성과 남성성의 문제를 심도 있게 고찰한 융의 견해는 마리안느 쉬스 엮음(한오수 옮김), 사랑에 대하여: 사랑에 대한 칼 융의 아포리즘, 솔, 2007, 30쪽.

년 전후까지 거의 유일한 여성성이었고, 오늘날의 포스트모던 사회와 법체계에서도 여성성의 중요한 한 겹으로 남아 있으며 법적으로도 보호되고 있다. 가령 헌법 제36조 제2항은 국가의 모성보호 노력의무를 정하고 있고, 모자보건법은 사랑과 자녀양육에 성 정체성을 환원시키는 여성성, 즉 모성성(제2조 제2호: "임산부와 가임기여성") 보호를 목적으로 삼고 있다. 모자보건법이 적법한 낙태를 임신중절사유에 국한하여 엄격히 제한하는 것도 여성의 자녀출산과 양육 및 그 전제로서 성과 사랑을 도모하기 위함이다. 하지만 모성적 여성성은 늘 여자를 남자보다 하위주체의 위치에 놓이게 할 위험이 있다. 이 위험은 전통사회에서 1970년 전후의 현대사회에 이르기까지 역사적 현실이기도 하였다. 이 점은 페미니즘이 모성적 여성성을 시대착오적인 여성성이라고 비판해온 이유이기도 하다.

## 성모화된 모성성, 살인의 그림자를 드리우다

게다가 모성적 여성성은 역사적으로 언제나 형이상학이 되곤 하였다. 현실적으로 불가능한 일이지만 모성적 여자가 마치 성모聖母와 유사한 존재인 것처럼 이상화되는 것이다. 여기서 성모화란 정신분석학적 개념으로는 초자아로 환원된 모성[29]을 가리킨다. 형이상학이 된 모성적 여성성의 여자는 성년이 된 아들을 과도하게 보살피고, 그 결과 아들은 유아기적인 퇴행적 나르시시즘에 계속 빠져 있을 수 있게 된다. 그와 같이 모성의 사랑에 갇혀 사는 성년아들은 30~40세가 되고 사지가 멀쩡해도 육체노동(3D)의 일을 거부하고, 엄마의 부양으로 살아가면서 대개 게임과 알코올에 중독된다. 다시 말해 모성이 100% 초자아로 환원된 모성 또는 '이상화된 모성신화의 절정'[30]인 성모상에 지향할수록 유아기의 나르

29 이런 관점으로 이상돈 · 민윤영, 법정신분석학입문, 법문사, 2010, 49쪽.
30 윤택림, 한국의 모성, 미래인력연구원, 2001, 117~138쪽; 이태준의 〈성모〉에

시시즘적인 정신관계가 그만큼 더 강하게 성년이 된 아들과 엄마 사이에 남아 있게 된다. 그 경우 모자母子의 인격에는 살인의 그림자가 드리울 수 있다. 아들이 살인자가 된 경우와 엄마가 살인자가 된 두 사건을 예로 설명해보자.

첫째, 아들이 엄마를 살해한 모친살해사안(2017년)[31]의 예를 보자. A(38세, 남)는 무직이고 알코올중독자이며, 절도전과도 있으며 결혼을 했지만 부인은 10년 전 집을 나갔고 딸(12세)과 함께 엄마 집에서 살았다. A는 평소 엄마한테 자립해서 잘 살아가는 친누나들과 자주 비교 당했다. 어느 날 A가 소파에 비스듬히 누워 TV를 보던 중 엄마가 A에게 너는 맨날 TV만 보냐고 꾸지람을 하였고, A는 엄마에게 대들었다. 마침내 엄마가 A의 뺨을 때리자, A는 순간 격분하여 엄마를 의자로 7차례 내리치고 목을 칼로 찔러 살해하였다. 엄마는 죽어가면서도 황급히 집을 나서는 A에게 "피가 묻은 옷을 갈아입고 가라"고 말했다.[32] A는 자신의 딸을 데리고 도망하였고, 딸의 안위를 위해 곧 딸을 지인에게 맡겼다.

이 사건에서 A의 엄마는 성모는 아니지만 상당한 정도의 초자아로 환원된 모성성으로 아들을 돌봐왔을 것이다. 바로 그런 과도한 모성은 아들이 중년이 되어서도 유아기적 나르시시즘에 머무르게 하는 근원이 될 수 있다. A는 엄마가 자신의 뺨을 때린 순간 무한사랑의 엄마가 사라졌을 때 유아가 느끼는 고통의 환상으로 인해 자아가 붕괴되었기에 엄마를 살해할 수 있었을 것이다. 그런데 살해의 순간 반전이 일어난다. 엄마가 자신을 죽이는 아들에게 '피 묻은 옷을 갈아입고 가라'고 말한 것이다. 이 순간

---

대한 분석비평에서 성모를 민족적 구원을 가져다주는 여성의 도덕적 책무로 격상시킨다고 본 장수경, "일제강점기 모성담론에 맞서는 위반의 포즈", 비교한국학 제17권 제2호, 2009, 271~274쪽.

31 이 사건은 언론보도내용이나 판결문 내용으로 재구성한 것이므로 완전한 팩트가 아닐 수 있고, 정신분석학적 논의를 위한 모델사례임을 일러둔다.

32 사이코패스가 아닌 K에게 징역 20년을 선고한 대구지방법원 2018. 4. 27. 선고 2018고합22 판결.

뺨을 때린 엄마는 사라지고, 마치 성모 같은 무한사랑의 엄마가 돌아온다. 그 순간 A는 유아기시절 자신을 '아기폐하'로 섬긴 무한사랑의 엄마를 다시 만나는 환영(예: 유아에게 젖을 주는 엄마의 모습 imago)[33]을 경험한다. 이러한 A의 무의식에는 다음과 같은 실패던지기놀이를 하는 프로이트(Freud) 손자(18개월)의 유아기 정신과 동일한 구조의 정신을 발견할 수 있다. 손자 A는 실을 감아두는 도구인 실패를 침대 가장자리 쪽으로 던져 사라지게 하고는 "fort!(가버렸다)"라고 외치고, 그 다음 실패의 실을 잡아당겨 다시 끌어오고는 "Da!(여깄다)"라고 외치는 놀이를 하였다. 프로이트는 손자의 정신을 두고 엄마의 상실이라는 트라우마적 사건을 견뎌내는 유아기의 주체화라고 분석하였다.[34] 이 놀이에서 《실패를 던지기(=엄마가 사라짐='쾌락의 포기=도덕원칙구현)》와 《실패를 끌어오기(=엄마가 다시 옴=쾌락 포기의 보상=쾌락원칙구현)》에다 모친살해사건의 《아들의 뺨을 때리는 엄마(=엄마가 사라짐)》와 《피묻은 옷 갈아입고 가라는 엄마(=엄마가 다시 옴)》이 정확하게 대입될 수 있다. 이로부터 A의 정신은 유아기의 나르시시즘이 강하게 지배하고 있었을 것이라고 추측할 수 있다.

둘째, 모성적 여성성이 형이상학이 되면, 여자는 자신의 아들을 위해 스스로 살인자가 되는 것을 감수할 수도 있다. 영화 마더(2009년)에서 약재상을 하며 홀로 저능아 아들 도준(원빈 분)을 유아기의 엄마처럼 무한사랑으로 보살피며 살아가던 엄마 혜자(김혜자 분)는 아들이 어느 폐가에서 일어난 여고생 살인사건의

33 라캉이 말하는 상상계 단계의 유아가 젖 먹을 때 형성된 엄마의 '이미지(imago)에 대한 고착'이 성년이 되었어도 강하게 남아 있는 것을 라캉 이론의 맥락에서 나르시시즘으로 볼 수 있다. 이에 관해 이수진, "라캉의 나르시시즘 개념 고찰의 정신분석 실천적 의미", 현대정신분석 제21권 제2호, 2019, 77쪽 아래 참조.

34 L. Marcuse, "Freud's Aesthetics", The Journal of Aesthetics and Art Criticism Vol. 17, No. 1, 1958, 5쪽; R. King, "Memory and Phantasy", MLN Vol. 98, No. 5, 1983, 1204쪽.

피의자로 경찰에 체포된 후 그 날 폐가에서 자신을 본 노인의 얼굴을 기억해내자, 그 노인을 찾아가 진범 정보를 알아내려 했다. 하지만 노인이 그 아들이 바보라고 놀리는 여고생에게 돌을 던져 죽이는 장면을 목격했다고 하며 경찰에 알려야겠다고 말하자 엄마 혜자는 그 노인을 잔인하게 살해하고 집을 불살라버린다.

이와 같은 엄마의 아들을 위한 살인은 성모화된, 초자아로 환원된 모성성에 짓눌려서 무의식에 퇴적된 충동본능(id)의 극단적 발현이다. 또한 자기 아들을 위해 목격자 노인을 죽이고, 심지어 다른 정신지체인 종팔(김홍집 분)이 억울하게 진범으로 잡혀도 연민은 하되 진실은 말하지 않는 모성성은 모성애의 인류보편성을 고려할 때 모성의 해체라고 볼 수 있다.[35]

## 팔루스를 위장하여 뽐내는 남자, 성으로 응답하는 여자

여성성을 모성 중심으로 파악하더라도 여자는 오늘날 이성법을 향유하는 주체가 되었다. 계몽철학과 정치사상에서도 남근성의 근대 이성법은 본래 여자도 남자와 동등하게 주체가 될 가능성을 내재화한 것이었다. 이 점은 남자와 여자를 "모두에게 가능한 두 가지의 성별화된(sexed) 주체의 위치"[36]에 있다고 보는 라캉(Lacan)의 이론을 통해 더욱 명확해진다. 라캉은 그의 이론개념인 상징계 속으로 남자와 여자가 들어오면 남녀 모두 '상징적으로 남근이 거세된 또는 결여된 존재'가 된다는 사고실험을 한다.[37] 이 사고실험을 간명하게 설명해보자. 다만 남근성 개념을 라캉의 정신분석학적 용어인 팔루스(phallus)로 표현하고, 그 사

---

35 이런 비평으로 이상돈 · 민윤영, 법정신분석학입문, 법문사, 2010, 54쪽.

36 숀 호머(김서영 옮김), 라캉읽기, 은행나무, 2009, 195쪽.

37 라캉에게 거세는 언어적 주체가 되기 위해 치러야 하는 대가이다. 성별에 관계없이 모든 언어적 주체는 상징적으로 거세되어 있다는 박찬부 · 조윤숙, "대타자에 대한 주체의 위치 – 라깡의 성담론", 영어영문학 제51권 제1호, 2005, 75쪽.

회적·상징적 의미를 '일, 사랑, 자식의 세 요소를 향유하는 것'으로 이해해보자.

남자는 사회적 일을 통해 자원(resources)을 형성하면 물질적으로는 잘 살아갈 수 있지만, 자원을 여자에게 주고 여자의 성(사랑과 자식)을 얻지 못한다면, 팔루스를 완전하게 향유할 수 없어 정신이 불안정해지며 행복한 삶을 살기도 어렵다. 이처럼 여자 없이 팔루스를 완전하게 소유할 수 없는 남자로서는 여자의 성(성이 매개 발현하는 사랑과 자식)을 얻기 위해서 여자에게 완전한 팔루스를 소유한 척 위장하고 자신의 팔루스를 뽐낼 수밖에 없다. 그런 뽐냄에 대해 여자가 성(사랑과 자식)으로 응답해 줄 때 남자는 비로소 완전한 팔루스를 전유專有(appropriation)하게 된다. 그렇기에 남자는 시각적으로 매료된 여자에 대해 사랑에 빠지지만, 그 여자가 자신에게 사랑을 주어 자신이 완전한 팔루스를 전유한다는 심리를 생성·유지시켜 주지 않으면 종국에는 그 사랑을 지속하지 못한다.

남자가 여자와 이별하거나 부인과 이혼하는 것은 대부분 남자의 팔루스 전유가 더 이상 가능하지 않을 때 이루어진다. 여자친구나 부인의 살해도 팔루스가 불완전하게 전유되는 정도를 넘어 거세될 때 일어난다. 그런 점에서 남자의 궁극적인 거세자는 정신분석학적 관점에서 보면 아버지나 국가와 법이 아니라 어머니, 애인, 부인 등의 여자라고 볼 수 있다. 이를 여자의 입장에서 거꾸로 바라보면 여자가 자신을 사랑하는 남자에게 팔루스 전유의 심리를 주지 않는다면 종국에는 사랑을 잃게 되고, 더 나아가 남자의 팔루스를 상징적으로 거세한다면 남자로부터 사랑의 아리아와 같은 살해를 당할 위험에 직면할 수 있다. 남편의 외도도 이와 같은 정신의 문법적 작용의 결과인 경우가 많다. 가령 남자가 자신의 부인보다 미모, 지성, 집안 등 거의 모든 면에서 부족한 여자와 바람을 피우는 이유는 그 여자가 자신의 부인보다 팔루스 향유를 더 완전하게 해주기 때문이다. 이처럼 남자는 자신의 팔루스 위장과 뽐냄에 대해 성(사랑과 자식)으로 응답하고, 존중과 칭찬으로 자신의 팔루스를 끊임없이 생성시키는 여자를 찾아 나선다. 이는 마치 귀향본능 같은 남자의 문법적인 정신특성이다.

## 여자, 남자의 팔루스를 되가지다

"여자는 남자로 하여금 그녀를 향유하도록 만듦으로써 그녀 스스로 자신을 향유"한다.[38] 즉 남자로부터 욕망되는 것을 욕망하는 사랑의 주체인 여자는 남자에게 그의 가치를 인정해주고 북돋아주는 성(sex), 즉 사랑과 자녀(출산·양육)를 줌으로써 남자에게 완전한 팔루스를 생성시켜 전유하게 하고, 그 남자로부터 그가 일로써 성취한 자원(resources)을 되가진다. 이처럼 여자는 성을 통해 남근성의 세 가지 사회적·상징적 의미인 일, 사랑, 자식을 남자와 마찬가지로 향유하게 되는데, 이를 여자의 남근성 재전유再專有(되가짐 reappropriation)라고 할 수 있다. 모성적 여성성이란 곧 재전유된 남근성(reappropriated phallus)이라고 볼 수 있다. 라캉은 여자의 팔루스 재전유를 남자의 팔루스 향유와는 '다른 향유'(l'Autre jouissance)라고 부른다.

가령 민법 제839조(재산분할권)가 남자와 가정을 이루고 자식을 낳아 양육한 전업 가정주부에게 이혼할 때 남자가 혼인 중 사회적 노동으로 형성한 자원을 사실상 절반가량이나 분할 받을 수 있게 하는 것은 남자의 윤리적 책임에 반사적으로 뒤따르는 수혜가 아니라 여자가 팔루스를 생성시켜 준 남자의 노동이 창출한 자원을 되가지는 권리에 근거한 것이다. 그렇기에 여자가 사랑을 주지 않고, 단지 위장하고, 그에 속아 자원을 여자에게 준 남자들은 그런 여자에 대해 꽃뱀이라는 혐오표현을 하게 되고 분노의

---

38 홍준기, 오이디푸스 콤플렉스, 남자의 성, 여자의 성, 아난케, 2008, 295, 307쪽.

감정으로 배신과 복수를 꾀하게 되는 것이다.[39]

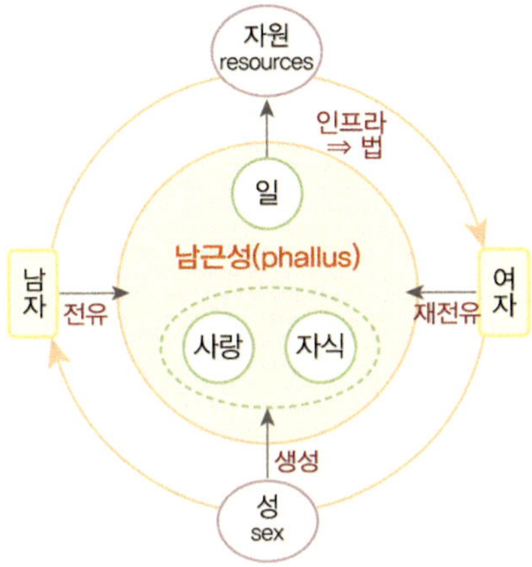


이처럼 재전유된 남근성으로서 여성성은 싫다 좋다는 식의 이데올로기적 '가치판단'의 개념이 아니라 오랜 세월의 인류역사에 지속되어 온 문화인류학적 현상을 나타내는 '상징' 개념일 뿐이다. 이처럼 문화인류학적 현상으로서 모성성과 모성적 여성성 개념에는 남근성 밖에 위치하는, 남근성과 무관한 고유한 여성성이 전혀 없다. 그런데도 페미니스트들은 이런 모성성을 여성의 임신, 출산, 양육이 남근성을 재전유하는 과정이 아니라 여성의 고유한 주체성을 실현하는 과정, 심지어는 팔루스를 수단으로 이용하는 과정으로 보고 싶어 한다. 물론 그와 같은 재해석은 주체적 여성성을 만들어낸다. 사유리의 비혼출산·양육에서 그 대표적인 예를 볼 수 있다. 그러나 이런 주체적 여성성은 모성적 여성성과 무관하며, 팔루스 밖에 위치하는 새로운 여성성, 뒤에서 다루는 여점성에 속한다.

이상의 통찰에서 보면 남자도 여자도 혼자서는 완전하게 팔루스를 소유할 수 없다. 서로를 통해서만 완전한 팔루스를 향유할

39 다만 꽃뱀 개념은 남자가 자신의 성폭력을 방어하는 수단으로 남용하기도 한다.

수 있을 뿐이다. 이와 같은 남근성의 전유와 여자의 재전유라는 구조는 남녀의 실제 성교행위에서도 관찰된다. 여자의 반응은 남자에게 더욱 남성적 흥분을 일으키고(남근성의 전유), 여자는 그 흥분된 성행위를 통해 성적 쾌락을 되가지면서 향유한다(남근성의 재전유). 라캉은 남녀의 '성관계는 없다'라고 말한다. 그에 따르면 남녀의 성관계는 남자와 여자가 자신에게 팔루스가 없음을 숨기는 겉치레이다. 여기서 말하는 '성관계'는 남녀로 구분하고 남녀를 차별하는 식의 성별화된(sexed) 관계를 의미하고, 그런 성별화된 관계는 현실에 없다는 것이다.

바로 이 점에서 이성법은 남녀불평등의 근대시민사회 때부터 남녀평등의 근원적인 가능성을 이미 내재하고 있었던 것으로 볼 수 있다. 그러므로 남녀평등을 명시적으로 규정하는 법(예: 헌법 제36조의 "양성의 평등")은 근대 이성법을 교정하는 법이 아니라 단지 확인하는 법에 불과하다. 이러한 라캉의 해석에 의해 여자를 거세된 남근성으로 바라보는 프로이트의 이론도 극복될 수 있다. 여자는 단순히 남근성이 결핍된 존재로 머무르지 않고, 남근성을 완전하게 생성・유지시켜 주고 동시에 되가져가서 향유하는 존재이기 때문이다.

# 여자, 남근적 여성성으로 단일화되다

## 남근적 여성과 여성적 남자

근대 이성법의 남근성은 부계중심 사회의 문화인류학적 역사성과 부르주아 가부장의 사회경제학적 지배력 위에서 생성된 것이다. 그러나 현대사회 특히 서구사회의 '68혁명'(1968년 전후 일어난 문화혁명) 이후 여자는 본격적으로 남자와 동등하게 사회경제활동을 하기 시작했고, 남녀고용평등법과 같은 입법(1998년)으로 더욱 가속화되었으며, 페미니즘 문화의 지속적인 성장과 함께 마침내 가정을 비롯한 거의 모든 사회문화영역에서 남자와 동등한 주체의 지위에 오르게 되었다. 이처럼 이성법의 주체로서 남녀가 차별받지 않는 사회에서는 여자도 근대사회에서 부르주아 남자가 누렸던 주체 위치에 설 수 있다. 다시 말해 여자도 정신분석학적 의미의 남근성을 남자처럼 직접 전유할 수 있고, 그것을 여성성으로 발현할 수 있는 것이다. 이와 같은 여자를 '남근적 여자'(phallic woman)라고 부를 수 있다.

가령 페미니즘이 성희롱이나 성폭력의 피해여성상으로 전제하는 '합리적 여성'의 개념은 역사적 개념인 남근적 여자에 매우 가까운 개념이다. 모든 사회영역에서 성별 등에 의한 차별을 금지하는 헌법 제11조는 여성의 남근성 전유를 가능하게 하는 근본규범이다. 남근적 여자는 자신의 몸을 남자에 의해 추상화시켜서 시장(예: 결혼시장, 성매매시장)에서 교환거래 되는 대상이나 "남자의, 남자를 위한 가치(value of and for man)의 거울"[40]이 더 이상

---

40 Luce Irigaray, "Women on the Market", This Sex Which Is Not One, Cornell University Press, 1985, 177쪽.

아니다. 남근적 여자는 부르주아 가부장 남자들의 가치를 스스로 창출하고 전유하는 주체로 살아가는 것이다.

요즘은 여자가 남근성의 주체가 되는 것과 정반대의 현상으로 남자가 여자의 몫이었던 살림과 양육을 담당함으로써 근대사회에서 여자가 위치했던 하위주체의 위치로 들어가기도 한다. 가령 아직은 주류 사회현상은 아니지만, 부인이 직장에서 일하고 번 돈으로 가계를 꾸려가고, 남편이 아이 양육과 집안 살림을 도맡는 가족들이 있다. 이런 가족은 근대 이성법의 남근성이라는 주체의 위치에서 남녀가 자리를 뒤바꾼 모습을 보여준다. 그와 같은 남자를 '여성적 남자'(feminine man)라고 부를 수 있다. 그러나 남근적 여자와 여성적 남자는 '일하는 부인과 살림하는 남편'과 같은 극단적인 위치 바꿈을 하지 않고, 각자가 일하는 삶(예: 맞벌이부부)을 사는 경우에도 가능한 여성성이며 남성성이다.

사실 남근적 여자와 여성적 남자란 그 정도의 차이만 있을 뿐 모든 남자와 여자에게 있는 보편적인 정신특성이다. 남자에 내재된 여성성을 아니마(anima), 여자에 내재된 남성성을 아니무스(animus)라고 부른 융(Jung)의 개념으로 표현해보면, 남근적 여자는 '아니무스가 강한 여자', 여성적 남자는 '아니마가 강한 남자'라고 부를 수 있다. 모든 남자는 정도의 차이가 있지만 아니마를 갖고 있고, 모든 여자는 아니무스를 갖고 있는 것이다.

여기서 다시 한 번 명확해지는 것은 남자와 남근성, 여자와 여성성은 구별된다는 점이다. 이 점은 문화가 탈중심화, 가치의 중층화, 더 나아가 해체를 겪고 있고, 사회현실이 내다볼 수 없는 불확실성을 보이는 포스트모던 사회에서 더욱 그러하다. 포스트모던 사회에서는《남자 ↔ 여성적 남자 ↔ 남근적 여자 ↔ 여자》의 4가지 유형만 있는 것이 아니다. 남자든 여자든 남근성과 모성적 여성성, 즉 (일과 자산을 중심으로) 팔루스를 전유하는 주체 지위와 (성과 사랑·자식을 중심으로) 팔루스를 재전유하는 주체 지위를 다양한 비율로 발현하고 선택 · 조합하여 자신의 실존적 성정체성을 구성하며 살아간다. 이런 정체성 구성의 다양성은 남근성과 모성적 여성성을 0과 1의 이진법으로 표현할 수 있는 수의 무한성에 견줄 수 있다. '전유하는 남근성'(남성성)과 '재전유하는 남근성'(여성성)의 실존적 구성은 남자에게나 여자에게나 무지개처럼 무수한 색깔을 띨 수 있는 것이다.

## 연하남의 법칙

최근 우리 사회에서 연하남 · 연상녀커플이 과거에 비해 빠르게 증가하고 있다. 예외는 있지만 연하남 · 연상녀커플의 가장 전형적 형태는 사회적으로 성공한 연상녀가 남근성의 사회적 의미를 성취하기 어려운 연하남을 마치 엄마처럼 돌보고 경제적으로 지원하는 애인관계나 부부관계이다. 이러한 관계는 경제적 능력이 있는 여자가 일을 하여 팔루스를 전유하고, 남자가 여자가 성취한 팔루스를 재전유하는 식의 일방적 관계가 극단화된 경우이다.

연하남 · 연상녀커플에서 연하남은 연상녀에게 오이디푸스 콤플렉스적인 사랑을 주고, 연상녀의 자원(resources)을 향유하지만 그로 인해 팔루스의 상실감(남근의 결핍)을 갖게 된다. 이 상실감은 충동본능을 억압하여 연하남의 무의식에 쌓이게 된다. 연하남은 그렇게 쌓인 충동본능을 자신이 당당하게 팔루스의 주체가 될 수 있을 것 같아 보이는 다른 연하녀와 연인관계를 맺어서 해소하려 한다. 연하남의 이런 외도는 연상녀의 팔루스를 재전유한 다음 다른 연하녀에게 그것을 마치 자신의 고유한 팔루스인 척하는 일종의 팔루스놀이이다. 또한 연하남은 이런 팔루스놀이를 하고서도 남는 충동본능의 잔여량을 중독되기 쉬운 스포츠(예: 오토바이 질주 등)와 게임으로 해소하기 쉽다. 이와 같이 연하남이 하는 연하녀와의 팔루스놀이, 스포츠 · 게임에 빠지는 것은 안타깝게도 연하남·연상녀커플에 들어간 연하남으로서는 피하기 매우 어려운 문법적인 정신현상이다. 이런 정신현상은 현실에서 예외를 찾기 어려울 정도이다. 그래서 이 현상을 연하남의 법칙이라고 불러도 무방할 것이다.

반면 연하남·연상녀커플에서 연상녀는 오이디푸스 콤플렉스의 사랑(모성적 사랑)을 향유하지만, 그것을 지키기도 어렵고, 그것에 갇힌 채 만족하며 살아가기도 어렵다. 이유는 첫째, 연하남은 다른 연하녀와의 팔루스놀이에 필요한 향락자원이나 사업자원을 연상녀에게 부탁하여 점점 더 많이 향유하려 하기 때문이다. 즉 연상녀의 팔루스는 언제나 소진될 위험에 처하기 쉽다. 둘째, 연상녀는 모성적 사랑을 해야 함에도 불구하고 진정으로 연하남의 엄마가 되지는 못한다. 팔루스를 재전유하는 여자들이 통상 갖고 있는 남성에 대한 독점욕도 똑같이 갖고 있어서 연하남의 팔루스놀이를 질투하지 않을 수가 없고, 연하남의 배신을 강력하게 응징하는 보상욕구도 갖고 있다. 연상녀의 이런 정신은 아들이 여자친구와 사랑을 나누면 미소지으며 수용하는 진정한 엄마와는 확연하게 다른 것이다. 그렇기에 연상녀의 모성적 사랑은 연하남의 팔루스놀이를 파괴하려는 충동본능을 억압시켜 무의식에 쌓아두게 된다. 이는 연하남의 법칙의 이면을 형성하는 연상녀의 정신특성인 것이다.

이상과 같은 연하남의 법칙을 설명하는 것은 연상녀·연하남커플을 반대하기 위함이 아니다. 이 커플들의 공통된 문법적인 정신특성을 인식할 때 연상녀와 연하남은 오히려 자신들의 사랑을 지속시킬 더 큰 가능성을 갖게 될 것이다. 불행하게도 연하남의 법칙에 대한 성찰이 없이 연상녀가 연하남에게 모성적 사랑을 많이 주면서도 연하남에 대한 독점욕과 그의 배신에 대한 보상욕구를 많이 갖고 있다면, 연상녀의 모성적 사랑은 파괴적인 그림자를 만날 수밖에 없다.

이 점은 연하남친살해사안(2021년)[41]에서 잘 나타난다. 연상녀(아들 둘, 이혼, 전직간호조무사, 유흥업소종사자, 38세) A는 2020. 11.부터 비밀번호를 갖고 연하남(22세)의 오피스텔에 출입하는 등 그와 애인관계를 맺었다. A는 연하남과 펫사랑 같은 지배적 관계를 만들려고 하였지만 두 달 후부터 연하남이 헤어짐을 더 많이 생각함으로써 갈등이 생겼다. 그러던 중 A는 연하남과 2021. 5. 31. 여수여행을 계획할 정도로 화해하였는데, 6. 6. 새벽 연하남이 친구들과 술 마시는 인증샷을 보내고 애정 어린 카톡대화도 하였지만 그 뒤 만취하여 전화를 받지 않자 화가 치밀어 올라 같은 날 11:30. 그의 집에 들어갔다. A는 잠자고 있던 연하남의 폰 주소록에 자신의 이름이 삭제되었고 카카오톡도 차단되어 있음을 안 순간 배신감과 분노가 치밀어 올랐다. A는 화장지로 손잡이를 감싼 과도로 가슴과 목을 34회 찔러 살해하였다.

## 젠더이론, 남성적 여성성을 교조화하다

이처럼 현대사회에서는 남근적 여성성이 전통적인 모성적 여성성과 함께 보편화되고 있다는 점을 인식하면 데리다(Derrida)가 여성의 본질적 자리를 찾는 노력에 대해서 '여자의 단일한 자리는 없다(there is no one place for woman)'고 말한 까닭을 쉽게 이해할 수 있다.[42] 데리다의 이 말은 반反여성주의적인 비판이 아니라 남성과 여성의 긍정적인 자리바꿈의 춤에 관한 논변이다. 그러므로 여자의 여성성만을 특별히 보호하려 하거나(예: 여자대학의 무조건적 유지), 마치 가부장적 남성성의 범신론(pantheism)[43]

41 이 사건은 언론보도내용이나 판결문 내용으로 재구성한 것이므로 완전한 팩트가 아닐 수 있고, 정신분석학적 논의를 위한 모델사례임을 일러둔다.

42 J. Derrida & C. V. McDonald, "Choreographies: Interview", Feminist Interpretations of Jacques Derrida, Pennsylvania State University Press, 1998, 26쪽.

43 이상돈, "법의 성-정신분석학적 접근", 법철학연구 제27권 제1호, 2024, 258쪽.

에 홀린 듯, 법과 사회의 모든 현상들을 가부장적 남근성에 기반을 둔 권력의 실행으로 바라보고, 그 남근성을 거세하려는 페미니즘적 젠더이론의 기획과 전략은 정신분석학에서는 더 이상 타당하지 않다.[44]

그럼에도 불구하고 젠더이론들은 가령 가족모임에서 여성에게 '결혼 안 하니?', '아이는 안 낳니?'라고 말하는 것도 정상가족이데올로기를 담은 혐오표현이며 젠더폭력이라고 비판한다. 그러나 많은 보통의 사람들은 여전히 '결혼하는 게 정상이지', '불임이 아니라면 아이도 낳는 게 정상이지'라고 생각할 수도 있고, 그렇게 말할 수도 있다. 정상가족이데올로기에 대한 성찰은 물론 필요하다. 그러나 성찰은 이런 말들을 가부장적 젠더기반권력이 실행된 혐오표현이라고 개념화하고 금지하는 것이 아니라, 정상가족 밖의 삶도 차별하지 않는 것 그리고 정상성(normality)의 의미를 문화적 변화에 개방하고(예: 동거의 정상성 인정), 대화적 소통을 통해 지속적으로 재구성해가는 것이다. 이러한 성찰을 법에 수용하기 위해서는 무엇보다도 헌법의 양성평등 가족제도조항(제36조)에다 "혼인하지 아니하였다는 이유로 차별받지 아니한다"는 조항을 추가하는 것이 바람직하다. 그런 법개혁을 통해 결혼을 정상으로 생각하는 사람들과 다르게 생각하는 사람들을 모두 인정하고 존중하는 평형을 이룰 수 있다. 이런 성찰적 평형에서 보면 결혼하지 않았다고 차별하는 것은 젠더폭력이 되고, '결혼은 정상이다'는 말을 혐오표현이라고 규제하는 것은 젠더이론의 폭력이 된다.

## 여자살해, 여혐살인이 되다

젠더이론의 폭력성은 조현병 환자의 살인을 여성혐오살인으로

---

44 여성성과 여성주의를 구별하는 Ellie Ragland-Sullivan, "Jacques Lacan: Feminism and the Problem of Gender Identity", SubStance Vol. 11, No. 3, 1982, 16쪽.

왜곡한 강남역여혐살해사안(2016년)[45]의 예에서 잘 드러난다.[46] 자신의 의사를 표현하지 못할 정도로 주눅들게 하고, 같이 살고 싶지 않은 엄한 아버지 밑에서 성장한 A(34세)는 2003. 신학원 입학 후 '여자들이 내 얘기하며 흉을 본다'며 신경쇠약에 시달렸고, 2009. 8.경 조현병(정신분열증) 진단을 받아 수차례 입원과 퇴원, 증세호전과 재발악화를 반복하다 2015. 3.경 신학원에 재입학하였고, 2015. 8.경 다시 입원치료를 받았지만 '여자들이 자기를 견제하고 괴롭힌다'는 망상이 커졌다. A는 2016. 1.경 퇴원하면서 도파민수용체를 차단하는 약물복용을 중단하였고 2016. 3.경 가출하여 강남역 부근 건물의 계단이나 화장실에서 쪽잠을 자며 주점에서 일하다가 '여자손님이 자기를 모함하고, 담배꽁초를 던진다'는 피해망상으로 스트레스와 분노가 일어나 2016. 5. 17. 00:30경 주점 남녀공용화장실에 들어가 숨어 있다가, 6명의 남자가 들어왔다 나간 후 무작위로 처음 들어온 여자(22세)를 칼로 찔러 살해하였다. A는 검거된 후 "엄마도 여자이기 때문"이라며 어머니가 가져다준 옷을 입지 않았고, 재판에서 국선변호인의 면접·변론을 거부하였으며, 심신미약사유가 되는 자신의 조현병도 부인하면서 '나는 건강하다'고 주장하였고, 살해도구인 칼 등의 유죄증거들과 여성증오관련 자료에는 증거동의를 하면서도 피해자에 대해서는 마음 아프고 미안하지만 반성하지는 않는다면서 "지금은 뭐 만족하고 있다"고 말하기도 하였다.

남근적 여성상을 교조적으로 지향하는 젠더이론은 이 살인사건을 여성혐오범죄이자[47] 가부장의 젠더기반권력이 실행된 살인

---

45 이 사건은 언론보도내용이나 판결문 내용으로 재구성한 것이므로 완전한 팩트가 아닐 수 있고, 정신분석학적 논의를 위한 모델사례임을 일러둔다.

46 서울중앙지방법원 2016. 10. 14. 선고 2016고합674 판결; 대법원 2017. 4. 13. 선고 2017도1213 판결: K는 징역 30년과 치료감호 등을 선고받았다.

47 이 사건 당시 강남역 10번 출구에 추모행렬이 이어졌고, 성별갈등에 대한 논쟁이 미디어를 장식했으며, 한국언론진흥재단이 당시 실시한 여론조사에서 이 사건을 여성혐오 범죄라고 보는 데에 여성의 78.2%, 남성의 48.1%가 긍정했다.

으로 보았다. 여성은 남성에게 순응해야 한다는 관념의 남성이 그 관념에서 벗어난 여성을 봤을 때 발생하는 분노에 기반을 둔 살인이라는 것이다.

## 자아의 궁핍, 정신의학적 질환이 되다

그러나 조현병환자는 환각(예: 환청, 환시), 피해망상, 언어붕괴의 증상을 보인다는 점에서, 융(Jung)이 밝힌 네 가지 정신작용 중 감정(feeling)과 직관(intuition)에 비해 사유(thinking)와 감각(sensing)의 능력이 보통사람보다 현저하게 부족한 사람이다. 초자아(superego)가 발육부진인 경우를 윤리의 궁핍이라고 부르듯이 사유와 감각이 발육부진인 조현병(정신분열증)은 '자아의 궁핍'(ego impoverishment)이라고 부를 수 있다. 그런데 이성법의 인간상은 주로 사유와 감각의 인지작용을 중심으로 구축된 이성적 주체이며, 합리적 자아(ego)의 소유자이다. 가부장적 젠더기반 권력은 바로 그런 합리적 자아의 주체인 부르주아가 형성해온 것이다. 조현병환자는 그러한 합리적 자아가 궁핍한 사람이다. 그렇기에 조현병환자는 여성살인의 동기가 되는 가부장적인 여성폄하의 이데올로기와 그 가치를 애당초 성취할 수가 없다. 그러므로 이 사건에서 A가 조현병환자임을 고려하지 않은 채 그의 살인을 여성혐오살인이나 가부장적 젠더기반권력의 실행으로 보는 젠더이론의 해석은 타당할 수 없다. 그런 해석은 A에게 집단비난이 쏟아지게 만들고 가혹한 법적 처벌을 하게 만든다. 이를 두고 젠더이론의 폭력이라고 부를 수 있다.

이에 비해 정신의학자들은 당시 A의 살인을 여성혐오범죄가 아니라 조현병이 원인이 된 정신질환자의 살인, 법적으로는 책임무능력자(형법 제10조) 또는 한정책임능력자(제10조 제2항)의 범죄로 바라보았다.[48] 정신의학에서 조현병은 MRI 영상에서 치매와

유사한 뇌실질의 이상이 발견되고 신경세포 소실 등으로 감각과 사유에 심각한 기능장애가 초래된 질병으로 이해된다. 그러나 뇌실질의 이상과 신경세포의 소실은 조현병환자의 살인의 원인(cause)이 아니라 기껏해야 상관성(correlation) 있는 요소가 될 뿐이다. 《뇌실질이상 → 조현병 → 여성살인》을 인과적 과정으로 엮는 정신의학적 해석은 MRI영상에서 뇌실질의 이상변화가 있어도 살인에 나아가지 않는 사람들이 있고, 정반대로 그런 이상변화가 없어도 환각과 망상 속에서 살인하는 사람들이 있다는 점을 설명하지 못한다. 또한 A의 환각과 피해망상이 하필이면 왜 여자에 대해서 발현되었는지도 적절하게 설명하지 못한다. 더 나아가 이런 정신의학적 해석은 조현병환자의 범죄율이 일반인의 범죄율보다 오히려 낮다는 점에서 조현병환자를 사회에서 격리해서는 안 된다는 정신의학적 계몽과도 모순적이다.

## 자아가 붕괴된 남자, 모성적 여성성을 살해하고 스스로 죽다

정신분석학적 해석은 이 두 가지의 상반된 해석을 변증적으로 극복할 수 있다. 첫째, A의 초자아는 그가 같이 살기도 싫어한 엄격한 아버지의 욕망과 규율이 생성시킨 '욕망적 초자아'와 그에 맞서는 종교귀의(예: 신학원에 입학)의 의지가 생성시킨 '윤리적 초자아'가 합해져 극강의 초자아가 되었던 반면, A의 자아는 선천적으로 사유와 감각의 역량이 부족한 '극약極弱의 자아'였다고 추측해보자. 그러면 초자아와 자아 사이에 극도의 분열이 초래되고, 그런 분열상태에서 A는 20대 성년이 되어도[49] 남근성의 가치(일, 사랑)를 성취할 수가 없었기에 조현병도 다시 더 심해지는 악순환을 겪게 되었을 것이다. A의 살인은 바로 그런 악순환 속에서

48 최명기, "여혐·남혐은 칼날 단 부메랑", 신동아 2016. 6. 24.자 참조.

49 바로 그렇기에 조현병은 아동·청소년기에 진단되지 않고, 대부분 20대에 진단되며, 이는 조현병도 뇌의 실질만의 문제가 아니라 자아에 의한 초자아와 이드의 조율과 평형이 실패된 신경증의 강한 발현이라고 보인다.

일어난 자아의 완전한 붕괴에서 비롯된다.

둘째, A와 같은 가련한 자아의 존재에게 가부장적인 아버지로부터 거세되거나(예: 부자관계절연, 사회적 폐인 전락) 거꾸로 아버지를 죽이는 부친살해의 충동을 막아주고 건강한 자아로 성장할 수 있게 하는 것은 오직 강한 모성적 여성성뿐이다. A는 자신에게 모성적 사랑을 주어 남근성을 생성시키고 전유하게 만들어 줄 여자를 강렬하게 욕망했을 것이지만, 현실에서는 그 어떤 여자도 얻을 수 없었을 것이다. 그런 상태에서 A는 특정 동기에 따른 '아무개 여자'를 살해한 것이 아니고, 여성 일반을 혐오하여 '여성 아무나' 한 명 살해한 것도 아니다. A는 자신의 정신적 생존에 불가결하고 간절히 욕망해온 모성적 여성성, 즉 자신에게 부재하는 남근성을 생성시켜 주고 그것을 재전유하는 여성성을 살인한 것이다. 이 살인은 모성적 여성성이 생성시켜주는 남근성을 향유할 가능성이 자신에게 더 이상 남아 있지 않다는 극단적인 절망 속에서 일어난 것이다.

그처럼 가련한 자아의 남자는 정신적으로 앞으로도 계속 힘겨운 삶을 견뎌낼 자신이 없다. 살인은 그와 같은 절망과 좌절을 죽음의 무덤 속에 묻는 의식이며, 살인충동은 곧 죽음충동(thanatos)의 외부화이다. 그렇기에 A의 모성적 여성성 살인은 자살의 의미를 갖게 된다.

# 여점성, 법이 되다

## 서양의 철학과 문화, 남근주의에 빠져 있다

포스트모던 사회에서 여성성은 이성법의 남근성을 전유하거나 재전유하는 주체의 지위와는 완전히 다른 고유한 여성성이 등장하고 있다. 아래에서 내가 여점성女粘性(femmucous)이라고 이름짓는 완전히 새로운 여성성 개념을 주창한 것은 정신분석 여성학자 뤼스 이리가라이(Luce Irigaray)이다. 그녀는 먼저 서양철학이 남근중심으로 형성되어 있다고(남근주의 phallocratism) 비판한다.[50] 비판의 핵심은 여자는 서양철학이 남자의 불멸을 위한 형이상학적 그릇(metaphysical container)이거나 남자의 즐거움과 주이상스를 위한 장소[51]에 불과했다는 것이다. 가령 아리스토텔레스의 자연학에서 공간은 공허(void)가 아니라 제한적인 물리적 연장(extendable limit)을 지닌 것으로 이해되지만, 공간은 막상 여성의 실제 삶에서 주어지지 않는 매우 성별화된(sexed) 것이다. 그렇기에 남성에 환원될 수 없는 공간, 즉 성차[52]가 인정되어야만 비로소 여성도 고유한 삶의 주체성을 누릴 수 있다고 본다. 이리가라이는 위대한 관념철학자 헤겔(Hegel)의 변증법도 여성의 남근결핍과 남근선망에 부정의 기능을 맡길 뿐이어서 헤겔의 변증법 역시 "남근중심적 변증법"[53]이라고 비판한다. 하지만 이러한

---

50 Luce Irigaray, "Women's Exile", Ideology and Consciousness, Vol. 1, 1977, 62~73쪽; This Sex Which is Not One, Cornell University Press, 1985, 82쪽.

51 Luce Irigaray, An Ethics of Sexual Difference, Cornell University Press, 1993, 10쪽; D. Rita Alfonso, "Space and Irigaray's Theory of Sexual Difference", Thinking With Irigaray, SUNY Press, 2011, 104쪽.

52 D. Rita Alfonse, 위의 책, 99, 101, 103쪽.

철학비판은 철학을 형이상학의 차원에서 빼내어 역사적 현실로 끌어내릴 때에만 가능한 것이다. 남근주의 철학에 대한 이리가라이의 비판에도 불구하고 형이상학적 철학의 위치는 달라지지 않는다.

그리고 이리가라이의 비판은 서양문화의 남근주의에로도 향해져 있다. 그녀의 비판의 핵심은 남근만 "주인-기표"로 기능하고, 여성은 그런 기표로 구축되는 "남성적 욕망에 소속"된 단지 결여 · 부재 · 결핍의 존재였다는 점이다. 즉 여성되기란 "남성욕망의 영원한 대상과 가능한 한 유사한 사람이 되는 것을 유일한 욕망으로 갖는" 존재가 되는 것이었다.[54] 또한 여성은 남근이 주인-기표로 구축되어 있는 문화에서는 마치 "어린 남자아이"와 같은 존재로 취급된다. 어떤 집단의 사람들에게 위험이 닥쳤을 때에도 여자는 아이와 함께 우선적으로 보호대상될 뿐이고 그 공동체의 위험을 함께 대처하는 주체로 여기지 않는다. 서양의 남근주의문화는 우리 사회의 가부장 문화에서도 발견된다. 가령 우리 사회에서 어른들이 즐겨 사용한 '여자는 나이 들어도 수염이 나지 않는다'라는 말은 성인여자의 지성을 남자아이의 수준으로 비하하고 있는 것이다. 그러나 여자가 수염이 나지 않는 것은 남자에 비해 테스토스테론(testosterone) 호르몬 수치가 낮은 몸의 특성에서 비롯되는 생물학적 현상일 뿐이다.

남근주의의 철학과 문화에 대한 이리가라이의 비판은 기본적으로 타당한 것이지만, 남근성은 단지 남자만을 주체로 만드는 기표가 아니라 앞서 살펴본 바와 같이 모성적 여자도 재전유를 통해서 주체로 만드는 기표임을 간과하거나 경시한 것으로 보인다.

---

53 이리가라이(심하은 · 황주영 역), 반사경, 꿈꾼문고, 2021, 86쪽.

54 이리가라이, 위의 책, 50, 47, 82, 36쪽(따옴표 부분은 순서대로 인용한 면 표시임).

## 이분법에 빠져 있는 페미니즘

이리가라이는 이처럼 남근주의의 서양철학과 문화를 비판하지만, 정반대로 그에 맞서 여성성을 정치화하고 투쟁적 개념으로 몰아가는 페미니즘에 대해서도 다음과 같은 비판을 한다.

- 첫째, 여성적인 것을 페미니즘처럼 합리적 여성과 같은 단일 개념에 포섭하는 것은 여성을 다시금 남성성을 재현시키는 체계, 단지 남성주체의 나르시시즘을 도와주는 체계나 의미의 덫에 사로잡히게 만든다.[55]
- 둘째, 여성을 감성의 주체에서 이성의 주체(예: 합리적 여성)로 전환하거나 감성을 이성에 비해 부차적인 것으로 바라보지 않아야 한다.[56]
- 셋째, 페미니즘이 매여 있는 남성과 여성, 정상과 비정상, 동일자와 타자 등의 근대적인 이분법적 사고는 해체되어야 한다.[57]

첫째의 비판은 가령 성희롱의 개념에서 보듯 법의 여성상을 '합리적 여성'으로 환원하면 법의 성은 여자가 전유하는 남근성(남근적 여성)으로 단일화되고, 그렇게 되면 법의 성은 남자가 전유하느냐 아니면 여자가 전유 또는 재전유하느냐의 차이만 있을 뿐 결국에는 남근성으로만 채워지게 되고, 고유한 여성성에는 어떤 자리도 남지 않게 된다는 의미이다. 둘째의 비판은 앞에서 정신분석학적으로 재해석한 모성적 여성성을 페미니즘처럼 남근적 여성성보다 부차적인 것으로 봐서 안 된다는 것, 더 나아가 인간의 다성적 정체성을 구성하는 데에는 모성성도 남근성, 여점성과

---

55 장미경, 페미니즘의 이론과 정치, 문화과학사, 1999, 147쪽.
56 장미경, 위의 책, 73쪽.
57 Kelly Oliver & Marilyn Pearsall, "Why Feminists Read Nietzsche", Feminist Interpretation of Friedrich Nietzsche, Pennsylvania State University Press, 1998, 7쪽.

동등하게 활용되는 세 가지 겹 중 하나가 된다는 의미로 재해석할 수 있다. 셋째의 비판은 뒤에서 설명하듯이 포스트모던 사회에서는 남자든 여자든 그 밖의 다른 어떤 인간존재든 다성적 정체성을 갖고 있다는 의미로 재해석할 수 있다.

## 여점성, 두 개의 입술과 점액 위에서 정초된 여성성

이리가라이는 여성성을 남근성과 전혀 다른 '인간의 성적 코드'로, 즉 남근성의 밖에 있으면서도, 남근성'을' 필요로 하고, 남근성'이' 필요로 하는 파트너로 정립한다. 이리가라이는 여성성을 남근 개념처럼 여자의 몸(body)에 정초시킨다.[58] 특히 남자와 다른 여자의 몸 특징으로서 여자의 생식기가 지속적으로 접촉하는 두 개의 입/입술과 점액(the two mouths and two lips/mucous)으로 만들어져 있고, 그래서 남자와 달리 손을 포함한 어떤 도구를 사용함이 없이도 자기애무(self-caressing), 자가에로티시즘(auto-eroticism)을 향유할 수 있다는 점을 여자의 고유한 여성성의 기초로 삼는다. 여자는 이미 서로를 애무하는 둘(two)의 존재라는 것이다.[59] 이런 이론적 정초에 의해 그런 몸의 특성을 결여하고 있는 남근성 밖의 여성성이 정립된다. 아울러 '적극적 · 능동적 남근과 소극적 · 수동적 질'의 대립과 같은 남근주의의 패러다임에서도 벗어나게 된다.

물론 여자의 두 가지 몸 특징은 생물학적 특징이면서 동시에 일종의 몸 상징(body symbolic)[60]이며 남근주의에 맞서는 은유적인 전복의 가치를 위해 선택된 기표로 보아야 한다. 그러니까 두

58 이 점에서 이리가라이는 페미니즘이 아니라 본질주의(essentialism), 성의 형이상학자(metaphysician of sex)라는 비판을 받기도 한다.

59 Luce Irigaray, This Sex Which is Not One, Cornell University Press, 1985, 80, 83쪽.

60 자세히는 Margaret Whitford, "Irigaray's Body Symbolic", Hypatia Vol. 6, No. 3, 1991, 98, 100쪽.

개의 입술은 여성성기를 검은 구멍이라는 시각중심의 남근형태적 기표에서 벗어나게 하는[61] 촉각 중심의 기표이다. 또한 두 쪽 입술 이론보다 늦은 1984년에 정초한 개념인 점액(mucous)에 관해 이리가라이는 "점액은 의심할 바 없이 천사와 관련된 것으로 묘사되어야 하는 반면, 점액과의 관계가 박탈되어 온 몸과 그 제스처는 쓰러진 몸이나 시체와 연결된다."[62]고 말한다. 그러니까 이리가라이에게 여성의 점액은 여성의 몸과 섹슈얼리티를 초월적이고 신성한 것으로 만드는 서양문화의 재상징화 기표인 것이다. 이와 같은 기표 위에서 이리가라이가 말하는 여자의 고유한 여성성은 남근성男根性(phallus) 개념과 대응하여 여점성女粘性(femmucous[63])이라고 개념화할 수 있다.

## 여점성은 법에게 촉각적 정의를 원한다

촉각 중심의 기표로서 여점성이 법의 성이 되는 현상은 이미 펼쳐지고 있다. 대표적으로 키스녀혀절단사안(2013년)을 들 수 있다. 남자 A(23)는 모 술집에서 자신의 여자친구와 그녀의 여자친구 B(22)를 만나 술을 마시고 만취상태에서 04:30 길바닥에 드러누웠고, 이때 B가 자신의 목과 허리에 손을 두른 채 강제로 키스하려 하자 그녀의 혀를 깨물어 2㎝가량 절단하였다.

대법원은 여자가 남자의 강제키스를 혀절단행위로 방어한 경우에는 정당방위를 인정한(大判 89도358) 반면, 이 사건처럼 남자가 여자의 강제키스를 혀절단행위로 방어한 경우에는 여자의 몸

61 여성사진작가 10인의 패션이미지 860장을 통해 여성의 '두 입술' 사진들이 여성의 주체적인 성적 쾌락, 여성연대나 여성동성애, 두 여성의 접촉(여성애와 자매애)을 표현한다고 분석한 홍영주 · 전재훈, "패션 사진에 나타난 여성의 섹슈얼리티 표현 – 뤼스 이리가라이의 두 입술(Two Lips) 이론을 중심으로", 한국패션디자인학회지 제24권 제3호, 2024, 103쪽 아래 참조.

62 Irigaray, Ethics of Sexual Difference, translated by C. Burke, G. Gill, Cornell University Press, 1993, 17쪽.

63 femmucous는 필자가 남근성 phallus와 대응하는 여점성을 한 단어로 표현하기 위해 여자 feminine의 fem과 mucus를 합성하여 만든 조어이다.

을 밀쳐내는 방법 등으로 제지할 수 있고, 남자의 법익이 여자의 법익보다 우월하지 않다는 점에서 방위행위에 상당한 이유가 없다고 본다(大判 2014도17023). 이런 정당방위의 상당성 판단은 얼핏 보면 성차별이다. 이런 성차별의 정당화 근거는 법감정에서 찾기도 하지만 법감정은 너무 모호하면서 추상적이다. 육체적 방어역량의 남녀차이는 예외가 많기 때문에 일반적인 성차별의 근거가 되기 어렵다. 다른 논거가 필요하다. 이를테면 남자의 그와 같은 방어행위는 추하고, 적어도 다른 방어방법이 없을 때에만 추하지 않다는 식의 심미적 판단이 형법적 정의의 한 내용(미학적 정의)이 된다고 주장할 수 있다.[64]

하지만 이 심미적 판단은 여점성을 고려할 때 더욱 설득력이 있다. 이리가라이가 말하는 두 입술과 점액의 육체적 특성에서 비롯되는 성차이, 즉, 남자는 삽입중심의 사랑을 지향함에 비해 여자는 남자보다 신체적 접촉에 더 민감하고, 모든 터치행위를 사랑의 과정으로 인지하며,[65] 그렇기 때문에 원치 않는 접촉으로 인한 감정피해의 흔적이 크다. 그래서 이리가라이는 '여자는 성기(sex organs)를 몸 어디에나 갖고 있다'고 말한다. 바로 이와 같은 점에서 볼 때 여자의 경우 혀절단 방어행위의 시점은 남자의 경우보다 빠르게 찾아온다. 즉, 여자의 혀절단 방어행위는 다른 방어수단의 모색이 없었어도 정당방위로 인정되는 것이다. 이를 여자에게 감각적 · 감성적으로 맞는 것이라는 의미에서 촉각적 정의(touchable justice)라고 부를 수 있다. 이런 여점성의 법리구성으로 성차별의 문제는 해소되고, 성차이가 존중될 수 있다. 이때 주의할 점은 여기서 말하는 촉각적 정의는 여자에게만 적용되는 것이 아니라 여점성의 남자에게도 적용될 가능성을 배제하지 않는

---

64 이런 입장으로 이상돈, 법의 깊이, 법문사, 2018, 613쪽.

65 Luce Irigaray, This Sex Which is Not One, Cornell University Press, 1985, 81쪽.

다는 것이다.

## 여자는 두 겹의 존재다

이리가라이가 말하는 "남성적 주체로 환원될 수 없는"(irreducible to the masculine subject)[66] 고유한 여성성, 나의 한국어 의역으로 여점성은 남근성을 배제·부정하는 것이 아니며, 남근성보다 하위의 성, 곧 제2의 성(the second sex)이 되는 것도 아니다. 여점성은 인간종의 보존과 문화의 발전이라는 공통의 목표를 향해가면서 남근성과 둘(two)이 되는 다른 성이다. 그러므로 여점성의 여자는 급진 페미니즘처럼 타자(여성·객체)가 되지 않기 위해 동일자(남근적 주체인 남자, 아버지, 지도자, 유일신, 단일한 진리 등[67])가 되는 것이 아니라 두 주체를 결합하는 "두 겹의 존재(dual being)"[68]가 되는 것이다. 이는 남녀 간의 진정한 상호주체성의 구현을 지향한다. 그러나 이를 위해서는 남근성과 여점성이라는 몸의[69] 성차(sex difference)를 인정하고 존중하여야 한다. 여점성은 총체성과 획일성을 요구하는 남근성과 달리, 보편성과 총체성을 전제하지 않는 순수한 차이로서만 존재한다.[70] 즉 여점성의 여자는 이성이 결핍된 존재가 아니라 이성과 다른 차이(difference)의 존재일 수 있어야 하는 것이다.

그렇기에 파이어스톤(Firestone)이 새로운 여성성으로 바라본 '다형태의 성행위들'[71]이나, 여성해방의 핵심적인 문화코드인[72] 레

66 Luce Irigaray, "The Question of the Other", Yale French Studies No. 87, 1995, 9쪽.
67 Luce Irigaray, 위의 논문, 12쪽.
68 Luce Irigaray, 위의 논문, 19쪽.
69 Luce Irigaray, This Sex Which is Not One, Cornell University Press, 1985, 79쪽; "And the One Doesn't Stir without the Other", Signs Vol. 7, No. 1, 1981, 60쪽.
70 홍준기, 오이디푸스 콤플렉스, 남자의 성, 여자의 성, 아난케, 2008, 271~272쪽.
71 Shulamith Firestone, The Dialectic of Sex, Bantam Books, 1970, 59쪽.

즈비언적 사랑[73]은 여점성이 발현된 성차이로서 법도 이를 승인하고 보호해야 한다. 다만 동성혼까지 혼인법제에 수용하는 것은 역설적이게도 여점성을 모성적 여성성으로 환원시키거나 적어도 혼융시킴으로써 그 고유한 의미를 지워버린다. 그래서 이리가라이도 말한다. "나는 아버지의 혈통과 남성의 모조품에 대한 열망에 관심이 없다 … 남편도 아내도 되지 말자, 가족 없이 하자, 역할, 기능, 그들의 재생산의 법이 없도록 하자. 나는 너를 사랑해: 너의 몸, 여기, 거기, 지금. 나는/당신은 당신을/나를 만진다; 이 정도면 우리가 살아있음을 느끼기에 충분하다."[74]

## 비혼주의, 남근성 모델에서 벗어난 여자의 삶

모성적 여자와 달리 여점성의 여자는 가정을 이루지 않기도 하고, 아이를 혼자 낳아 기르지만 남자들과는 결혼을 하지 않고 사랑과 동거만을 거듭 하거나 아예 남자 없이 반려동물과 함께 사는 비혼여자의 삶을 살 수도 있다. 여기서 미혼未婚이 아니라 비혼非婚이라고 표현하는 것은 미혼(여자)이 남근성을 재전유하는 여성성을 전제하지만 아직 남근성을 재전유하지 못한 여자를 가리키는 개념인 반면, 비혼은 남근적 모델에서 벗어난 개념이기 때문이다. 물론 우리 사회에서는 비혼 개념이 유행하고 있으나 많은 경우 미혼상태를 주체적인 삶으로 꾸미기 위한 표현으로 사용되는 것으로 보인다. 그러나 이리가라이에 의하면 진정한 의미의 비혼(주의)의 삶을 통해 여자는 결혼하고 아이를 낳아 기를 때 아이에게 삶을 주는 대신 자신을 희생하는[75] 모성성에서 벗어나 주

---

72 Paula C. Rust, "Another Revolution on the Political Wheel: The Politicization of Bisexuality", Bisexuality and the Chalenge to Lesbian Politics, NYU Press, 1995, 250쪽.

73 L. Faderman, "낭만적인 우정과 레즈비언 사랑", J. Lorber(최은정 외 역), 젠더 불평등, 일신사, 2005, 152쪽.

74 Luce Irigaray & Carolyn Nurke, "When Our Lips Speak Together", Signs Vol. 6, No. 1, 1980, 72쪽.

체적인 여성성을 가질 수 있다. 그렇기에 비혼출산을 혼인 중 출산과 차별하지 않는 법이 요구되고, 헌법 제36조 제1항("혼인과 가족생활은 개인의 존엄과 양성의 평등을 기초로 성립되고 유지되어야 하며, 국가는 이를 보장한다.")을 "혼인하지 아니하였다는 이유로 차별받지 아니한다"는 규정으로 개정할 필요가 있다. 같은 이유에서 독신(여)자도 입양권(민법 제908조의2 제1항 제1호의 개정)을 누릴 수 있어야 한다.[76] 이런 법의 변화는 어쩌면 절벽의 모습을 띠는 인구감소에 반전을 가져올 수 있는 유효한 정책이 될지도 모른다.

## 여자, 마침내 가부장적 질서의 기표를 벗어던지다

이와 같은 여점성의 구상에서 여자는 "법의 힘을 지닌 남근주의적 모델(phallocratic model)을 복제·재현하는 것이 아니라 자연, 물질, 몸, 언어 그리고 욕망에서 남자와 다른 방식으로 사회화됨으로써"[77] "여성을 위한/여성에 의한 성적 현실의 재현의 경제"[78]를 만들어가는 고유한 주체가 될 수 있다. 이를 위해서는 무엇보다도 먼저 여자는 가부장적 질서의 기표가 부여한 여성성과는 다른 여성성을 향유하는 주체가 될 수 있어야 한다. 예를 들어 보자.

첫째, 가부장질서 아래서는 아무리 자발적 성매매를 하더라도 여자는 가부장적 질서가 여성에게 부과한 어머니, 딸/처녀라는

---

75 어머니에게 원하는 것은 자신에게 삶을 주고도 당신이 여전히 살아남아 있는 것이라고 말하는 Luce Irigaray, "And the One Doesn't Stir without the Other", Signs Vol. 7, No. 1, 1981, 67쪽.

76 그 밖에도 여점성은 반려동물의 법적 권리(예: 상속권) 주장으로 이어질 수도 있으나 퇴행적 나르시시즘의 문제가 있기에 여성적 주체성의 발현인지는 의문이다.

77 Luce Irigaray, "Women on the Market", Alan D. Schrift (ed.), The Logic of the Gift: Toward an Ethic of Generosity, Routledge, 1997, 811쪽.

78 뤼스 이리가레(심하은·황주영 옮김), 반사경: 타자인 여성에 대하여, 꿈꾼문고, 2021, 80쪽.

쓰임새[79] 밖에 위치하는 창녀-기표를 할당받는다. 이 윤리적 기표로 인해 성매매여성은 오히려 다양한 형태의 폭력과 희생에 노출되기 쉽다. 그러나 여점성의 여성성은 남자들 간의 교환거래가 이루어지는 장소(시장) 밖에 위치할 때 부여받는 '창녀'(prostitute)라는 가부장적 질서의 윤리적 기표를 벗어던지고, 타자나 '다른 쾌락을 위해 자신의 쾌락을 희생하지 않는' 재발견된 여자[80]로 살아갈 가능성을 인정한다. 여성 각자가 완전히 사적이며 비조직적이며 자발적으로 하는 성매매는 그처럼 재발견된 여자에게는 주체적인 삶의 방식이며 과정이 된다. 이는 비단 성매매여자에게만 국한된 것이 아니다. 자신의 욕망을 충족하는 조건을 갖춘 남자를 선택하여 결혼하고 가정을 꾸려나가는 삶의 여자도 속물이 되는 것이 아니라 여점성의 여자와 동등하게 주체적인 삶을 산다고 보아야 한다. 포스트모던 사회에서는 사실 처녀의 기표가 이미 사라졌기 때문에[81] 처녀-기표와 창녀-기표의 구분 자체가 무의미해졌다. 게다가 오늘날 여자는 어머니의 기표 밖에서 사는 여자들도 많아졌다. 그러니까 가부장사회가 여자에게 부여한 세 가지 기표 '어머니, 처녀, 창녀'의 구별이 사라졌거나 무의미해진 것이다. 자발적 성매매도 처벌하는 성매매처벌법 제21조 제1항과 이 조항에 대한 합헌결정(憲裁決 2013헌가2)[82]은 가부장적 질서의 세 기표들 간의 구별이 사라진 사회에는 맞지 않는다. 여점성에 기초한 반성이 필요하다.

---

79 Luce Irigaray, "Women on the Market", The Logic of the Gift, 1997, 808쪽; "어머니, 처녀, 창녀는 여성에게 부여된 사회적 역할들이다 … 어머니로서 처녀로서, 창녀로서도 여성은 자신의 고유한 쾌락을 향유할 권리가 없다."

80 이런 여자를 시민적 자율성의 여자로 지향했던 Luce Irigaray, This Sex Which Is Not One, Cornell University Press, 1985, 30쪽.

81 가부장 사회가 여자에게 부여한 기표로서 처녀성에 관해 이리가라이는 "우리 사이에는, 처녀성과 비처녀성(virginal and nonvirginal) 사이에 어떤 균열도 없다"고 한다. Luce Irigaray & Carolyn Nurke, "When Our Lips Speak Together", Signs Vol. 6, No. 1, 1980, 74쪽.

82 2016년 이 헌재결정은 성의 상품화, 노동력의 정상적인 흐름 왜곡, 산업구조의 기형화, 성매매의 폭력적·착취적 성격 등 페미니즘의 입장에 서 있다.

이에 반해 다소 뒤늦은 2012년이었지만 형법상 강간죄(제297조)의 객체가 "부녀婦女"에서 "사람"으로 개정된 것은 가부장적 질서가 여자에게 부여하는 세 가지 기표 중 두 가지의 구별을 혁파한 것이다. 왜냐하면 이 개정은 강간죄 객체의 범위를 여자에서 모든 인간으로 확장할 뿐만 아니라 가부장 '시아버지'를 중심으로 여자를 며느리(시집 온 여자; 부인) 아니면 딸(시집 안 간 여자; 처녀)로만 바라보는 관계개념인 부녀를 해체하였기 때문이다. 이리가라이가 말하는 이런 법언어의 폐기는 가부장이데올로기의 해체를 가져온다.

둘째, 결혼이 아니라 등록파트너로 살아가는 것 역시 여점성의 삶으로 볼 수 있다. 우리 사회에서 제안된 바 있는 동거등록제가 동거에 대해 부부간의 다양한 법적 혜택(예: 건강보험,[83] 세제혜택, 아이양육지원, 주택분양권혜택 등)을 주는 수준(예: 프랑스의 시민연대계약 pacte civil de solidarité)을 넘어서 혼인과 유사한 권리(예: 재산분할권, 상속권, 동거일방해지자유 불인정)까지 인정한다면, 그것은 여점성을 억지로 모성적 여성성의 혼인법제에 끼워넣고 성차이도 지우는 잘못된 정책이 된다.

셋째, 남자와 결혼·파트너등록으로 가정을 이루더라도 출세와 도시적 삶 등 타자의 욕망(모방욕망, 비교욕망)에 거리를 두고, 자연과 함께 하는 감성적 삶을 살아가는 것(예: Scott & Helen Nearing의 삶)도 여점성에 속할 수 있다. 그렇기에 삶의 도시화와 정반대로 삶을 지역화하고 근거리농업과 그에 따른 유통구조를 확립하는 법이 필요하다.[84] 반면 수도권지역을 서울 중심으로 개발하고, 지역의 주민들에게 서울을 지향하는 삶을 유도하는 정책

---

83 가령 2012년의 가족관계의 등록 등에 관한 법률 일부개정법률안(김선민 의원 등 12명) 참조.

84 현재 사회의 발전방향은 전국 어디서나 택배로 물류가 유통되고, 가사인 음식 만들기도 배달음식으로 대체되는 등 여점성과는 정반대의 방향으로 나아가고 있다.

들(예: 광역화와 베드타운 등)은 여점성의 법이 아니라 남근성의 욕망을 실현하는 법정책이다. 미래에는 폐기되거나 더 이상 확산하지 않는 것이 바람직하다.

## 새로운 모성질서를 형성하다

여점성의 주체성은 가부장제 질서에서 빠져나오는 소극적 해방을 넘어서 적극적으로 (모계 maternal geneology[85]의 사회와 유사한 모습) "모녀간의 주체적 관계"[86], 즉 모성질서를 형성할 수 있다. 이리가라이에 의하면 이를 위해 생명(어머니)과 음식(자연)에 대한 존중의 회복, 가정과 공공장소에서 모녀가 쌍을 이루는 매력적 이미지의 확산(예: 모녀사진, 성모마리아와 모친상을 방에 놓아 여성족보를 형상화), 어머니들과 딸들의 여성복수형 사용, 〈나 ↔ 너〉로 나누고 함께 소모하는 모녀관계의 발견, 성의 계급에서 벗어나 차이를 존중하게 하는 어머니의 딸 교육, 자궁과 성의 내부공간 외에 여성 자신과 타자와의 관계 형성을 위한 외부공간의 마련 등이 필요하다. 이때 외부공간 마련은 인위적 가치를 인간적 가치로 대치하고, 자연과 우주 공간으로부터 멀어짐을 피하고 거울의 반사현상과 장난치며 놀고, 엄마와 딸 사이에 손으로 만든 작은 물건을 놓기도 하며, 여성인 나와 여성인 너에게 자신이나 제3의 여성에 관해 말하는 문장을 만드는 것을 말한다.

최근 우리 사회에서도 엄마와 딸의 커플링 현상이 있다. 이때 반지는 남근성의 재전유와 무관한 여성적 연대를 상징한다. 고모보다 이모가, 친사촌보다 이종사촌이 더 가깝게 느껴지며, 여행도 남자형제들의 가족은 같이 가기 어려워도 여자 자매들의 가족은

85 "어머니와 상호주관적 관계를 맺는 여성들의 모계"가 "주체가 된 여자들 사이의 새로운 관계의 원형"이라는 태혜숙, "몸의 정치, 성차의 윤리", 여성이론 통권 제2호, 2000, 242쪽.

86 뤼스 이리가라이(박정오 옮김), 나, 너, 우리(Je, Tu, Nous), 동문선, 1996, 49쪽.

같이 가기 쉽다. 이는 미약하나마 남근성에 환원되지 않는 여성적 주체성을 상징하는 문화현상이다.

또 다른 모성질서 형성의 현상으로 일본의 전복된 일부다처가족을 들 수 있다. 경제활동을 하는 4명의 여자들(2명은 출산)이 직업이 없고, 가사를 전담하는 1명의 남자와 같이 살면서 양육도 함께 하는 가족이다. 이를 언론은 가부장사회의 패러다임에서 바라보아 일부다처의 가족이라고 잘못 보도하였다.[87] 그러나 이 가족현상은 여성들이 남근성을 재전유하는 다처가 된 것이 아니라 여성들이 남자(남편)를 공유하고 출산·양육하는 새로운 여성적 주체의 삶과 모성질서 형성을 보여주는 것이다. '여점성'의 여성성이 발현된 삶의 한 모습인 것이다. 이 가족형태에서 모든 여자와 아이들은 순차적인 결혼과 이혼의 방법으로 남편의 성을 따랐는데, 이는 기존 가족제도에서는 불가피한 방편일 뿐이며, 여자들은 그 방편을 사용하여 여점성의 여성주체적 가족공동체를 형성하고 있는 것이다.

## 여성적으로 말하고 글쓰다

여성적 주체성의 궁극적 형성은 이와 같은 삶의 사회적 현실 차원을 넘어 언어와 말의 차원에서 이루어진다. 이리가라이는 남근중심의 서구문화와 제도들이 억압해온 여성 특유의 육체적 충동이나 무의식들을 분석하고, 여성적 주체성을 구현하려면 '여성적 말하기·글쓰기'가 필요하다고 강조한다. 여성적 말하기는 팔루스-로고스중심주의(phallogocentrism)[88]의 언어를 벗어나 여성

87 조선일보 2023. 12. 24.자. 다만 최근에 이 가족이 유명세를 타면서 남자가 유튜브와 SNS계정을 열어 돈 잘버는 인플루언서로 성장하고 있기에(매일경제 2025. 2. 16.자) 남자가 다시 다수 여자들이 재전유하는 팔루스로 성장할 가능성이 보이고, 그 경우 일부다처가족의 전복을 재전복될 가능성도 있어 보인다.

88 Luce Irigaray, Speculum of the Other Woman, Cornell University Press, 1974.

자신의 경험과 욕망을 (감성과 직관의 언어로) 말하는 것이며, 여성적 말하기로 형성되는 윤리도 가부장의 윤리와 '다른' 윤리가 된다.[89] 여성적 말하기를 위해서 이리가라이는 불어의 문법상 (중성의 가면을 쓰기도 하는) 남성형이 가치 있는 것들에 할당되고, 여성형이 부차적인 위치에 머무르는 통사론의 언어변혁[90]이 필요하다고 본다.

물론 이런 언어변혁은 한국어에서는 필요하지 않을 수 있다. 한국어는 명사가 남성 · 여성 · 중성의 구별이 없고, 남자만 주체-기표로 기능하지 않기 때문이다. 예를 들어 '그가 나를 사랑한다'(능동태), '나는 그에 의해서 사랑받는다'(수동태)와 같이 영어는 구문론적으로 일방의 주체성을 가질 뿐이지만, 한국어에서는 '그는 내가 사랑한다', '나는 그가 사랑하는 사람이다'와 같은 겹주어 또는 이중주어(double subject)를 사용하는 구문이 가능하다.[91] 이 겹주어란 남자와 남자뿐만 아니라 남자와 여자가 똑같이 두 겹의 존재가 되는 여성적 말하기에 원천적으로 유리한 특성이다.

여성적 말하기는 기존의 남성적 언어와 이성적 말하기를 벗어나야 가능하지만, 그렇게 되면 히스테리와 광기의 발화행위가 되어 소통이 불가능해지는 딜레마가 발생한다. 이 딜레마를 극복하는 방법으로 '경유하면서 모방하고, 동시에 넘어서는' 담론을 생각할 수 있다.[92] 여성을 억압하는 담론의 언어를 해체하는 여성언어는 들뢰즈(Deleuze)와 가타리(Guattari)의 소수언어[93]에서 보듯 다수언어 '안에서' 다른 쓰임새들을 통해 다수의 가치들을 변형하

---

89 Luce Irigaray, An Ethics of Sexual Difference, Cornell University Press, 1993.
90 뤼스 이리가라이(박정오 옮김), 나, 너, 우리(Je, Tu, Nous), 동문선, 1996, 32쪽.
91 겹주어가 상호주관성의 기반이라는 이상돈, 법의 깊이, 법문사, 2018, 508쪽.
92 태혜숙, 탈식민주의 페미니즘, 여의연, 2001, 26~27쪽.
93 질 들뢰즈 · 펠릭스 가타리(이진경 옮김), 카프카: 소수적인 문학을 위하여, 동문선, 2001.

고 '더듬거리게' 하는 언어이다. 즉, 여성적 말하기는 팔루스-로고스중심의 이성적 말하기를 경유·모방하면서 동시에 변형하고 마침내 그것을 넘어서는 심미-에로스 중심의 말하기이다. 가령 창녀/성매매여성을 다수(주류)언어인 '성'과 '근로자'(노동자)를 결합하여 '성근로자'(성노동자)라고 말하는[94] 것이다. 이 말은 성 개념과 근로자 개념의 의미들을 단순히 합계하는 것이 아니라 창녀 기표를 부여한 가부장사회의 남근주의를 부정하고, 실제내용은 용역계약(위임계약)임에도 불구하고 '재산권이전과 대금지급'을 내용으로 하는 매매(민법 제563조)와 성을 결합한 성매매(성매매처벌법 제2조 제1호) 개념에 내재하는 페미니즘적 고정관념(예: 성매매는 가부장적 젠더권력의 발현이다)까지 해체한다. 이런 여성적 말하기가 반드시 성근로자 노동조합까지 인정하는 것은 아니다. 그것은 여전히 법정책의 영역에 있는 문제이다. 물론 그런 문제들은 미래에 이성 '법의 회로 너머에서, 법의 한계지점에서'[95] 여점성의 의미를 형성하는 과제이다.

## 법, 여성적으로 말하다

여성적 말하기의 의미를 좀 더 구체적으로 이해하기 위해 형법상 강간죄의 해석·적용을 예로 하여 설명해보자. 첫째, 기존의 법(법전, 보통법)은 근대사회에서 실천이성의 주체인 남자가 합리적 '의사'(will)에 기초한 논리적 사고와 계약에 의해 구축한 법(근대 이성법)이다. 가령 지인에게 강간당하던 여자가 그와 대화를

94 1986년 제2차 세계창녀대회(The Second World Whore's Congress)에서 들렸던 목소리, 즉 성매매는 영혼과 자아를 파는 것이 아니라 역사상 가장 오래된 노동의 하나이며, 자신들은 성노동자들(Sex Worker)라는 주장(이성숙, 매매춘과 페미니즘, 새로운 담론을 위하여, 책세상, 2002, 18쪽)을 하였다. 성매매여성들로 구성된 조직 '홍실'(De Rode Dread)이나 샌프란시스코의 '코요테'(COYOTE: Call Off Your Old Tired Ethics)는 성노동자로 부르길 요구했다.

95 박찬부·조윤숙, "대타자에 대한 주체의 위치", 영어영문학 제51권 제1호, 2005, 95쪽.

하였고 구조요청도 하지 않았다고 하여 항거가 곤란한 폭행·협박에 의한 강간이 논리적으로 추론되지 않는다는 과거의 판결[96]은 지극히 팔루스-로고스중심의 말하기인 것이다(도표 ⓐ).

| | 이성적 말하기<br>팔루스-로고스 중심 | 비이성적 말하기<br>심미-에로스 중심 |
|---|---|---|
| 남자 | ⓐ 남자의 남성적 말하기 | ⓒ 기하학적 조형미<br>남자의 여성적 말하기 |
| 여자 | ⓑ 여자의 남성적 말하기 | ⓓ 질감미 texture<br>여자의 여성적 말하기 |

둘째, 여성적 말하기는 여자가 말하기와 구별해야 한다. 여자도 남성적 말하기를 할 수 있기 때문이다. 이 점을 외교관준강간사안을 예로 설명해보자. 모 대사관 참사관 A는 약 3개월 동안 자신의 업무를 지원해온 여자의 인터이 끝난 날 기념으로 같이 와인을 곁들인 식사를 하고 21:30쯤 만취한 그 여자를 승용차에 태워 자신의 집으로 데려갔고, 몇 시간 잠을 자다가 새벽 2시쯤 성관계를 가졌다. 여자는 아침에 일어나 A와 잠시 대화를 나누고 A의 쿨한 태도를 느끼고 귀가한 후 경찰에 신고하였고, 산부인과에서 A의 남은 정액도 채취하였으며, 성교에 동의'의사'가 없었기에 준강간죄(형법 제299조)가 성립한다고 주장하였다. 반면 A는 성교할 때 여자가 거부하지 않고 받아들였다고(행동에 의한 묵시적 동의를) 주장하였다. 둘이 음식점에서 나갈 때 함께 걸어 나갔다는 당시 음식점주인의 진술 이외에 다른 결정적인 증거가 없었다.

이때 여자의 진술은 의사-도그마(Dogma)와 로고스중심의 말하기, 즉 여자의 '남성적 말하기'이다(도표 ⓑ). 대법원은 여자의 진술을 남자의 진술보다 더 믿고 우선시키라는 요청의 성인지감수성(gender sensitivity)[97]에 따른 심증에다 평등원칙의 하위원칙

96 과거의 판례로 대법원 1991. 5. 28. 선고 91도546 판결.

97 성인지감수성은 1995년 유엔개발프로그램(UNDP)에 도입된 젠더개발인덱스

또는 채증법칙의 지위를 부여한다.[98] 이는 이성법원칙인 무죄추정원칙을 형해화하고,[99] 성평등도 해친다(예: 남자의 성범죄는 유죄추정). 이런 법은 여성에게 유리한 것이지만, 여성적 말하기가 아니다. 여성적 말하기의 관점에서 보면 성인지감수성이란 준강간 혐의를 받는 성교행위가 여자의 사후 동의'의사'(will) 여부가 아니라 여자의 '마음'에 반하여(against the mind-and-heart) 이루어진 것인지를 중심으로 판단하고, 그 판단에는 행위상황의 구체적인 맥락적 요소뿐만 아니라 피해여자 개인의 성정체성(예: 성의식, 가치 · 윤리관점, 삶의 태도 등)까지 함께 고려하라는 요청으로 재해석되어야 한다.

셋째, 남자도 논리와 합리의 기반에서 벗어나 여성적 말하기를 할 수 있다(도표 ⓒ). 가령 여친 · 부인에게 폭행 · 협박으로 성관계를 강행하면서 동의를 받아 놓거나 추정적 승낙이 있다고 생각하였더라도 여친 · 부인의 감정적 태도에서 볼 때 마음으로 원

---

(the Gender-related Development Index)에서 유래한다. gender sensitivity를 '젠더감수성'으로 번역하지 않고 인지(cognition) 개념을 집어넣어 성'인지' 감수성으로 번역한 것은 젠더정책이 이성적인 객관적 진리를 실현하는 것이라거나 (법)원칙의 성격을 띤다는 함의를 갖게 하고, 아울러 젠더정책을 추진하는데 필요한 페미니즘적 젠더의식이나 사회문제를 젠더문제로 해석해내는 인식역량(cognitive competence)을 강화하려는 전략 때문으로 보인다; 우리나라에서도 성인지감수성의 법리화 현상을 연구한 법학논문만 이미 40편(2023년까지 DBpia 검색기준)이나 되고, 전체 인문사회과학분야의 논문수는 200편이 넘는다.

98 대법원도 "그 사건이 발생한 맥락에서 성차별 문제를 이해하고 양성평등을 실현할 수 있도록 성인지감수성을 잃지 않아야 한다(양성평등기본법 제5조 제1항 참조)"는 판시에서 보듯 성인지감수성을 평등원칙의 하위원칙처럼 바라보거나(대법원 2018. 4. 12. 선고 2017두74702 판결), "피해자 진술의 증명력을 가볍게 배척하는 것은 정의와 형평의 이념에 입각하여 논리와 경험의 법칙에 따른 증거판단이라고 볼 수 없다"(대법원 2018. 10. 25. 선고 2018도7709 판결)는 판시에서 보듯 성인지감수성에 사실상 논리와 경험칙에 따른 채증법칙의 지위를 부여하고 있다.

99 성인지감수성이 피해자 진술의 신빙성을 판단하는 경험칙으로 작용함으로써 피고인의 권리보호에 대한 소홀할 위험을 지적하는 김종일, "성폭력 범죄 재판에서의 '성인지 감수성'과 '피해자다움'에 관한 검토", 한양대학교 법학논총 제37권 제4호, 2020, 139쪽.

하지 않았다면, 남자들도 그런 경우에 강간죄가 성립한다고 말할 수 있다. 법은 그와 같은 남자의 여성적 말하기를 수용할 수 있고, 법원은 강간죄의 유죄를 인정하여야 한다.

넷째, 가령 폭행으로 강간을 당하는 상황에서 여자가 당시 항거불능의 폭력을 느꼈지만, 그에 대한 측은지심이나 연민 또는 설득전략으로 대화한 경우를 상정해보자. 이런 여성적 말하기는 그와 같은 언행을 하는 자신이 추하지 않다는 (보편화될 수 없는) '개별적' 체험에 기초한 것이며, 이는 논리적 사고에 갇힌 남성에게는 이해되기 어렵고, 법도 오랜 세월 외면해 왔던 것이기도 하다. 이런 여자의 여성적 말하기(도표 ⓓ)는 논리적이진 않아도 사안의 질감(texture)에 대한 심미적 판단을 행하는 법관이 여자의 그와 같은 심미적 체험에 공감할 수 있다면 법(판결)에 수용될 수 있다. 예컨대 강간상황에서 피해 여자가 피고인 남자와 대화를 나누었어도 그의 강간죄는 여전히 유죄가 될 수 있다. 이러한 법은 '심미-에로스'(미학적 정의)의 법이 되며, 남자의 남성적 말하기에 정반대되는 여자의 여성적 말하기를 하는 법이 된다.

# 인간과 법은 다성적이다

인간과 법의 성으로는 전통적 남성성인 남근성, 전통적 여성성인 모성성, 그리고 새로운 고유한 여성성인 여점성이 있다. 모든 인간은 두 겹의 존재(dual being)가 아니라 이 세 겹의 성정체성을 지닌 다성적 존재이며, 미래의 법은 다성적 인간을 자신의 새로운 인간상으로 바라볼 수 있다.

## 여자도 남자도 다성적이다

이성법의 성(sex)이 남근성이여 왔으므로 미래의 법은 여성성/여점성을 수용해야 하는 과제를 이행해야 한다. 그러므로 먼저 여자의 다성적 성정체성을 이해해보자. 여성성의 첫 번째 겹(layers)은 남자를 사랑하고, 아이를 낳아 기르고, 남자가 일로써 성취하는 자원을 향유하는 전통적인 여성성이다. 이 여성성의 핵심은 모성성이며, 여자는 남근성을 재전유(reappropriation)하는 주체의 지위를 누린다. 두 번째의 겹은 여자가 스스로 일을 하고 성취하는 자원으로 남자와 사랑을 하고, 아이를 낳아 남자가 주로 또는 적어도 공동으로 양육과 살림을 하는 여성성이다. 이 여성성은 남근성을 전유(appropriation)하는 여자, 즉 남근적 여자(phallic woman)의 성정체성이다. 페미니즘이 지향하는 '합리적 여성'상은 이런 성정체성으로 보인다. 세 번째의 겹은 남근적 욕망의 체계에서 벗어난 욕망과 언어를 사용(여성적 말하기)하고 주체적으로 살아가는 여점성의 여성성이다.

여자는 남자와 동등한 주체로서 각자의 기질과 취향, 이성과 감성의 선호, 자아(ego) 정체성과 무의식 속의 (충동적) 자기(self) 등 개인의 고유한 특성과 필요에 따라 모성성, 남근성, 여점성을 다양한 방식과 비율로 발현하고 선택·조합하여 자신의 정체성을 구성하며 살아갈 수 있다. 이런 삶이 가능한 것은 남근성과 모성성, 여점성이 본래는 남녀의 '육체적인'(bodily) 특징(예: 남근·음경, 두 입술·점액 등)에서 비롯된 것이지만 가부장적 사회문화 속에서 '정신적(spiritual)이며 상징적인' 것, 더 나아가 망딸리떼(mentalité 집단심성)가 되었고, 이성법 체계에서는 남녀가 자유롭고 평등하게 선택할 수 있어야 하는 '규범적인'(normative) 것이 되었기 때문이다.

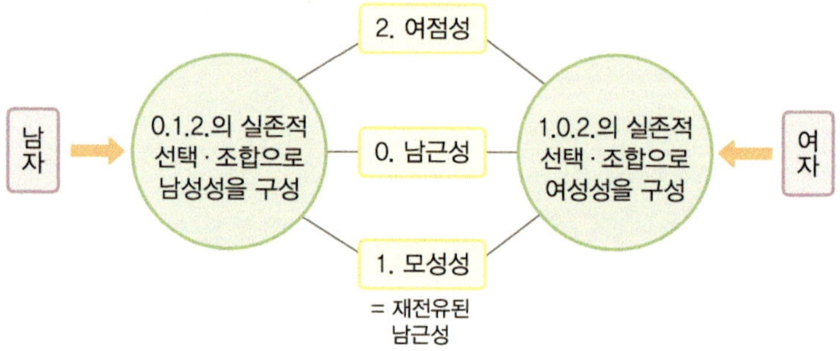


여자는 여성성의 이 세 겹을 무수히 많은 삶의 세부영역들마다 다양하게 선택·조합하여 자신의 실존적 삶을 구성해갈 수 있다. 예를 들어 여자는 자신의 실존을 가정생활에서는 모성성이, 경제생활에서는 남근성이, 정치의식에서는 레즈비언을 지지하는 식의 여점성이 중심이 되는 삶으로 구성할 수 있다. 더 작은 삶의 구체적 영역 안에서도 이러한 삶의 구성이 가능하다. 예를 들어 성생활이라는 단일 영역에서 여자는 성교의 실행은 남자가 주도하게 하는 수동성(모성성 코드선택)을 취하면서도, 체위는 표준적인 선교자적 체위가 아니라 여성상위의 체위를 취하고(남근성 코드선택), 성감에서는 수줍음·성적 수치심에서 해방되고 자족적인 감각을 중시하는(여점성 코드선택) 성을 향유할 수 있다. 이와 같은 방식으로 세 겹의 성정체성을 삶의 세부적인 영역에서 실존적으로 다양하게 발현하고 선택 · 조합함으로써 구성하는 여성성은 '헤아릴 수 없이 많은'[100] 성정체성의 모습을 띠게 된다. 데리다(Derrida)의 표현을 빌면 '성적으로 표시된 목소리'가 무수히 많아진다는 것이다.[101] 이를 두고 '다성적 성정체성', 줄여서 다성성이라고 부를 수 있다.

남자들도 마찬가지이다. 남자는 전통적으로 남근성을 성정체성으로 삼아 왔고, 아직도 대다수의 남자들은 그런 성정체성에 머물러 있지만, 오늘날은 전통적인 여자들이 전유했던 모성성(재전유된 남근성)을, 더 나아가 여점성까지도 자신의 정체성으로 삼는 남자들(예: 성전환자)이 늘어나고 있다. 이러한 남성성의 변화는 가부장적 사회질서에서 형성된 남근성의 남성우월적 · 권위적 질서모형이 거의 해체되고, 남근성의 법적 · 기호학적 의미(일, 사랑, 자식출산양육에 관한 이성법적 권리들)를 남녀 모두가 평등하게 향유하게 되었으며, 여점성의 법적 · 기호학적 의미가 포스트모던 사회의 인간성을 구성하는 한 요소로 승인되어가는 등의 사회문화적 변화 속에서 이루어진다. 그러므로 이론적으로는 남자도 여자와 마찬가지로 삶의 수많은 세부영역에서 남근성, 모성성, 여점성의 세 겹을 실존적으로 다양하게 발현하고 선택 · 조합함으로써 자신의 남성성을 구성할 수 있다.

## 법의 성도 다성적이다

미래의 법은 다성적 인간상을 전제하여야 한다. 여점성과 남근성, 남근성과 모성성은 한 사람의 삶에서 현실적으로 서로 충

100 "셀 수 없는 춤을 찾아내려는 욕망"으로 표현하는 J. Derrida, "Choreographies", Feminist Interpretations of Jacques Derrida, Pennsylvania State University Press, 1997, 76쪽.

101 J. Derrida, 위의 글, 40쪽.

돌하기도 한다. 그렇기에 법체계는 남근성과 모성성, 여점성 사이에(inbetween) 있어야 하고 어느 하나에 종속·편향되어서는 안 된다. 그와 같은 '사이의 법'이 곧 다성적 법(polysexual law)이며, 그 구체적인 내용은 미래에 개방되어 있다. 다성적 법이 되기 위해서는 다음 세 가지 실천이 필요하다.

첫째, 법은 모성성, 남근성, 여점성의 성차이를 지워서는 안 된다. 현실의 법은 그 동안 페미니즘이 전형적으로 범해온 오류, 즉 여자에게 모성성을 삭제하고 여점성을 거부하며, 남근성만을 발현하라는 요구를 너무 많이 수용해 왔다. 법은 모든 여자들에게 합리적 여성이 될 것을 요구해서는 안 된다. 그것은 인류학적 성차이(남근성, 모성성, 여점성)를 지워버리는 것이며, 남자와 여자의 성정체성을 모두 남근성으로 환원시켜버리는 획일적 성평등을 꾀할 뿐이다. '합리적 여성'이란 여자의 다성적 성정체성을 거부하는 일종의 젠더이데올로기이다.

법은 계약 등 거래관계에서는 '의사'(will)를 중심으로 인간관계를 규율해야 하지만(이성법의 팔루스-로고스중심주의 phallogo-centrism), 애인이나 가족 등 사적관계나 작은 공동체(예: 예술가집단)에서는 의사중심적 판단이 그 관계의 본질을 파괴하는 이데올로기(의사도그마 will-dogma)로 기능할 수 있음을 반성하고, 마음(mind-and-heart)[102]의 상태를 고려하여 인간관계를 규율해야 한다. 여기서 마음은 의사(사유) 외에도 영혼의 소리, 육체의 욕구, 무의식의 충동본능을 모두 고려하여 판단되는 내면상태이다. 예를 들어 친밀한 교류관계에 있는 남녀 간의 성관계를 폭행 또는 협박이 없었어도 (특히 사후에) 여자가 (명시적인 의사로) 동의하지

102 서양의 mind는 데카르트적 인식론이 발명한 개념이므로 우리말의 마음(心)은 mind-and-heart로 번역하여야 한다고 보는 함재봉, 탈근대와 유교, 나남, 1998, 75쪽. 하지만 우리말의 마음을 한 단어의 영어로 번역한다면 일종의 격의(格義)적 번역이 될 수밖에 없고, 그 경우 선택될 단어는 mind가 될 수밖에 없다.

않았다는 점만으로 성폭력범죄(비동의간음죄)로 삼는 입법은 남자와 교류하는 여자를 합리적 여성상으로만 전제하며, 궁극에는 여성성을 남근성으로 환원시킨다. 모성적 여자나 여점성이 강한 여자는 의식과 '의사'(will)의 차원에서는 동의하지 않으나 '마음'에서는 그 성관계를 받아들이는 상태에 있을 수도 있다. 그렇기에 강간죄의 불법은 폭행 또는 협박으로 성적 자기결정권을 침해하는 점에 그 본질이 있는 것이지 '의사'(will)의 부동의 상태에 있는 것이 아니라고 보아야 한다.

또 다른 예로 남근적 여성상은 직장 내 성희롱(양성평등기본법 제3조), 아동성희롱(아동복지법 제17조 제2호), 형법상 업무상위력추행 이외의 모든 성희롱(예: 사적 장소에서 단순신체접촉, 사적인 말희롱)[103]을 추가적으로 독자적인 범죄로 만들자는 주장에도 전제되어 있다. 모든 성희롱을 범죄로 만들자는 주장은 삶의 방식이면서 일상문화인 상호적인 성놀이와 성희롱을 구분하기 위해 모든 여자에게 전통적인 모성성과 포스트모던적인 여점성 그리고 그 상징적 행동방식들을 자신들의 성정체성에서 삭제할 것을 강요하게 된다. 이는 남근적 여성성과 모성적 여성성 및 여점성의 성차를 지우는 것이다. 그렇기에 성희롱인지 성놀이인지 여부는 합리적 여성을 전제로 객관적으로 정할 사항이 아니고, 비합리적인 사람일지라도 그 당사자가 판단하고 결정할 사항이다.

둘째, 법은 인류학적 성차이를 존중하고, 인류학적 성평등을 실현하여야 한다. 인류의 문화와 법은 오랜 세월 암수구별주의(dimorphism)에 뿌리를 두고 있다. 하지만 이제 법은 남자든, 여자든, 그 사이의 인간존재든 모두 다성적 정체성을 갖고 있다는 점에서 출발하여야 한다. 여기서 성평등과 성차이의 의미도 재해석된다. 성차이는 암수구별주의에서 말하는 남자와 여자의 생물학

---

103 가령 "당신이 출장 가니 남편의 식사와 빨래가 걱정 안 돼요?"라고 묻는 것도 성역할에 기반을 둔 희롱(gender harassment)이라고 한다.

적 차이로 환원되는 성정체성의 남녀 간 차이나 가부장적 남성이데올로기의 산물인 남성성과 여성성의 이분적인 젠더정체성을 가리키는 개념이 아니다. 성차이는 무수히 다양한 성정체성을 구성하는데에 사용될 수 있는 성정체성의 겹으로서 남근성, 모성성, 여점성을 구분하고 그 차이와 고유성을 인정하는 것이다. 이를 인류학적 성차이(anthropological sexual difference)라고 부를 수 있다.

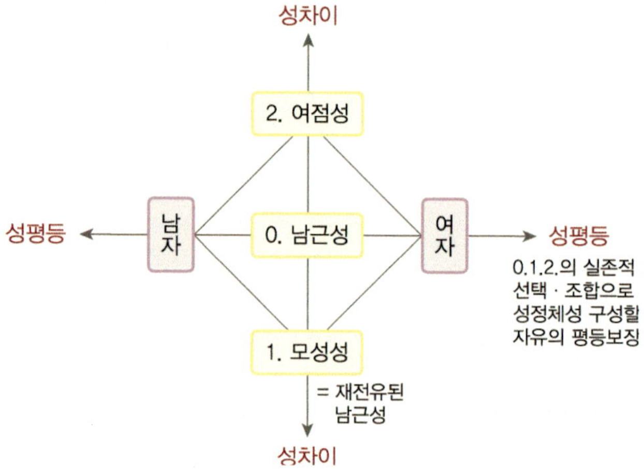


성평등이란 남자든 여자든 그 사이의 존재든 불문하고 모든 인간은 기질과 취향, 이성과 감성의 선호, 자아(ego) 정체성과 무의식 속의 (충동적) 자기(self) 등 개인의 고유한 특성과 필요에 따라 남근성, 모성성, 여점성을 자유롭게 발현하고 선택 · 조합하여 자신의 정체성을 구성할 자유를 공평하게 향유하는 것을 말한다. 이를 인류학적 성평등(anthropological sexual equality)이라고 부를 수 있다. 미래의 법이 성평등을 위해 여성을 특별하게 고려해야 하는 것은 남자의 역차별을 가져올지 모를 특혜를 여성에게 주는 것이 아니라, 재전유된 남근성으로서 모성성뿐만 아니라 남근성과 여점성을 자유롭고 다양한 방식으로 자신의 삶에 실현할 수 있게 하는 것이다. 이와 같은 인류학적 의미의 성차이를 존중하고, 인류학적 성평등을 보장하는 다성적인 법은 완전한 인간주의적 문화를 구축하는 미래사회를 향한다.[104]

셋째, 다성적인 법은 인류학적 성차이와 성평등을 지향할 뿐 각 개인들이 자신의 성정체성을 실존적으로 어떻게 구성할 것인가 하는 문제에 직접 관여할 수는 없다. 그런 문제는 가치와 윤리, 종교의 영역에 맡겨야 한다. 가령 법은 동성애를 승인할 뿐, 동성애를 조장하거나 윤리적으로 판단해서는 안 되며, 동성애의 확산과 감소 여부는 법적 규율이 아니라 시민들 사이의 가치와 윤리에 관한 자유로운 소통과 전문가들의 담론(예: 기독교의 동반연운동)에 내맡겨야 한다. 하지만 소통과 담론의 과정에서 남근성, 모성성, 여점성의 발현과 선택 · 조합이 많은 남자와 여자들에게서 동일하게 이루어질수록 남성적 정체성이나 여성적인 정체성이라고 말할 수 있는 스테레오타입이 생성되고, 성역할을 고정시키는 사회적 성차가 만들어질 수 있으며, 그것이 때로는 남녀 간의 성평등을 해칠 수도 있다. 그처럼 사회적 성차가 성평등을 해치고 여성이나 남성을 억압하는 사회적 기제로 작동하는 것을 막는 명확한 방법은 없다. 각 문제영역마다 성차를 불평등의 모멘텀으로 만드는 미시적인 담론과 그 담론에 권력적으로 기여하는 법을 발굴 · 분석해내어 그 불평등의 연원을 드러내고 해체하는 노력을 할 뿐이다.[105] 이때 성평등을 해치는 담론을 해체하는 방식은 여자든 남자든 불평등(역차별)을 겪고 억압받은 사람들이 타인의 계몽적 선도에 의해 말하는 것이 아니라 스스로 이야기하도록 말을 걸고 그들의 이야기에 귀를 기울이는 것이다.

---

104 이 점은 자칫 보수적 문화로 회귀할 위험이 있는 포스트페미니즘의 노선에서 여성을 고려하는 법이 되돌아보아야 할 과제이다.

105 이런 담론분석은 미셸 푸코(황정미 역), 섹슈얼리티의 정치와 페미니즘, 새물결, 1995 참조.

## 혐오표현은 남근주의 정신의 신경증이다

다성적 성정체성이 법에 어떤 성찰을 가져다주는지를 한남충과 된장녀라는 혐오표현을 예로 설명해보자. 급진페미니스트들(예: 메갈리아)이 만들었고, 주로 그녀들만 사용해온 '한남충'韓男蟲은 한국남자 전체를 '비하'하는 혐오표현이다. 이에 비해 '된장녀'는 자신의 경제활동이 아니라 남자(남친, 남편, 아버지)의 자산에 의존하여 명품을 욕망·소비하면서도 출산·양육을 기피하거나 게을리하는 여자들을 '비난'하는 혐오표현이다. 된장녀의 혐오표현도 한국남성 전체 중 일부집단만 사용한다. 이처럼 두 혐오표현을 사용하는 집단은 한국여자와 한국남자 전체가 아니라 특정 또는 일부 집단이지만, 그 혐오의 정신특성은 모든 한국남자와 한국여자들에게 공통된 것이다. 이 점을 정신분석학적 관점에서 설명해보자.

첫째, 한국여자가 한국남자를 한남충이라 부르는 것은 추측건대 서구적 가치가 지배하는 역사발전 속에서 한국남자는 전유하지 못하지만 한국남자 밖의 남자(예: 백인 부르주아 남자)가 전유할 수 있다고 생각하는 환상의[106] 더 높고 큰 팔루스(남근성의 사회적 가치)를 재전유하려는 욕망의 초자아와 그런 팔루스를 재전유하기 어려운 현실의 자아 사이의 심한 분열이 가져오는 신경증 때문이다. 이 신경증은 내면으로는 우울증으로, 외부로는 히스테리의 증상으로 발현하는데, 혐오표현인 한남충은 바로 외부로 발현된 히스테리컬한 발화인 것이다.

둘째, 이에 비해 한국남자는 한남충에 대응하는 한녀충韓女蟲이라는 혐오표현을 사용하시 않는다. 남자에게는 그가 얻고자 하는 여자의 다른 여자에 대한 상대적 가치보다는 자신의 팔루스가 여

---

106 이는 2010년대 이전의 한국사회의 경제와 문화 수준에서 보면 환상이 아니라 현실이었지만, 2010년대 이후의 한국은 선진경제와 선진문화의 국가가 되었기 때문에 이는 환상과 같은 것이다.

자로부터 어떤 평가를 받고 어떤 사회적 위치에 있는지가 중요하기 때문이다. 한국남자가 한국여자를 된장녀라고 혐오하는 것은 자신이 얻고 싶은 한국여자가 재전유하려는 팔루스(사회적 가치)가 자신의 팔루스보다 높고 크다는 점을 질투하는 것이다. 이 질투의 혐오적 표현은 워너비 한국여자의 사랑을 얻으려는 욕망의 초자아와 그 욕망을 달성할 수 없는 자신의 현실의 자아 사이의 심한 분열이 가져오는 신경증 때문이다. 이 신경증은 내면으로는 자신보다 높고 큰 팔루스의 힘에 대한 '불손한 복종'(promiscuous obedience)으로,[107] 외부로는 그 힘을 통제하는 (음모적인) 도덕형성의 증상으로 발현하는데, 혐오표현인 된장녀는 바로 외부로 향한 도덕적 음모, 즉 물질욕망 자체를 반도덕적인 것으로 꾸미는 발화인 것이다.

이상의 설명에서 한남충, 된장녀라고 말하는 한국여자와 한국남자는 남자가 팔루스를 전유하고 여자는 그것을 사랑으로 재전유하는 주체(모성적 여성성)로 위치하는 남근주의(Phallocentrism) 패러다임에 서 있는 것임을 알 수 있다. 그러므로 한남충이 전제한 여성상은 한남충을 혐오하는 급진페미니즘의 합리적 여성상, 즉 남근적 여성상과는 모순적이며, 남근성 밖의 여성성인 여점성과는 대립적인 것이다.

## 혐오표현, 다성적 정체성으로 보면 스스로 해소된다

한남충, 된장녀와 같은 혐오표현의 핵심문제는 이 표현들이 남성과 여성을 팔루스의 전유주체와 재전유주체로 단일화한다는 점이다. 그렇기에 혐오표현의 단일한 성정체성을 깨고 다성적 정체성으로 재해석하면 그 표현의 혐오성도 대부분 사라질 수 있다. 그런 재해석을 예시해보자. 첫째, 된장녀로 표현되는 여자들

---

107 주디스 버틀러(조현순 역), 안티고네의 주장, 동문선, 2005에서 펼친 이론으로 부계적 법의 명령을 존중하면서도 이에 불복하는 대응양상을 가리킨다.

도 나름으로 다성적 성정체성을 구성한다고 보는 것이다. 된장녀는 일을 통한 자산획득을 하지 않는 면에서는 남근성을 버리고, 소비생활에서는 모성성(의 남성의존적 측면)을 선택하며, 목적성과 실용성과 무관한 물품의 심미적 가치 향유에 열중인 면에서는 여점성을 발현하고 있다고 볼 수 있다. 이런 해석은 된장녀의 의미를 부정에서 긍정으로 전복시키고, 혐오적 성격을 사라지게 만든다. 또한 이런 다성성의 여자가 윤리적 책임의식이 중요한 요소인 결혼의 상대로서 배제 또는 비선호 되는 것은 차별이 아니지만, 고용시장에서 그렇게 되는 것은 차별이다. 따라서 법은 고용시장에서는 된장녀의 성정체성도 존중하여야 한다.

둘째, 한남충으로 표현되는 남자들도 나름의 다성적 성정체성을 구성한다고 볼 수 있다. 연하남커플에서 자주 보이지만 일을 통한 자산획득을 소홀히 한다면 그것은 모성적 여성성을 선택한 것이며, 성생활에서 벌레스러움이 짐승스러움이 된다면 마초(macho)의 남성성을 선택한 것이며, 한옥과 같은 전통미의 자연친화적 공간구성을 선호하고 즐겨 향유한다면 여점성을 발현한 것으로 볼 수 있다. 이런 해석은 한남충의 의미를 부정에서 긍정으로 전복시키고, 혐오적 성격을 사라지게 만든다.

셋째, 이상의 설명에서 보면, 만일 법이 된장녀 발언을 한 남자는 처벌하지 않으면서, 된장녀처럼 성정체성을 구성하는 개념도 아니고, 사회적 배제의 근거로도 사용되지도 않는 '한남충'이란 표현을 한 여자만 모욕죄로 처벌[108]한다면, 그것은 남성편향의 차별적인 법이 되고 만다.[109] 그렇기에 한남충 발언을 처벌하기보다는 이 혐오표현에 대한 다성적 재해석이 사람들에게 널리 수용되기를 기다려야 한다.

---

108 서울서부지방법원 2017. 7. 13. 선고 2017고정411 판결.

109 이러한 혐오표현에 관한 자세한 분석과 성찰은 이상돈, "혐오표현 – 인권침해와 표현의 자유 사이에", 법철학연구 제26권 제2호, 2023, 195~236쪽.

# 사항색인

ㅂ



ㅅ

## ㅇ

# 정신의 문법

범죄, 인간, 성에 대한 법의 정신분석학적 이해

2025년 4월 10일 초판 인쇄
2025년 4월 15일 초판 1쇄 발행

저 자 이 상 돈
발행인 배 효 선

발행처 도서출판 法 文 社

주 소 10881 경기도 파주시 회동길 37-29
등 록 1957년 12월 12일/제2-76호(윤)
전 화 (031)955-6500~6 FAX (031)955-6525
E-mail (영업) bms@bobmunsa.co.kr
(편집) edit66@bobmunsa.co.kr
홈페이지 http://www.bobmunsa.co.kr
조 판 법 문 사 전 산 실

정가 20,000원 ISBN 978-89-18-91599-9